BERNARDIN DE SAINT-PIERRE

# PAUL ET VIRGINIE

SUIVI DE

## LA CHAUMIÈRE INDIENNE

ILLUSTRATIONS

D'APRÈS LES DESSINS DE BERTALL ET DEMARLE

PARIS

GARNIER FRÈRES, LIBRAIRES-ÉDITEURS

6, RUE DES SANTS-PÈRES, 6

# COLLECTION D'OUVRAGES ILLUSTRÉS POUR LES ENFANTS

### 82 jolis volumes grand in-18 anglais à 2 fr. 50, brochés
### RELIÉS EN TOILE ROUGE, DORÉS SUR TRANCHE, 3 FR. 50

**ANDERSEN.** La Vierge des Glaciers, etc. 1 vol.
— Histoire de Valdemar Daae. — Petite-Poucette, etc. 1 vol.
— Le Camarade de voyage. — Sous le saule. — Les aventures de Chardon, etc. 1 vol.
— Le Coffre volant, les Galoches du bonheur, etc. 1 vol.
— L'Homme de neige, le Jardin du Paradis, les deux Coqs, etc. 1 vol.

**BAYARD** (Histoire du bon chevalier sans peur et sans reproches, le Gentil seigneur de), composée par LE LOYAL SERVITEUR. Introduction et notes par M. MOLAND. 2 vol.

**BELLOC** (LOUISE Sw.). 7 vol.
— La Tirelire aux histoires. 2 vol.
— Histoires et contes de la grand'mère. 1 vol.
— Contes familiers, par MARIA EDGEWORTH. 1 vol.
— Grave et Gai. — Rose et Gris. 1 vol.
— Lectures enfantines. 1 vol. illustré.
— Contes pour le premier âge. 1 vol.

**BERNARDIN DE SAINT-PIERRE**, Paul et Virginie, suivi de la Chaumière indienne. 1 vol.

**BERQUIN.** Abrégé de l'Ami des enfants et des adolescents. 1 vol.
— Sandford et Merton. 1 vol.
— Le petit Grandisson. 1 vol.
— Théâtre choisi. 1 vol

**BICHET.** Le premier livre des enfants. Alphabet illustré, lectures choisies pour le premier âge. 1 vol.

**BOISGONTIER.** Choix de nouvelles tirées de Mme DE GENLIS et de BERQUIN. 1 vol.

**BOUILLY** (Œuvres de J.-N.). Édition de Magnin. 7 vol.
— Contes à ma fille. 1 vol.
— Conseils à ma fille. 1 vol.
— Les Encouragements de la jeunesse. 1 v.
— Contes populaires. 1 vol.
— Contes aux enfants de France. Les jeunes Élèves. 1 vol.
— Causeries et nouvelles causeries. 1 vol.
— Contes à mes petites amies. 1 vol.

**BUFFON** (Le petit) illustré. Histoire et description des animaux, extraites des œuvres de Buffon et de Lacépède. 1 fort vol.
— Morceaux extraits par HUMBERT. 1 vol.

**CAMPE.** Histoire de la découverte et conquête de l'Amérique. 1 vol.

**CONTES ET HISTORIETTES**, par un Papa. 1 vol. illustré, *gros caractères*.

**COZZENS** (S. W.). Voyage dans l'Arizona, traduction de W. BATTIER. 1 vol.
— Voyage au Nouveau Mexique. 1 vol.

**DESBORDES-VALMORE** (Mme). Contes et scènes de la vie de famille. 2 vol.
— Les poésies de l'enfance. 1 vol.

**DU GUESCLIN** (La Vie de), d'après la chanson et la chronique. Texte rajeuni par Mlle E. DUFAUX DE LA JONCHÈRE, notes par L. MOLAND. 2 vol.

**FÉNELON.** Aventures de Télémaque, 8 gravures. 1 vol.

**FLORIAN.** Fables, vignettes par J. GRANDVILLE, suivies de Tobie et de Ruth. 1 vol.
— Le Don Quichotte de la jeunesse. 1 vol.

**FOÉ** (De). Aventures de Robinson Crusoé. 1 vol.

**FOURNIER.** Animaux historiques. 1 vol.

**GENLIS.** Les Veillées du Château, ou Cours de morale à l'usage des enfants. 2 vol.

**GRÉGOIRE.** Histoire de France élémentaire. 1 vol. illustré, cartes et gravures.

**GRIMM.** Contes. 1 vol.

**HERICAULT** (Ch. d') et L. MOLAND. La France guerrière. 4 vol. se vendant séparément.
— Vercingétorix à Duguesclin. 1 vol.
— Jeanne d'Arc, Henri IV. 1 vol.
— Louis XIV, la République. 1 vol.
— Rivoli à Solferino. 1 vol.

**HÉRODOTE.** Récits historiques extraits par M. L. HUMBERT. 1 vol.

**HERVEY** (Camille). Petites histoires. 1 vol.

**JACQUET** (L'abbé). L'Année chrétienne, la vie d'un saint pour chaque jour de l'année, approuvée par NN. SS. les Archevêques et Evêques de France. 2 vol.

**LA FONTAINE.** Fables, avec des notes philologiques et littéraires, par F. LEMAISTRE. 1 vol.

**LAMBERT** (Mme Delphine). Lectures de l'enfance. 1 vol., 200 gravures.

**LEPRINCE DE BEAUMONT** (Mme). Le Magasin des enfants. 2 vol.

**LOISEAU DU BIZOT.** Cent petits contes pour les enfants bien sages. 125 gr. 1 vol.

**MAISTRE** (De). Œuvres complètes. Voyage autour de ma chambre. Expédition nocturne. Le lépreux de la cité d'Aoste. La jeune Sibérienne 1 vol.

**MANZONI.** Les Fiancés. Hist. milanaise. 2 v.

**MONTGOLFIER.** Mélodies du Printemps. Ouv. pour la jeunesse. 2e édit. accompagnée de musique. 1 vol.

**MONTIGNY** (Mlle de). Grand'mère chérie. Histoire pour les petits garçons et les petites filles. 1 vol.

Les Mille et une Nuits des Familles. 2 vol. se vendant séparément.

Les Mille et une Nuits de la jeunesse. Contes arabes. 1 vol.

**NODIER** (Charles). La Neuvaine de la Chandeleur, le génie Bonhomme, etc. 1 vol.

**PELLICO** (Silvio). Mes Prisons, suivi des Devoirs des hommes, trad. de H. de MESSEY. 1 v.

**PERRAULT**, Mme D'AULNOY. Contes des fées. 1 vol.

**PLUTARQUE.** Vies des Grecs célèbres, par M. L. HUMBERT. 1 vol.

**SACHOT.** Inventeurs et inventions. Illust. 1 vol.

**SCHMID.** Contes. 4 vol. se vendant séparément.

**SÉVIGNÉ.** Lettres choisies, notes explicatives et observations littéraires, par SAINTE-BEUVE. 1 vol.

**SWIFT.** Voyages de Gulliver. 1 vol.

**THÉATRE DE L'ENFANCE ET DE LA JEUNESSE.** Pièces choisies. 1 vol.

**VAULABELLE.** Ligny, Waterloo. 1 vol.

**WISEMAN.** Fabiola ou l'Église des catacombes. Trad. de NETTEMENT. 1 vol.

**WYSS.** Robinson suisse. Traduit de l'allemand par Mme ELISE VOIART. 2 vol.

---

Paris. — Imp de la Soc. anon. de publ. période — P. Mouillot. — 70019

# PAUL ET VIRGINIE

SUIVI DE

LA CHAUMIÈRE INDIENNE

BERNARDIN DE SAINT-PIERRE

# PAUL

ET

# VIRGINIE

SUIVI DE

## LA CHAUMIÈRE INDIENNE

NOUVELLE ÉDITION

PRÉCÉDÉE DES JUGEMENTS ET TÉMOIGNAGES SUR PAUL ET VIRGINIE
ET SUR BERNARDIN DE SAINT-PIERRE

Illustrations d'après les dessins de BERTALL et DEMARLE

PARIS

GARNIER FRÈRES, LIBRAIRES-ÉDITEURS

6, RUE DES SAINTS-PÈRES, 6

1895

# JUGEMENTS
## ET
## TÉMOIGNAGES

# JUGEMENTS
## ET
# TÉMOIGNAGES
### SUR PAUL ET VIRGINIE
#### ET SUR BERNARDIN DE SAINT-PIERRE.

· · · · · · · · · · · · ·

Le roman de *Paul et Virginie* parut pour la première fois en 1788 comme un simple volume de plus à la suite (des *Études de la Nature*); mais on en fit, aussitôt après, des éditions à part, sans nombre. Tous les enfants qui naissaient en ces années se baptisaient Paul et Virginie, comme précédemment on avait fait à l'envi pour les noms de Sophie et d'Émile. Bernardin, du fond de son faubourg Saint-Marceau, devenait le parrain souriant de toute une génération nouvelle. Sa *Chaumière indienne*, publiée en 1791, fut introduite également dans les *Études*, et, à partir de ce moment, son œuvre générale peut être considérée comme achevée ; car les *Harmonies*, qui ont de si belles pages, ne sont que les *Études* encore et toujours. Bernardin de Saint-Pierre n'est pas un de ces génies multiples et vigoureux qui se donnent plusieurs jeunesses et se renouvellent : il y gagne en calme ; il ne nous paraît ni moins doux ni moins beau pour cela. Les *Études* donc, en y comprenant *Paul et Virginie* et *la Chaumière*, nous le présentent tout entier.

Un ouvrage comme *Paul et Virginie* est un tel bonheur dans la vie d'un écrivain, que tous, si grands qu'ils soient, doivent le lui envier, et que lui peut se dispenser de rien envier à personne. Jean-Jacques, le maître de Bernardin, et supérieur à son disciple par tant de qualités fécondes et fortes, n'a jamais eu cette rencontre d'une œuvre si d'accord avec le talent de l'auteur que la volonté de celui-ci y disparaît et que le génie facile et partout présent s'y fait seulement sentir, comme Dieu dans la nature, par de continuelles et attachantes images. Lemontey, en sa dissertation sur le naufrage du *Saint-Géran*, excellent littérateur, à l'affectation près, a fort bien jugé au fond, bien que d'un ton de sécheresse ingénieuse, ce chef-d'œuvre tout savoureux : « M. de Saint-Pierre, dit-il, eut la bonne fortune qu'un auteur doit le plus envier : il rencontra un sujet constitué de telle sorte qu'il n'y pouvait ni porter ses défauts, ni abuser de ses talents. Les parties faibles de cet écrivain, comme la politique, les sciences exactes et la dialectique, en sont naturellement exclues; tandis que la morale, la sensibilité et la magnificence des descriptions s'y continuent et s'y fortifient l'une par l'autre dans les dimensions d'un cadre étroit d'où l'instruction sort sans rêveries, le pathétique sans puérilité, et le coloris sans confusion. Le succès devait couronner un livre qui est le résultat d'une harmonie si parfaite entre l'auteur et l'ouvrage... » M. Villemain, en rapprochant *Paul et Virginie* de *Daphnis et Chloé* (préface des romans grecs), M. de Chateaubriand (*Génie du Christianisme*), en comparant la pastorale moderne avec la *Galatée* de Théocrite, ont insisté sur la supériorité due aux sentiments de pudeur et de morale chrétienne. Ce qui me frappe et me confond au point de vue de l'art dans *Paul et Virginie*, c'est comme tout est court, simple, sans un mot de trop, tournant vite au tableau enchanteur; c'est cette succession d'aimables et douces pensées, vêtues chacune d'une seule image comme d'un morceau de lin sans suture, hasard heureux qui sied à la beauté. Chaque alinéa est bien coupé, en de justes moments, comme une respiration légèrement inégale qui finit par un son touchant ou dans une tiède haleine. Chaque petit ensemble aboutit, non pas à un trait aiguisé, mais à quelque image, soit naturelle et végétale, soit prise aux souvenirs grecs (la coquille des fils de Léda ou une exhalaison de violettes); on se figure une suite de jolies collines dont chacune est terminée au regard par un arbre gracieux ou par un tombeau. Cette nature de bananiers, d'orangers et de jam-roses est décrite dans son détail et sa splendeur, mais avec sobriété encore, avec nuances distinctes, avec composition toujours : qu'on se rappelle ce soleil couchant qui, en pénétrant sous le percé de la forêt, va éveiller les oiseaux déjà silencieux et leur fait croire à une nouvelle aurore. Dans les descriptions, les odeurs se mêlent à propos aux couleurs, signes de délicatesse et de sensibilité qu'on ne trouve guère, ce me semble, chez un poëte moderne le plus prodigue d'éclat[1]. — Des groupes dignes de Virgile peignant son Andromaque dans l'exil d'Épire; des fonds clairs comme ceux de Raphaël dans ses horizons d'Idumée; la réminiscence classique, en ce qu'elle a d'immortel, mariée adorablement à la plus vierge nature ;

---

1. Victor Hugo. Le sens visuel trop dominant éteint les autres.

dès le début un entrelacement de conditions nobles et roturières, sans affectation aucune, et faisant berceau au seuil du tableau; dans le style, bien des noms nouveaux, étranges même, devenus jumeaux des anciens, et, comme il est dit, mille *appellations charmantes;* sur chaque point une mesure, une discrétion, une distribution accomplie, conciliant toutes les touches convenantes et tous les accords! En accords, en harmonies lointaines qui se répondent, *Paul et Virginie* est comme la nature. Qu'il est bien, par exemple, de nous montrer, à la fin d'une scène joyeuse, Virginie à qui ces jeux de Paul (d'aller au-devant des lames sur les récifs et de se sauver devant leurs grandes volutes écumeuses et mugissantes jusque sur la grève) font pousser des cris de peur ! Présage à peine touché, déjà pressenti ! A partir de ce moment, depuis ce cri perçant de Virginie pour un simple jeu, le calme est troublé; la langueur amoureuse dont elle est atteinte la première, et à laquelle Paul d'abord ne comprend rien (autre délicatesse pudique), va s'augmenter de jour en jour et nous incliner au deuil; on entre, pour n'en plus sortir, dans le pathétique et dans les larmes.

La manière dont Bernardin de Saint-Pierre envisageait la femme s'accorde à merveille avec sa façon de sentir la nature; et c'est presque en effet (pour oser parler didactiquement) la même question. Chez lui rien d'ascétique à ce sujet, rien de craintif; aucun ressentiment d'une antique chute. Saint Martin, tout en faisant grand cas de la femme, disait que la matière en est *plus dégénérée et plus redoutable encore que celle de l'homme*. Bernardin se contente de dire délicieusement : « Il y a dans la femme une gaieté légère qui dissipe la tristesse de l'homme. »

Quand Bernardin de Saint-Pierre se promenait avec Rousseau, comme il lui demandait un jour si Saint-Preux n'était pas lui-même : « Non, répondit Jean-Jacques, Saint-Preux n'est pas tout à fait ce que j'ai été, mais ce que j'aurais voulu être. » Bernardin aurait pu faire la même réponse à qui lui aurait demandé s'il n'était pas le vieux colon de *Paul et Virginie*. Dans tout le discours du colon : « Je passe donc mes jours loin des hommes, etc., » il a tracé son portrait idéal et son rêve de fin de vie heureuse.

Mais, à part ce portrait un peu complaisant de lui-même, je ne crois pas qu'il y en ait d'autres dans *Paul et Virginie;* ces êtres si vivants sont sortis tout entiers de la création du peintre. On y remarque quelques rapports lointains avec des personnages qu'il avait rencontrés durant sa vie antérieure, mais c'est seulement dans les noms que la réminiscence, et pour ainsi dire l'écho, se fait sentir. Bernardin avait pu épouser en Russie mademoiselle de La Tour, nièce du général du Bosquet; il avait pu, à Berlin, épouser mademoiselle Virginie Taubenheim : un ressouvenir aimable lui a fait confondre et entrelacer ces deux noms sur la tête de sa plus chère créature. Trop pauvre, il avait cru ne pas devoir accepter leur main. Munificence aimable! voilà qu'il leur a payé à elles deux, dans cette seule offrande, la dot du génie. Le nom de Paul se trouve être aussi, non sans dessein, celui d'un bon religieux dont il avait voulu, enfant, imiter la vie, et qu'il avait accompagné dans ses quêtes. Le bon vieux frère capucin est devenu l'adolescent accompli, ayant taille d'homme et simplicité d'enfant : ainsi va cette fée intérieure en ses métamorphoses. On ne saurait croire combien il sert, jusque dans les créations les plus idéales, de se donner ainsi quelques instants d'appui sur des souvenirs aimés, sur des branches légères. La colombe, touchant çà et là, y gagne en essor, et son vol en prend plus d'aisance et de mesure. C'est comme d'avoir devant soi, dans son travail, quelque image souriante, quelque belle page entr'ouverte qu'on regarde de temps en temps, et sur laquelle on se repose, sans la copier.

S'il n'a plus rencontré de sujet aussi admirablement venu que *Paul et Virginie*, Bernardin de Saint-Pierre a trouvé moyen encore, dans *le Café de Surate*, dans *la Chaumière indienne*, de déployer avec bonheur quelques-unes des qualités distinctives de son talent. Ce sont deux vrais modèles d'une causticité fine et décente, compatible avec l'imagination et avec l'idéal. Voltaire dans ses petits contes à l'orientale, dans *le Bon Bramin*, dans *Zadig*, a prodigieusement d'esprit, mais rien que de l'esprit, et à tout prix encore. Bernardin, le peintre du coloris fondant et des nuances moelleuses, a su, en ses deux contes indiens, adoucir la raillerie sans l'éteindre, la revêtir d'une magnificence charmante et faire sentir le piquant dans l'onction. Nulle part il n'a montré aussi vivement que dans ces deux ouvrages, et dans *la Chaumière* surtout, qui, après *Paul et Virginie*, approche le plus, comme a dit Chénier, de la perfection continue, ce tour de pensée et d'imagination antique, oriental, allant naturellement à l'apologue, à la similitude, qui enferme volontiers un sens d'Ésope sous une expression de Platon, dans un parfum de Sadi. Je ne fais que rappeler tant de comparaisons, familières à l'auteur et éparses en toutes ses pages, de la solitude avec une montagne élevée, de la vie avec une petite tour, de la bienveillance avec une fleur, etc., etc.; mais la plus illustre de ces images, et qui qualifie le plus magnifiquement cette partie du talent de Bernardin, est, dans *la Chaumière,* la belle réponse du paria : « Le malheur ressemble à la Montagne-Noire de Bember, aux extrémités du royaume brûlant de Lahore : tant que vous la montez, vous ne voyez devant vous que de stériles rochers; mais quand vous êtes au sommet, vous apercevez le ciel sur votre tête, et à vos pieds le royaume de Cachemire. » Cela est aussi merveilleusement trouvé dans l'ordre des sentences morales, que *Paul et Virginie* dans l'ordre des compositions pastorales et touchantes.

Quand Bernardin de Saint-Pierre publiait *la Chaumière indienne,* en 91, il était au haut de la montagne de la vie et de la gloire; il avait aussi, en quelque sorte, son royaume de Cachemire à ses pieds. Sa réputation était au comble, sa vie domestique semblait d'ailleurs s'asseoir et s'embellir par un mariage plein de promesses. Louis XVI, qui était bien le roi d'un écrivain comme Bernardin, le nommait intendant du Jardin des plantes. L'auteur d'*Anacharsis* et Bernardin eussent tout à fait convenu, ce semble, à orner ce qu'on appela un moment le trône restauré et paternel. Ce moment, s'il avait pu se prolonger, était particulièrement propice au déisme philosophique, aux vues et aux vœux politiques du solitaire : Louis XVI pour roi, Bailly pour maire, Bernardin de Saint-Pierre pour moraliste du fond de son Jardin des plantes ; et Rabaut-Saint-Étienne pour historien, qui proclamait, comme on sait, la Révolution close et cette constitution de 91 éternelle.

(M. Sainte-Beuve, *Portraits littéraires*, t. II.)

. . . . . . . . . . . . .

..... Cette simple histoire (*Paul et Virginie*) est l'œuvre véritablement immortelle de Bernardin ;

elle ne peut se relire sans larmes, ce qui est vrai de si peu de livres admirés en naissant. Je ne recommencerai pas ici une analyse qui a été faite tant de fois; évitons ces commentaires plus longs que le poëme. Tout ici, presque tout est parfait, simple, décent et touchant, modéré et enchanteur. Les images se fondent dans le récit et en couronnent discrètement chaque portion, sans se dresser avec effort et sans vouloir se faire admirer : Bernardin a l'image légère. Toutes ces harmonies, tous ces contrastes, ces réverbérations morales dont il a tant parlé dans les *Études* et dont il traçait une poétique un peu vague, il les a ici réalisés dans un cadre heureux, où, dès l'abord, le site, les noms des lieux, les aspects divers du paysage, sont faits pour éveiller les pressentiments et pour concourir à l'émotion de l'ensemble. Ce qui distingue à jamais cette pastorale gracieuse, c'est qu'elle est vraie, d'une réalité humaine et sensible : aux grâces et aux jeux de l'enfance ne succède point une adolescence idéale et fabuleuse.

Dès le moment où Virginie s'est sentie agitée d'un mal inconnu et où ses beaux yeux bleus se sont *marbrés de noir*, nous sommes dans la passion, et ce charmant petit livre que Fontanes mettait un peu trop banalement entre le *Télémaque* et *la Mort d'Abel*, je le classerai, moi, entre *Daphnis et Chloé* et cet immortel IV⁰ livre en l'honneur de Didon. Un génie tout virgilien y respire. Vers la fin et dans la scène déchirante de la tempête, Bernardin de Saint-Pierre a montré que son pinceau avait, quand il le voulait, les teintes fortes et sobres, et qu'il savait peindre la nature dans la sublimité de ses horreurs comme dans ses beautés. Relisons donc pour toute analyse *Paul et Virginie*, et si nous voulons mieux en sentir le prix, essayons de relire, aussitôt après, *Atala*: il y a dans l'impression comparée qui en résultera toute une leçon de rhétorique naturelle.

Napoléon, qui avait été, ainsi que ses frères, des grands admirateurs du roman de *Paul et Virginie* à sa naissance, disait quelquefois à Bernardin de Saint-Pierre, quand il l'apercevait : « Monsieur Bernardin, quand nous donnerez-vous des *Paul et Virginie* ou des *Chaumière indienne?* Vous devriez nous en fournir tous les six mois. » Mais il n'en est pas de ces petits chefs-d'œuvre comme des victoires de héros : on ne les rencontre pas plus d'une fois dans sa vie. Je dis cela de *Paul et Virginie* plutôt que de *la Chaumière indienne*, qui, malgré sa grâce et sa fraîcheur, me paraît seulement offrir sous forme exquise les banalités de la morale de 91.....

(M. Sainte-Beuve, *Causeries du Lundi.*)

. . . . . . . . . . . . . . .

### PAUL ET VIRGINIE.

Le vieillard, assis sur la montagne, fait l'histoire de deux familles exilées ; il raconte les travaux, les amours, les soucis de leur vie ;

« Paul et Virginie n'avoient ni horloges, ni almanachs, ni livres de chronologie, d'histoire et

de philosophie. Les périodes de leur vie se régloient sur celles de la nature. Ils connoissoient les heures du jour par l'ombre des arbres; les saisons par le temps où elles donnent leurs fleurs ou leurs fruits, et les années par le nombre de leurs récoltes. Ces douces images répandoient les plus grands charmes dans leurs conversations. « Il est temps de dîner, disoit Virginie à la fa-
« mille : les ombres des bananiers sont à leurs
« pieds, » ou bien : « La nuit s'approche : les
« tamarins ferment leurs feuilles. — Quand vien-
« drez-vous nous voir? lui disoient quelques amies
« du voisinage. — Aux cannes de sucre, répon-
« doit Virginie. — Votre visite nous sera encore
« plus douce et plus agréable, » reprenoient ces jeunes filles. Quand on l'interrogeoit sur son âge et sur celui de Paul : « Mon frère, disoit-elle, est
« de l'âge du grand cocotier de la fontaine, et
« moi de celui du plus petit. Les manguiers ont
« donné douze fois leurs fruits, et les orangers
« vingt-quatre fois leurs fleurs, depuis que je suis

« au monde. » Leur vie sembloit attachée à celle des arbres, comme celle des faunes et des dryades. Ils ne connoissoient d'autres époques historiques que celles de la vie de leurs mères, d'autres chronologie que celle de leurs vergers, et d'autre philosophie que de faire du bien à tout le monde et de se résigner à la volonté de Dieu. . . . . .

. . . . . . . . . . . . . . .

Quelquefois seul avec elle (*Virginie*), il (*Paul*) lui disoit au retour de ses travaux : « Lorsque je
« suis fatigué, ta vue me délasse. Quand du haut
« de la montagne je t'aperçois au fond de ce val-
« lon, tu me parois au milieu de nos vergers
« comme un bouton de rose. . . . . . .
« Quoique je te perde de vue à travers les arbres,
« je n'ai pas besoin de te voir pour te retrouver :
« quelque chose de toi que je ne puis dire reste
« pour moi dans l'air où tu passes, sur l'herbe où
« tu t'assieds. . . . . . . . . . .
« Dis-moi par quel charme tu as pu m'enchanter.
« Est-ce par ton esprit? Mais nos mères en ont

« plus que nous deux. Est-ce par tes caresses ?
« Mais elles m'embrassent plus souvent que toi.
« Je crois que c'est par ta bon é. Tiens, ma bien-
« aimée, prends cette branche fleurie de citron-
« nier, que j'ai cueillie dans la forêt. Tu la met-
« tras la nuit près de ton lit. Mange ce rayon de
« miel, je l'ai pris pour toi au haut d'un rocher,
« mais auparavant repose-toi sur mon sein, et je
« serai délassé. »

« Virginie lui répondoit : « O mon frère ! les
« rayons de soleil au matin, au haut de ces ro-
« chers, me donnent moins de joie que ta pré-
« sence... . . . . . . . . . .

. . . . . . . . . . . . .

« Tu me demandes pourquoi tu m'aimes ? Mais
« tout ce qui a été élevé ensemble s'aime. Vois
« nos oiseaux : élevés dans les mêmes nids, ils
« s'aiment comme nous ; ils sont toujours en-
« semble comme nous. Écoute comme ils s'appel-
« lent et se répondent d'un arbre à un autre. De
« même quand l'écho me fait entendre les airs

« que tu joues sur ta flûte, j'en répète les paroles
« au fond de ce vallon. . . . . . . . .

. . . . . . . . . . . . .

« Je prie Dieu tous les jours pour ma mère, pour
« la tienne, pour toi, pour nos pauvres serviteurs ;
« mais quand je prononce ton nom, il me semble
« que ma dévotion augmente. Je demande si in-
« stamment à Dieu qu'il ne t'arrive pas de mal !
« Pourquoi vas-tu si loin et si haut me chercher
« des fruits et des fleurs ? N'en avons-nous pas
« assez dans le jardin ? Comme te voilà fatigué !
« tu es tout en nage. » Et avec son petit mouchoir
blanc elle lui essuyoit le front et les joues, et elle
lui donnoit plusieurs baisers. »

Ce qui nous importe d'examiner dans cette peinture, ce n'est pas pourquoi elle est supérieure au tableau de *Galatée*[1] (supériorité trop évidente

---

1. Idylle du Cyclope et de Galatée, par Théocrite.

Il eût été peut-être plus exact de comparer *Daphnis et Chloé* à *Paul et Virginie,* mais ce roman est trop libre pour être cité. (Chat.)

Cette comparaison, devant laquelle reculait alors la pudeur

pour n'être pas reconnue de tout le monde), mais pourquoi elle doit son excellence à la religion, et en un mot comment elle est chrétienne.

Il est certain que le charme de *Paul et Virginie* consiste en une certaine morale mélancolique qui brille dans l'ouvrage, et qu'on pourroit comparer à cet éclat uniforme que la lune répand sur une solitude parée de fleurs. Or, quiconque a médité l'Évangile doit convenir que ses préceptes divins ont précisément ce caractère triste et tendre. Bernardin de Saint-Pierre, qui, dans ses *Études de la Nature*, cherche à justifier les voies de Dieu et à prouver la beauté de la religion, a dû nourrir son génie de la lecture des livres saints. Son églogue n'est si touchante que parce qu'elle représente deux familles chrétiennes exilées, vivant sous les yeux du Seigneur, entre sa parole

---

de Chateaubriand, a été faite depuis avec infiniment de goût, de convenance et de talent, par M. Villemain dans sa préface des romans grecs, et par M. Saint-Marc Girardin dans son *Cours de littérature dramatique*. (F. L.)

dans la Bible et ses ouvrages dans le désert. Joignez-y l'indigence et ces infortunes de l'âme dont la religion est le seul remède, et vous aurez tout le sujet du poëme. Les personnages sont aussi simples que l'intrigue : ce sont deux beaux enfants dont on aperçoit le berceau et la tombe, deux fidèles esclaves et deux pieuses maîtresses. Ces honnêtes gens ont un historien digne de leur vie : un vieillard demeuré seul dans la montagne, et qui survit à ce qu'il aima, raconte à un voyageur les malheurs de ses amis, sur les débris de leurs cabanes.

Ajoutons que ces bucoliques australes sont pleines du souvenir des Écritures. Là c'est Ruth, là Séphora, ici Éden et nos premiers pères : ces sacrées réminiscences vieillissent pour ainsi dire les mœurs du tableau, en y mêlant les mœurs de l'antique Orient. La messe, les prières, les sacrements, les cérémonies de l'Église, que l'auteur rappelle à tous moments, augmentent aussi les beautés religieuses de l'ouvrage. Le songe de

Mme de La Tour n'est-il pas essentiellement lié à ce que nos dogmes ont de plus grand et de plus attendrissant? On reconnoît encore le chrétien dans ces préceptes de résignation à la volonté de Dieu, d'obéissance à ses parents, de charité envers les pauvres, en un mot dans cette douce théologie que respire le poëme de Bernardin de Saint-Pierre. Il y a plus; c'est en effet la religion qui détermine la catastrophe : Virginie meurt pour conserver une des premières vertus recommandées par l'Évangile. Il eût été absurde de faire mourir une Grecque pour ne pas vouloir dépouiller ses vêtements. Mais l'amante de Paul est une vierge *chrétienne*, et le dénoûment, ridicule sous une croyance moins pure, devient ici sublime.

Enfin, cette pastorale ne ressemble ni aux idylles de Théocrite, ni aux églogues de Virgile, ni tout à fait aux grandes scènes rustiques d'Hésiode, d'Homère et de la Bible; mais elle rappelle quelque chose d'ineffable, comme la parabole du *bon Pasteur*, et l'on sent qu'il n'y a qu'un chrétien qui ait pu soupirer les évangéliques amours de Paul et de Virginie.

(CHATEAUBRIAND, *Génie du Christianisme.*)

. . . . . . . . . . . . .

Bernardin de Saint-Pierre avait vu cette puissante nature des tropiques. Il la rendit avec d'éblouissantes, d'immortelles couleurs; mais surtout il en anima le tableau par des impressions morales; et de cette nature qu'il sentait si bien, il ne vit, il ne conçut rien d'aussi grand que la beauté de l'âme et le spectacle de l'innocence et de la vertu, sous les regards de Dieu. Voilà sa puissance et son originalité, qui ne passera pas. Un soin minutieux des détails, de l'exactitude, une belle imagination, l'ont fait peintre; mais le sentiment religieux dont il est rempli l'a fait poëte gagnant les âmes à l'attrait de sa parole.

. . . . . . . . . . . . .

Cette pastorale, d'une forme si neuve (*Paul et*

*Virginie*), lui avait été inspirée par l'impression de ses voyages et par une anecdote recueillie à l'île de France. Mais cette anecdote n'avait rien du charme que l'auteur a répandu dans son récit. C'est lui qui a créé ces deux figures idéales, qu'on n'oubliera jamais; c'est lui qui a imaginé cette vie si simple, si pure; c'est lui qui, réalisant les rêves de sa jeunesse, a peint le bonheur de la vertu et de l'innocence dans cette pauvre famille, rejetée loin de l'Europe par l'infortune ou par le préjugé.

Cet ouvrage augmenta l'enthousiasme que le public ressentait déjà pour l'auteur des *Études de la Nature*. . . . . . . . . . .

(VILLEMAIN, *Tableau de la littérature au dix-huitième siècle.*)

Il faut voir dans *Graziella,* par M. de Lamartine, l'effet produit par une lecture de *Paul et Virginie* sur une famille de pauvres pêcheurs. La scène est des plus expressives.

« Merveilleuse puissance, ajoute l'auteur, d'un livre qui agit sur le cœur d'une enfant illettrée et d'une famille ignorante avec toute la force d'une réalité et dont la lecture est un événement dans la vie du cœur.

« C'est que le poëme avait traduit la nature, et que ces événements si simples, le berceau de ces deux jeunes enfants aux pieds de deux pauvres mères, leurs amours innocents, leur séparation cruelle, ce retour trompé par la mort, ce naufrage et ces deux tombeaux n'enfermant qu'un seul cœur, sous les bananiers, sont des choses que tout le monde sent et comprend, depuis le palais jusqu'à la cabane du pêcheur.

Quelques poëtes cherchent le génie bien loin, tandis qu'il est dans le cœur et que quelques notes simples, touchées sur cet instrument monté par Dieu même, suffisent pour faire pleurer tout un siècle et pour devenir aussi populaires que l'amour et aussi sympathiques que le sentiment... Le pathétique seul est infaillible dans l'art. Celui qui sait attendrir sait tout... »

# PAUL
ET
VIRGINIE

# PAUL
## et
# VIRGINIE

Sur le côté oriental de la montagne qui s'élève derrière le Port - Louis de l'Ile de France, on voit, dans un terrain jadis cultivé, les ruines de deux petites cabanes. Elles sont situées presque au milieu d'un bassin formé par de grands rochers, qui n'a qu'une seule ouverture tournée au nord. On aperçoit à gauche la montagne appelée le Morne de la Découverte, d'où l'on signale les vaisseaux qui abordent dans l'île, et, au bas de cette montagne, la ville nommée le Port-Louis ; à droite, le chemin qui mène du Port-Louis au quartier des Pamplemousses ; ensuite l'église de ce nom, qui s'élève avec ses avenues de bambous au milieu d'une grande plaine ; et, plus loin, une forêt qui s'étend jusqu'aux extrémités de l'île. On distingue devant soi, sur les bords de la mer, la baie du Tombeau ; un peu sur la droite, le cap Malheureux ; et au delà, la pleine mer, où paraissent à fleur d'eau quelques îlots inhabités, entre autres le Coin de Mire, qui ressemble à un bastion au milieu des îlots.

A l'entrée de ce bassin, d'où l'on découvre tant d'objets, les échos de la montagne répètent sans cesse le bruit des vents qui agitent les forêts voisines, et le fracas des vagues qui se brisent au loin sur les récifs ; mais au pied même des cabanes on n'entend plus aucun bruit, et on ne voit autour de soi que de grands rochers escarpés comme des murailles. Des bouquets d'arbres croissent à leur base, dans leurs fentes et jusque sur leurs cimes, où s'arrêtent les nuages. Les pluies, que leurs pitons attirent, peignent souvent les couleurs de l'arc-en-ciel sur leurs flancs verts et bruns, et entretiennent à leur pied les sources dont se forme la petite rivière des Lataniers. Un grand silence règne dans leur enceinte, où tout est paisible : l'air, les eaux et la lumière. A peine l'écho y répète le murmure des palmistes qui croissent sur leurs plateaux élevés, et dont on voit les longues flèches toujours balancées par les vents. Un jour doux éclaire le fond de ce bassin, où le soleil ne luit qu'à midi ; mais dès l'aurore, ses rayons en frappent le couronnement, dont les pics, s'élevant au-dessus des ombres de la montagne, paraissent d'or et de pourpre sur l'azur des cieux.

J'aimais à me rendre dans ce lieu, où l'on jouit à la fois d'une vue immense et d'une solitude profonde. Un jour que j'étais assis au pied de ces cabanes, et que j'en considérais les ruines, un homme déjà sur l'âge vint à passer aux environs.

Il était, suivant la coutume des anciens habitants, en petite veste et en long caleçon. Il marchait nu-pieds et s'appuyait sur un bâton de bois d'ébène.

Ses cheveux étaient tout blancs, et sa physionomie noble et simple. Je le saluai avec respect. Il me rendit mon salut; et, m'ayant considéré un moment, il s'approcha de moi et vint se reposer sur le tertre où j'étais assis. Excité par cette marque de confiance, je lui adressai la parole. « Mon père, lui dis-je, pourriez-vous m'apprendre à qui ont appartenu ces deux cabanes? » Il me répondit : « Mon fils, ces masures et ce terrain inculte étaient habités, il y a environ vingt ans, par deux familles qui y avaient trouvé le bonheur. Leur histoire est touchante ; mais dans cette île, située sur la route des Indes, quel Européen peut s'intéresser au sort de quelques particuliers obscurs? Qui voudrait même y vivre heureux, mais pauvre et ignoré? Les hommes ne veulent connaître que l'histoire des grands et des rois, qui ne sert à personne. — Mon père, repris-je, il est aisé de juger à votre air et à votre discours que vous avez acquis une grande expérience. Si vous en avez le temps, racontez-moi, je vous prie, ce que vous savez des anciens habitants de ce désert, et croyez que l'homme même le plus dépravé par les préjugés du monde aime à entendre parler du bonheur que donnent la nature et la vertu. » Alors, comme quelqu'un qui cherche à se rappeler diverses circonstances, après avoir appuyé quelque temps ses mains sur son front, voici ce que le vieillard me raconta :

En 1726, un jeune homme de Normandie, appelé M. de La Tour, après avoir sollicité en vain du service en France et des secours dans sa famille, se détermina à venir dans cette île pour y chercher fortune. Il avait avec lui une jeune femme qu'il aimait beaucoup, et dont il était également aimé. Elle était d'une ancienne et riche

maison de sa province, mais il l'avait épousée en secret et sans dot, parce que les parents de sa femme s'étaient opposés à son mariage, attendu qu'il n'était pas gentilhomme. Il la laissa au Port-Louis de cette île, et il s'embarqua pour Madagascar, dans l'espérance d'y acheter quelques noirs et de revenir promptement ici former une habitation. Il débarqua à Madagascar vers la mauvaise saison, qui commence à la mi-octobre ; et, peu de temps après son arrivée, il y mourut des fièvres pestilentielles qui y règnent pendant six mois de l'année, et qui empêcheront toujours les nations européennes d'y faire des établissements fixes. Les effets qu'il avait emportés avec lui furent dispersés après sa mort, comme il arrive ordinairement à ceux qui meurent hors de leur patrie. Sa femme, restée à l'île de France, se trouva veuve, enceinte, et n'ayant pour tout bien au monde qu'une négresse, dans un pays où elle n'avait ni crédit ni recommandation. Ne voulant rien solliciter auprès d'aucun homme après la mort de celui qu'elle avait uniquement aimé, son malheur lui donna du courage. Elle résolut de cultiver avec son esclave un petit coin de terre, afin de se procurer de quoi vivre.

Dans une île presque déserte dont le terrain était à discrétion, elle ne choisit point les cantons les plus fertiles ni les plus favorables au commerce; mais, cherchant quelque gorge de montagne, quelque asile caché où elle pût vivre seule et inconnue, elle s'achemina de la ville vers ces rochers, pour s'y retirer comme dans un nid.

C'est un instinct commun à tous les êtres sensibles et souffrants de se réfugier dans les lieux les plus sauvages et les plus déserts, comme si des rochers étaient des remparts contre l'infortune, et comme si le calme de la nature pouvait apaiser les troubles malheureux de l'âme. Mais la Providence, qui vient à notre secours lorsque nous ne voulons que les biens nécessaires, en réservait un à M$^{me}$ de La Tour que ne donnent ni les richesses ni la grandeur : c'était une amie.

Dans ce lieu, depuis un an, demeurait une femme vive, bonne et sensible; elle s'appelait Marguerite. Elle était née en Bretagne, d'une simple famille de paysans, dont elle était chérie et qui l'aurait rendue heureuse, si elle n'avait eu la faiblesse d'ajouter foi à l'amour d'un gentilhomme de son voisinage, qui lui avait promis de l'épouser; mais celui-ci, ayant satisfait sa passion, s'éloigna d'elle, et refusa même de lui assurer une subsistance pour un enfant dont il l'avait laissée enceinte. Elle s'était déterminée alors à quitter pour toujours le village où elle était née, et à aller cacher sa faute aux colonies, loin de son pays, où elle avait perdu la seule dot d'une fille pauvre et honnête, la réputation. Un vieux noir,

qu'elle avait acquis de quelques deniers empruntés, cultivait avec elle un petit coin de ce canton.

M^me de La Tour, suivie de sa négresse, trouva dans ce lieu Marguerite, qui allaitait son enfant. Elle fut charmée de rencontrer une femme dans une position qu'elle jugea semblable à la sienne. Elle lui parla en peu de mots de sa condition passée et de ses besoins présents. Marguerite, au récit de M^me de La Tour, fut émue de pitié; et, voulant mériter sa confiance plutôt que son estime, elle lui avoua, sans lui rien déguiser, l'imprudence dont elle s'était rendue coupable. « Pour moi, dit-elle, j'ai mérité mon sort; mais vous, madame..., vous, sage et malheureuse ! » Et elle lui offrit en pleurant sa cabane et son amitié. M^me de La Tour, touchée d'un accueil si tendre, lui dit en la serrant dans ses bras : « Ah ! Dieu veut finir mes peines, puisqu'il vous inspire plus de bonté envers moi, qui vous suis étrangère, que jamais je n'en ai trouvé dans mes parents. »

Je connaissais Marguerite; et, quoique je demeure à une lieue et demie d'ici, dans les bois, derrière la Montagne-Longue, je me regardais comme son voisin. Dans les villes d'Europe, une rue, un simple mur, empêchent les membres d'une même famille de se réunir pendant des années entières; mais, dans les colonies nouvelles, on considère comme ses voisins ceux dont on n'est séparé que par des bois et par des montagnes. Dans ce temps-là surtout, où cette île faisait peu de commerce aux Indes, le simple voisinage y était un titre d'amitié, et l'hospitalité envers les étrangers un devoir et un plaisir. Lorsque j'appris que ma voisine avait une compagne, je fus la voir pour tâcher d'être utile à l'une et à l'autre. Je trouvai dans M<sup>me</sup> de La Tour une personne d'une figure intéressante, pleine de noblesse et de mélancolie. Elle était alors sur le point d'accoucher. Je dis à ces deux dames qu'il convenait, pour l'intérêt de leurs enfants, et surtout pour empêcher l'établissement de quelque autre habitant, de partager entre elles le fond de ce bassin, qui contient environ vingt arpents. Elles s'en rapportèrent à moi pour ce partage. J'en formai deux portions à peu près égales : l'une renfermait la partie supérieure de cette enceinte, depuis ce piton de rocher couvert de nuages, d'où sort la source de la rivière des Lataniers, jusqu'à cette ouverture escarpée que vous voyez au haut de la montagne, et qu'on appelle l'Embrasure, parce qu'elle ressemble en effet à une embrasure de canon. Le fond de ce sol est si rempli de roches et de ravins, qu'à peine on y peut marcher, cependant il produit de grands arbres, et il est rempli de fontaines et de petits ruisseaux.

Dans l'autre portion, je compris toute la partie inférieure qui s'étend le long de la rivière des Lataniers jusqu'à l'ouverture où nous sommes, d'où cette rivière commence à couler entre deux collines jusqu'à la mer. Vous y voyez quelques lisières de prairies et un terrain assez uni, mais qui n'est guère meilleur que l'autre; car dans la saison des pluies il est marécageux, et dans les sécheresses il est dur comme du plomb : quand on y veut alors ouvrir une tranchée, on est obligé de le couper avec des haches. Après avoir fait ces deux partages, j'engageai ces deux dames à les tirer au sort. La partie supérieure échut à M$^{me}$ de La Tour, et l'inférieure à Marguerite. L'une et l'autre furent contentes de leur lot ; mais elles me prièrent de ne pas séparer leur demeure, « afin, me dirent-elles, que nous puissions toujours nous voir, nous parler et nous entr'aider. » Il fallait cependant à chacune d'elles une retraite particulière. La case de Marguerite se trouvait au milieu du bassin, précisément sur les limites de son terrain. Je bâtis tout auprès, sur celui de

M^me de La Tour, une autre case, en sorte que ces deux amies étaient à la fois dans le voisinage l'une de l'autre, et sur la propriété de leurs familles. Moi-même j'ai coupé des palissades sur la montagne; j'ai apporté des feuilles de latanier des bords de la mer pour construire ces deux cabanes, où vous ne voyez plus maintenant ni porte ni couverture. Hélas! il n'en reste encore que trop pour mon souvenir! Le temps, qui détruit si rapidement les monuments des empires, semble respecter dans ces déserts ceux de l'amitié, pour perpétuer mes regrets jusqu'à la fin de ma vie.

A peine la seconde de ces cabanes était achevée, que M^me de La Tour accoucha d'une fille. J'avais été le parrain de l'enfant de Marguerite, qui s'appelait Paul. M^me de La Tour me pria aussi de nommer sa fille conjointement avec son amie. Celle-ci lui donna le nom de Virginie. « Elle sera vertueuse, dit-elle, et elle sera heureuse. Je n'ai connu le malheur qu'en m'écartant de la vertu. »

Lorsque M^me de La Tour fut relevée de ses couches, ces deux petites habitations commencèrent à être de quelque rapport, à l'aide des soins que j'y donnais de temps en temps, mais surtout par les travaux assidus de leurs esclaves. Celui de Marguerite, appelé Domingue, était un

noir iolof, encore robuste, quoique déjà sur l'âge. Il avait de l'expérience et un bon sens naturel. Il cultivait indifféremment sur les deux habitations les terrains qui lui semblaient les plus fertiles, et il y mettait les semences qui leur convenaient le mieux. Il semait du petit mil et du maïs dans les endroits médiocres, un peu de froment dans les bonnes terres, du riz dans les fonds marécageux ; et, au pied des roches, des giraumonts, des courges et des concombres, qui se plaisent à y grimper. Il plantait dans les lieux secs des patates qui y viennent très-sucrées, des cotonniers sur les hauteurs, des cannes à sucre dans les terres fortes, des pieds de café sur les collines, où le grain est petit, mais excellent ; le long de la rivière, et autour des cases, des bananiers, qui donnent toute l'année de longs régimes de fruits avec un bel ombrage, et enfin quelques plantes de tabac pour charmer ses soucis et ceux de ses bonnes maîtresses. Il allait couper du bois à brûler dans la montagne, et casser des roches çà et là dans les habitations pour en aplanir les chemins. Il faisait tous ces ouvrages avec intelligence et activité, parce qu'il les faisait avec zèle.

Il était fort attaché à Marguerite, et il ne l'était guère moins à M<sup>me</sup> de La Tour, dont il avait épousé la négresse à la naissance de Virginie. Il aimait passionnément sa femme, qui s'appelait Marie. Elle était née à Madagascar, d'où elle avait apporté quelque industrie, surtout celle de faire des paniers et des étoffes appelées pagnes, avec des herbes qui croissent dans les bois. Elle était adroite, propre et très-fidèle. Elle avait soin de préparer à manger, d'élever quelques poules et d'aller de temps en temps vendre au Port-Louis le superflu de ces deux habitations, qui était bien peu considérable Si vous y joignez deux chèvres élevées près des enfants, et un gros chien qui veillait la nuit au dehors, vous aurez une idée de tout le revenu et de tout le domestique de ces deux petites métairies.

Pour ces deux amies, elles filaient, du matin au soir, du coton. Ce travail suffisait à leur entretien et à celui de leurs familles; mais d'ailleurs elles étaient si dépourvues de commodités étrangères, qu'elles marchaient nu-pieds dans leur habitation, et ne portaient de souliers que pour aller le dimanche de grand matin à la messe de l'église des Pamplemousses, que vous voyez là-bas. Il y a cependant bien plus loin qu'au Port-Louis; mais elles se rendaient rarement à la ville, de peur d'y être méprisées, parce qu'elles étaient vêtues de grosse toile bleue du Bengale, comme des esclaves. Après tout, la considération publique vaut-elle le bonheur domestique? Si ces dames avaient un peu à souffrir au dehors, elles rentraient chez elles avec d'autant plus de plaisir. A peine Marie et Domingue les apercevaient de cette hauteur sur le chemin des Pamplemousses, qu'ils accouraient jusqu'au bas de la montagne pour les aider à la remonter. Elles lisaient dans les yeux de leurs esclaves la joie qu'ils avaient de les revoir. Elles trouvaient chez elles la propreté, la liberté, des biens qu'elles ne devaient qu'à leurs propres travaux, et des serviteurs pleins de zèle et d'affection.

Elles-mêmes, unies par les mêmes besoins, ayant éprouvé des maux presque semblables, se donnant les doux noms d'amie, de compagne et de sœur, n'avaient qu'une volonté, qu'un intérêt, qu'une table. Tout entre elles était commun. Seulement, si d'anciens feux, plus vifs que ceux de l'amitié, se réveillaient dans leur âme, une religion pure, aidée par des mœurs chastes, les dirigeait vers une autre vie, comme la flamme qui s'envole vers le ciel lorsqu'elle n'a plus d'aliment sur la terre.

Les devoirs de la nature ajoutaient encore au

bonheur de leur société. Leur amitié mutuelle redoublait à la vue de leurs enfants, fruit d'un amour également infortuné. Elles prenaient plaisir à les mettre ensemble dans le même bain, et

à les coucher dans le même berceau. Souvent elles les changeaient de lait : « Mon amie, disait M^me de La Tour, chacune de nous aura deux enfants, et chacun de nos enfants aura deux mères. » Comme deux bourgeons qui restent sur deux arbres de la même espèce, dont la tempête a brisé toutes les branches, viennent à produire des fruits plus doux si chacun d'eux, détaché du tronc maternel, est greffé sur le tronc voisin : ainsi ces deux petits enfants, privés de tous leurs parents, se remplissaient de sentiments plus tendres que ceux de fils et de fille, de frère et de sœur, quand ils venaient à être changés de mamelles par les deux amies qui leur avaient donné le jour. Déjà leurs mères parlaient de leur mariage sur leurs berceaux, et cette perspective de félicité conjugale dont elles charmaient leurs propres peines finissait bien souvent par les faire pleurer : l'une se rappelant que ses maux étaient venus d'avoir négligé l'hymen, et l'autre d'en avoir subi les lois : l'une de s'être élevée au-dessus de sa condition, et l'autre d'en être descendue; mais elles se consolaient en pensant qu'un jour leurs enfants, plus heureux, jouiraient à la fois, loin des cruels préjugés de l'Europe, des plaisirs de l'amour et du bonheur de l'égalité.

Rien en effet n'était comparable à l'attachement

qu'ils se témoignaient déjà. Si Paul venait à se plaindre, on lui montrait Virginie ; à sa vue, il souriait et s'apaisait. Si Virginie souffrait, on en était averti par les cris de Paul ; mais cette aimable fille dissimulait aussitôt son mal, pour qu'il ne souffrît pas de sa douleur. Je n'arrivais point de fois ici que je ne les visse tous deux tout nus, suivant la coutume du pays, pouvant à peine marcher, se tenant ensemble par les mains et sous les bras, comme on représente la constellation des Gémeaux. La nuit même ne pouvait les séparer ; elle les surprenait souvent couchés dans le même berceau, joue contre joue, poitrine contre poitrine, les mains passées mutuellement autour de leurs cous, et endormis dans les bras l'un de l'autre.

Lorsqu'ils surent parler, les premiers noms qu'ils apprirent à se donner furent ceux de frère et de sœur. L'enfance, qui connaît des caresses plus tendres, ne connaît point de plus doux noms. Leur éducation ne fit que redoubler leur amitié, en la dirigeant vers leurs besoins réciproques. Bientôt tout ce qui regarde l'économie, la propreté, le soin de préparer un repas champêtre, fut du ressort de Virginie, et ses travaux étaient toujours suivis des louanges et des baisers de son frère. Pour lui, sans cesse en action, il bêchait le jardin avec Domingue, ou, une petite hache à la main, il le suivait dans les bois ; et si, dans ces courses,

une belle fleur, un bon fruit ou un nid d'oiseaux se présentaient à lui, eussent-ils eté au haut d'un arbre, il l'escaladait pour les apporter à sa sœur.

Quand on en rencontrait un quelque part, on était sûr que l'autre n'était pas loin.

Un jour que je descendais du sommet de cette

montagne, j'aperçus, à l'extrémité du jardin, Virginie qui accourait vers la maison, la tête couverte de son jupon, qu'elle avait relevé par derrière pour se mettre à l'abri d'une ondée de pluie.

De loin je la crus seule ; et, m'étant avancé vers elle pour l'aider à marcher, je vis qu'elle tenait

Paul par le bras, enveloppé presque en entier sous la même couverture, riant l'un et l'autre d'être ensemble à l'abri sous un parapluie de leur invention. Ces deux têtes charmantes, renfermées sous ce jupon bouffant, me rappelèrent les enfants de Léda, enclos sous la même coquille.

Toute leur étude était de se complaire et de s'entr'aider. Au reste, ils étaient ignorants comme des créoles et ne savaient ni lire ni écrire. Ils ne s'inquiétaient pas de ce qui s'était passé dans des temps reculés et loin d'eux : leur curiosité ne s'étendait pas au delà de cette montagne. Ils croyaient que le monde finissait où finissait leur île; et ils n'imaginaient rien d'aimable où ils n'étaient pas. Leur affection mutuelle et celle de leurs mères occupaient toute l'activité de leurs âmes. Jamais des sciences inutiles n'avaient fait couler leurs larmes, jamais les leçons d'une triste morale ne les avaient remplis d'ennui. Ils ne savaient pas qu'il ne faut pas dérober, tout chez eux étant commun; ni être intempérants, ayant à discrétion des mets simples; ni menteurs, n'ayant aucune vérité à dissimuler. On ne les avait jamais effrayés en leur disant que Dieu réserve des punitions terribles aux enfants ingrats; chez eux l'amitié filiale était née de l'amitié maternelle. On ne leur avait appris de la religion que ce qui la fait aimer; et, s'ils n'offraient pas à l'église de longues prières, partout où ils étaient : dans la maison, dans les champs, dans les bois, ils levaient vers le ciel des mains innocentes et un cœur plein de l'amour de leurs parents.

Ainsi se passa leur première enfance, comme une aube qui annonce le plus beau jour. Déjà ils partageaient avec leurs mères tous les soins du ménage. Dès que le chant du coq annonçait le **retour** de l'aurore, Virginie se levait, allait puiser

de l'eau à la source voisine, et rentrait dans la maison pour préparer le déjeuner. Bientôt après, quand le soleil dorait les pitons de cette enceinte, Marguerite et son fils se rendaient chez M$^{me}$ de

La Tour : alors ils commençaient tous ensemble une prière, suivie du premier repas ; souvent ils le prenaient devant la porte, assis sur l'herbe sous un berceau de bananiers, qui leur fournissait à la fois des mets tout préparés dans leurs fruits substantiels, et du linge de table dans leurs feuilles larges, longues et lustrées. Une nourriture saine et abondante développait rapidement les corps de ces deux jeunes gens, et une éducation douce peignait dans leur physionomie la pureté et le contentement de leur âme. Virginie n'avait que douze ans ; déjà sa taille était plus qu'à demi formée ; de grands cheveux blonds ombrageaient sa tête ; ses yeux bleus et ses lèvres de corail brillaient du plus tendre éclat sur la fraîcheur de son visage ; ils souriaient toujours de concert quand elle parlait ; mais quand elle gardait le silence, leur obliquité naturelle vers le ciel leur donnait une expression d'une sensibilité extrême, et même celle d'une légère mélancolie. Pour Paul, on voyait déjà se développer en lui le caractère d'un homme au milieu des grâces de l'adolescence. Sa taille était plus élevée que celle de

Virginie, son teint plus rembruni, son nez plus aquilin, et ses yeux, qui étaient noirs, auraient eu un peu de fierté, si les longs cils qui rayonnaient autour comme des pinceaux ne leur avaient donné la plus grande douceur. Quoiqu'il fût toujours en mouvement, dès que sa sœur paraissait, il devenait tranquille et allait s'asseoir auprès d'elle. Souvent leur repas se passait sans qu'ils se dissent un mot. A leur silence, à la naïveté de leurs attitudes, à la beauté de leurs pieds nus, on eût cru voir un groupe antique de marbre blanc représentant quelques-uns des enfants de Niobé; mais, à leurs regards qui cherchaient à se rencontrer, à leurs sourires rendus par de plus doux sourires, on les eût pris pour ces enfants du ciel, pour ces enfants bienheureux dont la nature est de s'aimer, et qui n'ont pas besoin de rendre le sentiment par des pensées, et l'amitié par des paroles.

Cependant Mme de La Tour, voyant sa fille se développer avec tant de charmes, sentait augmenter son inquiétude avec sa tendresse. Elle me disait quelquefois : « Si je venais à mourir, que deviendrait Virginie sans fortune? »

Elle avait en France une tante, fille de qualité, riche, vieille et dévote, qui lui avait refusé si

durement des secours lorsqu'elle se fut mariée à M. de La Tour, qu'elle s'était bien promis de n'avoir jamais recours à elle, à quelque extrémité qu'elle fût réduite. Mais, devenue mère, elle ne craignit plus la honte des refus. Elle manda à sa tante la mort inattendue de son mari, la naissance de sa fille et l'embarras où elle se trouvait, loin de son pays, dénuée de support et chargée d'un enfant. Elle n'en reçut point de réponse. Elle, qui était d'un caractère élevé, ne craignit plus de s'humilier et de s'exposer aux reproches de sa parente, qui ne lui avait jamais pardonné d'avoir épousé un homme sans naissance, quoique vertueux. Elle lui écrivait donc par toutes les occasions, afin d'exciter sa sensibilité en faveur de Virginie. Mais bien des années s'étaient écoulées sans recevoir d'elle aucune marque de souvenir.

Enfin, en 1738, trois ans après l'arrivée de M. de La Bourdonnaye dans cette île, M^me de La Tour apprit que ce gouverneur avait à lui re-

mettre une lettre de la part de sa tante. Elle courut au Port-Louis sans se soucier cette fois d'y paraître mal vêtue, la joie maternelle la mettant au-dessus du respect humain. M. de La Bourdonnaye lui donna en effet une lettre de sa tante. Celle-ci mandait à sa nièce qu'elle avait mérité son sort, pour avoir épousé un aventurier, un libertin ; que les passions portaient avec elles leur punition ; que la mort prématurée de son mari était un juste châtiment de Dieu ; qu'elle avait bien fait de passer aux îles plutôt que de déshonorer sa famille en France ; qu'elle était après tout dans un bon pays où tout le monde faisait fortune, excepté les paresseux. Après l'avoir ainsi blâmée, elle finissait par se louer elle-même : pour éviter, disait-elle, les suites souvent funestes du mariage, elle avait toujours refusé de se marier. La vérité est qu'étant ambitieuse, elle n'avait voulu épouser qu'un homme de grande qualité ; mais, quoiqu'elle fût très-riche, et qu'à la cour on soit indifférent à tout, excepté à la fortune, il ne s'était trouvé personne qui eût voulu s'allier à une fille aussi laide et à un cœur aussi dur.

Elle ajoutait par post-scriptum que, toute réflexion faite, elle l'avait fortement recommandée à M. de La Bourdonnaye. Elle l'avait en effet recommandée, mais suivant un usage bien commun aujourd'hui, qui rend un protecteur plus à craindre qu'un ennemi déclaré : afin de justifier auprès du gouverneur sa dureté pour sa nièce, en feignant de la plaindre elle l'avait calomniée.

M^{me} de La Tour, que tout homme indifférent n'eût pu voir sans intérêt et sans respect, fut reçue avec beaucoup de froideur par M. de La Bourdonnaye, prévenu contre elle. Il ne répondit à l'exposé qu'elle lui fit de sa situation et de celle de sa fille que par de durs monosyllabes : « Je verrai... nous verrons... avec le temps... il y a bien des malheureux... Pourquoi indisposer une tante respectable ?... C'est vous qui avez tort. »

M^{me} de La Tour retourna à l'habitation, le cœur navré de douleur et plein d'amertume. En arrivant, elle s'assit, jeta sur la table la lettre de sa tante, et dit à son amie : « Voilà le fruit de onze ans de patience ! » Mais, comme il n'y avait que M^{me} de La Tour qui sût lire dans la société, elle reprit la lettre et en fit la lecture devant toute la famille rassemblée. A peine était-elle achevée, que Marguerite lui dit avec vivacité : « Qu'avons-nous besoin de tes parents? Dieu nous a-t-il abandonnées? C'est lui seul qui est notre père. N'avons-nous pas vécu heureuses jusqu'à ce jour? Pourquoi donc te chagriner? Tu n'as point de courage. » Et, voyant M$^{me}$ de La Tour pleurer, elle se jeta à son cou, et, la serrant dans ses bras : « Chère amie! s'écria-t-elle, chère amie! » Mais ses propres sanglots étouffèrent sa voix. A ce spectacle, Virginie, fondant en larmes, pressait alternativement les mains de sa mère et celles de Marguerite contre sa bouche et contre son cœur; et Paul, les yeux enflammés de colère, criait, serrait les poings, frappait du pied, ne sachant à qui s'en prendre. A ce bruit, Domingue et Marie accoururent, et l'on n'entendit plus dans la case que ces cris de douleur : « Ah!... madame!... ma bonne maîtresse!... ma mère!... ne pleurez pas. » De si tendres marques d'amitié dissipèrent le chagrin de M$^{me}$ de La Tour. Elle prit Paul et Virginie dans ses bras, et leur dit d'un air content : « Mes enfants, vous êtes cause de ma peine; mais vous faites toute ma joie. O mes chers enfants! le malheur ne m'est venu que de loin; le bonheur est autour de moi. » Paul et Virginie ne la comprirent pas; mais quand ils la virent tranquille, ils sourirent et se mirent à la caresser. Ainsi ils continuèrent tous d'être heureux, et ce ne fut qu'un orage au milieu d'une belle saison.

Le bon naturel de ces enfants se développait de jour en jour. Un dimanche, au lever de l'aurore, leurs mères étant allées à la première messe de l'église des Pamplemousses, une négresse marronne se présenta sous les bananiers qui entouraient leur habitation. Elle était décharnée comme un squelette, et n'avait pour vêtement qu'un lambeau de serpillière autour des reins. Elle se jeta aux pieds de Virginie, qui préparait le déjeuner de la famille, et lui dit : « Ma jeune demoiselle, ayez pitié d'une pauvre esclave fugitive; il y a un mois que j'erre dans ces montagnes, demi-morte de faim, souvent poursuivie par des chasseurs et par leurs chiens. Je fuis mon maître, qui est un riche habitant de la Rivière-Noire : il m'a traitée comme vous le voyez. » En même temps elle lui montra son corps sillonné de cicatrices profondes par les coups de fouet qu'elle en avait reçus. Elle ajouta : « Je voudrais aller me noyer ; mais, sachant que vous demeuriez ici, j'ai dit : Puisqu'il y a encore de bons blancs dans ce pays, il ne faut pas encore mourir. » Virginie tout émue lui répondit : « Rassurez-vous, infortunée créature ! Mangez, mangez ! » Et elle lui

donna le déjeuner de la maison, qu'elle avait apprêté. L'esclave, en peu de moments, le dévora tout entier. Virginie, la voyant rassasiée, lui dit :

« Pauvre misérable! j'ai envie d'aller demander votre grâce à votre maître; en vous voyant, il sera touché de pitié. Voulez-vous me conduire chez lui? — Ange de Dieu, repartit la négresse, je vous suivrai partout où vous voudrez. » Virginie appela son frère et le pria de l'accompagner. L'esclave marronne les conduisit, par des sentiers au milieu des bois, à travers de hautes montagnes qu'ils grimpèrent avec bien de la peine, et de larges rivières qu'ils passèrent à gué. Enfin, vers le milieu du jour, ils arrivèrent au bas d'un morne sur les bords de la Rivière-Noire. Ils aperçurent là une maison bien bâtie, des plantations considérables et un grand nombre d'esclaves occupés à toutes sortes de travaux. Leur maître se promenait au milieu d'eux, une pipe à la bouche et un rotin à la main. C'était un grand homme sec, olivâtre, aux yeux enfoncés et aux sourcils noirs et joints. Virginie, tout émue, tenant Paul par le bras, s'approcha de l'habitant et le pria, pour l'amour de Dieu, de pardonner à son esclave, qui était à quelques pas de là derrière eux. D'abord l'habitant ne fit pas grand compte de ces deux enfants pauvrement vêtus; mais quand il eut remarqué la taille élégante de Virginie, sa belle tête blonde sous une capote bleue, et qu'il eut entendu le doux son de sa voix, qui tremblait ainsi que tout son corps en lui demandant grâce, il ôta sa pipe de sa bouche, et, levant son rotin vers le ciel, il jura, par un affreux serment, qu'il pardonnait à son esclave, non pas pour l'amour de Dieu, mais pour l'amour d'elle. Virginie aussitôt fit signe à l'esclave de s'avancer vers son maître; puis elle s'enfuit, et Paul courut après elle.

Ils remontèrent ensemble le revers du morne par où ils étaient descendus, et, parvenus au sommet, ils s'assirent sous un arbre, accablés de lassitude, de faim et de soif. Ils avaient fait à jeun plus de cinq lieues depuis le lever du soleil. Paul dit à Virginie : « Ma sœur, il est plus de midi; tu as faim et soif : nous ne trouverons point ici à dîner; redescendons le morne et allons demander à manger au maître de l'esclave. — Oh ! non, mon ami, reprit Virginie, il m'a fait trop de peur. Souviens-toi de ce que dit quelquefois maman : Le pain du méchant remplit la bouche de gravier.

— Comment ferons-nous donc? dit Paul; ces arbres ne produisent que de mauvais fruits; il n'y a pas seulement ici un tamarin ou un citron pour te rafraîchir. — Dieu aura pitié de nous, reprit Virginie : il exauce la voix des petits oiseaux qui lui demandent de la nourriture. » A peine avait-elle dit ces mots, qu'ils entendirent le bruit d'une source qui tombait d'un rocher voisin. Ils y coururent, et, après s'être désaltérés avec ses eaux plus claires que le cristal, ils cueillirent et mangèrent un peu de cresson qui croissait sur ses bords.

Comme ils regardaient de côté et d'autre s'ils ne trouveraient pas quelque nourriture plus solide, Virginie aperçut parmi les arbres de la forêt un jeune palmiste. Le chou que la cime de cet arbre renferme au milieu de ses feuilles est un fort bon manger; mais quoique sa tige ne fût pas plus grosse que la jambe, elle avait plus de soixante pieds de hauteur. A la vérité, le bois de cet arbre n'est formé que d'un paquet de filaments; mais son aubier est si dur qu'il fait rebrousser les meilleures haches; et Paul n'avait pas même un couteau. L'idée lui vint de mettre le feu au pied de ce palmiste : autre embarras; il n'avait point de briquet, et d'ailleurs dans cette île, si couverte de rochers, je ne crois pas qu'on puisse trouver une seule pierre à fusil. La nécessité donne de l'industrie, et souvent les inventions les plus utiles ont été dues aux hommes les plus misérables. Paul résolut d'allumer du feu à la manière des noirs : avec l'angle d'une pierre il fit un petit trou sur une branche d'arbre bien sèche, qu'il assujettit sous ses pieds; puis, avec le tranchant de cette pierre, il fit une pointe à un autre morceau de branche également sèche, mais d'une espèce de bois différent; il posa ensuite ce morceau de bois pointu dans le petit trou de la branche qui était sous ses pieds, et, le faisant rouler rapidement entre ses mains, comme on roule un moulinet dont on veut faire mousser du chocolat, en peu de moments il vit sortir du point de contact de la fumée et des étincelles. Il ramassa des herbes sèches et d'autres branches d'arbres, et mit le feu au pied du palmiste, qui, bientôt après, tomba avec un grand fracas. Le feu lui servit encore à dépouiller le chou de ses longues feuilles ligneuses et piquantes. Virginie et lui mangèrent

une partie de ce chou cru et l'autre cuite sous la cendre, et ils les trouvèrent également savoureuses. Ils firent ce repas frugal remplis de joie, par le souvenir de la bonne action qu'ils avaient faite le matin; mais cette joie était troublée par l'inquiétude où ils se doutaient bien que leur longue absence de la maison jetterait leurs mères. Virginie revenait souvent sur cet objet. Cependant Paul, qui sentait ses forces rétablies, l'assura qu'ils ne tarderaient pas à tranquilliser leurs parents.

Après dîner ils se trouvèrent bien embarrassés; car ils n'avaient plus de guide pour les reconduire chez eux. Paul, qui ne s'étonnait de rien, dit à Virginie : « Notre case est vers le soleil du milieu du jour ; il faut que nous passions, comme ce matin, par-dessus cette montagne que tu vois là-bas avec ses trois pitons. Allons, marchons, mon amie. » Cette montagne était celle des Trois-Mamelles*, ainsi nommée parce que ses trois pitons en ont la forme. Ils descendirent donc le morne de la Rivière-Noire du côté du nord, et arrivèrent, après une heure de marche, sur les bords d'une large rivière qui barrait leur chemin.

*Il y a beaucoup de montagnes dont les sommets sont arrondis en forme de mamelles, et qui en portent le nom dans toutes les langues. Ce sont en effet de véritables mamelles ; car c'est d'elles que découlent beaucoup de rivières et de ruisseaux, qui répandent l'abondance sur la terre. Elles sont les sources des principaux fleuves qui l'arrosent, et elles fournissent constamment à leurs eaux, en attirant sans cesse les nuages autour du piton de rocher qui les surmonte à leur centre comme un mamelon. Nous avons indiqué ces prévoyances admirables de la nature dans nos études précédentes.

Cette grande partie de l'île, toute couverte de forêts, est si peu connue, même aujourd'hui, que plusieurs de ses rivières et de ses montagnes n'y ont pas encore de nom. La rivière sur le bord de laquelle ils étaient coule en bouillonnant sur un lit de rochers. Le bruit de ses eaux effraya Virginie; elle n'osa y mettre les pieds pour la passer à

gué. Paul alors prit Virginie sur son dos, et passa ainsi chargé sur les roches glissantes de la rivière, malgré le tumulte de ses eaux. « N'aie pas peur, lui disait-il; je me sens bien fort avec toi. Si l'habitant de la Rivière-Noire t'avait refusé la grâce de son esclave, je me serais battu avec lui. — Comment! dit Virginie, avec cet homme si grand et si méchant? A quoi t'ai-je exposé! Mon Dieu! qu'il est difficile de faire le bien! il n'y a que le mal de facile à faire. » Quand Paul fut sur le rivage, il voulut continuer sa route, chargé de sa sœur, et il se flattait de monter ainsi la montagne des Trois-Mamelles, qu'il voyait devant lui à une demi-lieue de là : mais bientôt les forces lui manquèrent, et il fut obligé de la mettre à terre, et de se reposer auprès d'elle. Virginie lui dit alors : « Mon frère, le jour baisse ; tu as encore des forces, et les miennes me manquent ; laisse-moi ici, et retourne seul à notre case pour tranquilliser nos mères. — Oh! non, dit Paul, je ne te quitterai pas. Si la nuit nous surprend dans ce bois, j'allumerai du feu, j'abattrai un palmiste, tu en mangeras le chou, et je ferai avec ses feuilles un ajoupa pour te mettre à l'abri. » Cependant Virginie, s'étant un peu reposée, cueillit sur le tronc d'un vieux arbre, penché sur le bord de la rivière, de longues feuilles de scolopendre qui pendaient de son tronc ; elle en fit des espèces de brodequins dont elle s'entoura les pieds, que les pierres des chemins avaient mis en sang ; car, dans l'emprèssement d'être utile, elle avait oublié de se chausser. Se sentant soulagée par la fraîcheur de ces feuilles, elle rompit une branche de bambou, et se mit en marche, en s'appuyant d'une main sur ce roseau, et de l'autre sur son frère.

Ils cheminaient ainsi doucement à travers les bois ; mais la hauteur des arbres et l'épaisseur de leurs feuillages leur firent bientôt perdre de vue la montagne des Trois-Mamelles, sur laquelle ils se dirigeaient, et même le soleil, qui était déjà près de se coucher. Au bout de quelque temps ils quittèrent, sans s'en apercevoir, le sentier frayé dans lequel ils avaient marché jusqu'alors, et ils se trouvèrent dans un labyrinthe d'arbres, de lianes et de roches, qui n'avait plus d'issue. Paul fit asseoir Virginie, et se mit à courir çà et là, tout hors de lui, pour chercher un chemin hors de ce fourré épais ; mais il se fatigua en vain. Il monta au haut d'un grand arbre pour découvrir au moins la montagne des Trois-Mamelles : mais il n'aperçut autour de lui que les cimes des arbres, dont quelques-unes étaient éclairées par les derniers rayons

du soleil couchant. Cependant l'ombre des montagnes couvrait déjà les forêts dans les vallées; le vent se calmait comme il arrive au coucher du soleil; un profond silence régnait dans ces solitudes, et on n'y entendait d'autre bruit que le bramement des cerfs qui venaient chercher leurs gîtes dans ces lieux écartés. Paul, dans l'espoir que quelque chasseur pourrait l'entendre, cria alors de toute sa force : « Venez, venez au secours de Virginie ! » Mais les seuls échos de la forêt répondirent à sa voix, et répétèrent à plusieurs reprises : « Virginie !... Virginie ! »

Paul descendit alors de l'arbre, accablé de fatigue et de chagrin : il chercha les moyens de passer la nuit dans ce lieu ; mais il n'y avait ni fontaine, ni palmiste, ni même de branches de bois sec propre à allumer du feu. Il sentit alors par son expérience toute la faiblesse de ses ressources, et il se mit à pleurer. Virgin' lui dit : « Ne pleure point, mon ami, si tu ne veux m'accabler de chagrin. C'est moi qui suis la cause de toutes tes peines, et de celles qu'éprouvent maintenant nos mères. Il ne faut rien faire, pas même le bien, sans consulter ses parents. Oh ! j'ai été bien imprudente ! » Et elle se prit à verser des larmes. Cependant elle dit à Paul :

« Prions Dieu, mon frère, et il aura pitié de nous. »

A peine avaient-ils achevé leur prière, qu'ils

entendirent un chien aboyer. « C'est, dit Paul, le chien de quelque chasseur qui vient le soir tuer des cerfs à l'affût. » Peu après, les aboiements du

chien redoublèrent. « Il me semble, dit Virginie, que c'est Fidèle, le chien de notre case : oui, je reconnais sa voix ; serions-nous si près d'arriver au pied de notre montagne ? »

En effet, un moment après, Fidèle était à leurs pieds, aboyant, hurlant, gémissant, et les accablant de caresses. Comme ils ne pouvaient revenir de leur surprise, ils aperçurent Domingue, qui accourait à eux. A l'arrivée de ce bon noir, qui pleurait de joie, ils se mirent aussi à pleurer, sans pouvoir lui dire un mot. Quand Domingue eut repris ses sens : « O mes jeunes maîtres, leur dit-il, que vos mères ont d'inquiétude! comme elles ont été étonnées quand elles ne vous ont plus retrouvés au retour de la messe, où je les accompagnais! Marie, qui travaillait dans un coin de l'habitation, n'a su nous dire où vous étiez allés. J'allais, je venais autour de l'habitation, ne sachant moi-même de quel côté vous chercher. Enfin j'ai pris vos vieux habits à l'un et à l'autre\*, je les ai fait flairer à Fidèle, et sur-le-champ, comme si ce pauvre animal m'eût entendu, il s'est mis à quêter sur vos pas ; il m'a conduit, toujours en remuant la queue, jusqu'à la Rivière-Noire. C'est là où j'ai appris d'un habitant que vous lui aviez ramené une négresse marronne, et qu'il vous avait accordé sa grâce. Mais quelle grâce! Il me l'a montrée attachée, avec une chaîne au pied,

---

\* Ce trait de sagacité du noir Domingue et de son chien Fidèle ressemble beaucoup à celui du sauvage Téwénissa et de son chien Oniath, rapporté par M. de Crèvecœur, dans son ouvrage plein d'humanité, intitulé : LETTRES D'UN CULTIVATEUR AMÉRICAIN.

à un billot de bois, et avec un collier de fer à trois crochets autour du cou. De là, Fidèle, toujours quêtant, m'a mené sur le morne de la Rivière-Noire, où il s'est arrêté encore en aboyant de toute sa force : c'était sur le bord d'une source, auprès d'un palmiste abattu, et près d'un feu qui fumait encore. Enfin il m'a conduit ici : nous sommes au pied de la montagne des Trois-Mamelles, et il y a encore quatre bonnes lieues jusque chez nous. Allons, mangez, et prenez des forces. » Il leur présenta aussitôt un gâteau, des fruits, et une grande calebasse remplie d'une liqueur composée d'eau, de vin, de jus de citron, de sucre et de muscade, que leurs mères avaient préparée pour les fortifier et les rafraîchir. Virginie soupira au souvenir de la pauvre esclave, et des inquiétudes de leurs mères. Elle répéta plusieurs fois : « Oh ! qu'il est difficile de faire le bien ! » Pendant que Paul et elle se rafraîchissaient, Domingue alluma du feu, et ayant cherché dans les rochers un bois tortu qu'on appelle bois de ronde, et qui brûle tout vert en jetant une grande flamme, il en fit un flambeau, qu'il alluma, car il était déjà nuit. Mais il éprouva un embarras bien plus grand quand il fallut se mettre en route : Paul et Virginie ne pouvaient plus marcher ; leurs pieds étaient enflés et tout rouges. Domingue ne savait s'il devait aller bien loin de là leur chercher du secours, ou passer dans ce lieu la nuit avec eux. « Où est le temps, leur disait-il, où je vous portais tous deux à la fois dans mes bras ! mais maintenant, vous êtes grands et je suis vieux. » Comme il était dans cette perplexité, une troupe de noirs marrons se fit voir à vingt pas de là. Le chef de cette troupe, s'approchant de Paul et de Virginie, leur dit : « Bons petits blancs, n'ayez pas peur ; nous vous avons vus passer ce matin avec une négresse de la Rivière-Noire ; vous alliez demander sa grâce à son mauvais maître : en reconnaissance, nous vous reporterons chez vous sur nos épaules. » Alors il fit un signe, et quatre noirs marrons des plus robustes firent aussitôt un brancard avec des branches d'arbres et des lianes, y placèrent Paul et Virginie, les mirent sur leurs épaules ; et, Domingue marchant devant eux avec son flambeau, ils se mirent en route aux cris de joie de toute la troupe, qui les comblait de bénédictions. Virginie, attendrie, disait à Paul : « O mon ami ! jamais Dieu ne laisse un bien sans récompense. »

Ils arrivèrent vers le milieu de la nuit au pied de leur montagne, dont les croupes étaient éclairées de plusieurs feux. A peine ils la montaient, qu'ils entendirent des voix qui criaient : « Est-ce vous, mes enfants ? » Ils répondirent avec les noirs : « Oui, c'est nous ! » et bientôt ils aperçurent leurs mères et Marie qui venaient au-devant d'eux avec des tisons flambants. « Malheureux enfants, dit M^me de La Tour, d'où venez-vous? dans quelles angoisses vous nous avez jetées! — Nous venons, dit Virginie, de la Rivière-Noire demander la grâce d'une pauvre esclave marronne, à qui j'ai donné ce matin le déjeuner de la maison, parce qu'elle mourait de faim; et voilà que les noirs marrons nous ont ramenés. » M^me de La Tour embrassa sa fille sans pouvoir parler; et Virginie, qui sentit son visage mouillé des larmes de sa mère, lui dit : « Vous me payez de tout le mal que j'ai souffert! » Marguerite, ravie de joie, serrait Paul dans ses bras, et lui disait : « Et toi aussi, mon fils, tu as fait une bonne action! » Quand elles furent arrivées dans leurs cases avec leurs enfants, elles donnèrent bien à manger aux noirs marrons, qui s'en retournèrent dans leurs bois en leur souhaitant toute sorte de prospérité.

Chaque jour était pour ces familles un jour de bonheur et de paix. Ni l'envie ni l'ambition ne les tourmentaient. Elles ne désiraient point au dehors une vaine réputation que donne l'intrigue, et qu'ôte la calomnie; il leur suffisait d'être à elles-mêmes leurs témoins et leurs juges. Dans cette île où, comme dans toutes les colonies européennes, on n'est curieux que d'anecdotes malignes, leurs vertus et même leurs noms étaient ignorés; seulement, quand un passant demandait, sur le chemin des Pamplemousses, à quelques habitants de la plaine : « Qui est-ce qui demeure là-haut dans ces petites cases? » ceux-ci répondaient, sans les connaître : « Ce sont de bonnes gens. » Ainsi des violettes, sous des buissons épineux, exhalent au loin leurs doux parfums, quoiqu'on ne les voie pas.

Elles avaient banni de leurs conversations la médisance, qui, sous une apparence de justice, dispose nécessairement le cœur à la haine ou à la fausseté : car il est impossible de ne pas haïr les hommes si on les croit méchants, et de vivre avec les méchants si on ne leur cache sa haine sous de fausses apparences de bienveillance. Ainsi la médisance nous oblige d'être mal avec les autres ou avec nous-mêmes. Mais, sans juger des hommes en particulier, elles ne s'entretenaient que des moyens de faire du bien à tous en général; et, quoiqu'elles n'en eussent pas le pouvoir, elles en avaient une volonté perpétuelle qui les remplissait d'une bienveillance toujours prête à s'étendre au dehors. En vivant donc dans la solitude, loin d'être sauvages, elles étaient devenues plus humaines. Si l'histoire scandaleuse de la société ne fournissait point de matière à leurs conversations, celle de la nature les remplissait de ravissement et de joie. Elles admiraient avec transport le pouvoir d'une Providence qui, par leurs mains, avait répandu au milieu de ces arides rochers l'abondance, les grâces, les plaisirs purs, simples, et toujours renaissants.

Paul, à l'âge de douze ans, plus robuste et plus intelligent que les Européens à quinze, avait embelli ce que le noir Domingue ne faisait que cultiver. Il allait avec lui dans les bois voisins déraciner de jeunes plants de citronniers, d'orangers, de tamarins, dont la tête ronde est d'un si beau vert, et de dattiers, dont le fruit est plein d'une crème sucrée qui a le parfum de la fleur d'oranger;

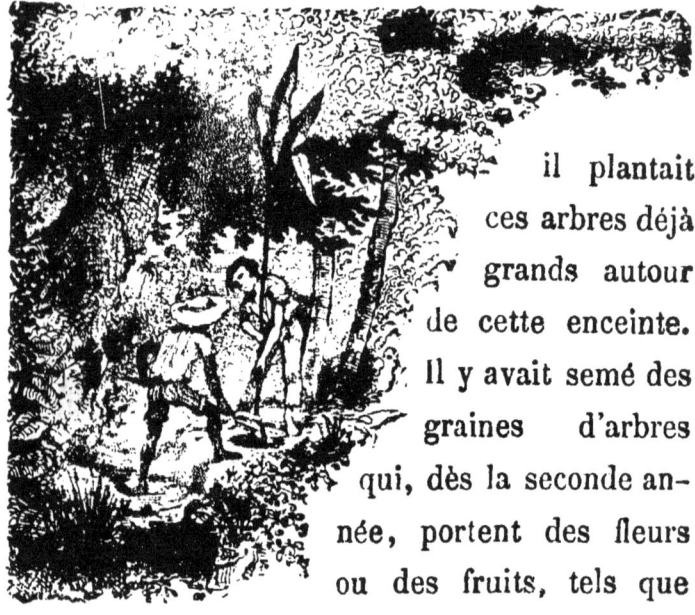

il plantait ces arbres déjà grands autour de cette enceinte. Il y avait semé des graines d'arbres qui, dès la seconde année, portent des fleurs ou des fruits, tels que l'agathis, où pendent tout autour, comme les cristaux d'un lustre, de longues grappes de fleurs blanches; le lilas de Perse, qui élève droit en l'air ses girandoles gris de lin; le papayer, dont le tronc sans branches, formé en colonne hérissée de melons verts, porte un chapiteau de larges feuilles semblables à celles du figuier.

Il y avait planté encore des pepins et des noyaux de badamiers, de manguiers, d'avocats, de goyaviers, de jacqs et de jamroses. La plupart de ces arbres donnaient déjà à leur jeune maître de l'ombrage et des fruits. Sa main laborieuse avait répandu la fécondité jusque dans les lieux les plus stériles de cet enclos. Diverses espèces d'aloès, la raquette chargée de fleurs jaunes fouettées de rouge, les cierges épineux, s'élevaient sur les têtes noires des roches, et semblaient vouloir atteindre aux longues lianes chargées de fleurs bleues ou écarlates, qui pendaient çà et là le long des escarpements de la montagne.

Il avait disposé ces végétaux de manière qu'on pouvait jouir de leur vue d'un seul coup d'œil. Il avait planté au milieu de ce bassin les herbes qui s'élèvent peu, ensuite les arbrisseaux, puis les arbres moyens, et enfin les grands arbres qui en bordaient la circonférence : de sorte que ce vaste enclos paraissait de son centre comme un amphithéâtre de verdure, de fruits et de fleurs, renfermant des plantes potagères, des lisières de prairies, et des champs de riz et de blé. Mais en assujettissant ces végétaux à son plan, il ne s'était pas écarté de celui de la nature. Guidé par ses indications, il avait mis dans les lieux élevés ceux dont les semences sont volatiles, et sur le bord des eaux ceux dont les graines sont faites pour flotter. Ainsi chaque végétal croissait dans son site propre, et chaque site recevait de son végétal sa parure naturelle.

Les eaux qui descendent du sommet de ces roches formaient, au fond du vallon, ici des fontaines, là de larges miroirs, qui répétaient, au milieu de la verdure, es arbres en fleurs, les rochers, et l'azur des cieux.

Malgré la grande irrégularité de ce terrain, toutes ces plantations étaient pour la plupart aussi accessibles au toucher qu'à la vue : à la vérité nous l'aidions tous de nos conseils et de nos secours pour en venir à bout. Il avait pratiqué un sentier qui tournait autour de ce bassin, et dont plusieurs rameaux venaient se rendre de la circonférence au centre. Il avait tiré parti des lieux les plus raboteux, et accordé, par la plus heureuse harmonie, la facilité de la promenade avec l'aspérité du sol, et les arbres domestiques avec les sauvages. De cette énorme quantité de pierres roulantes qui embarrassent maintenant ces chemins, ainsi que la plupart du terrain de cette île, il avait formé çà et là des pyramides, dans les assises desquelles il avait mêlé de la terre et des racines de rosiers, des poincillades, et d'autres arbrisseaux qui se plaisent dans les roches. En peu de temps, ces pyramides sombres et brutes furent couvertes de verdure, ou de l'éclat des plus belles fleurs. Les ravins, bordés de vieux arbres inclinés sur les bords, formaient des souterrains voûtés, inaccessibles à la chaleur, où l'on allait prendre le frais pendant le jour. Un sentier conduisait dans un bosquet d'arbres sauvages, au centre duquel croissait, à l'abri des vents, un arbre domestique chargé de fruits. Là était une moisson; ici, un verger. Par cette avenue, on apercevait les maisons; par cette autre, les sommets inaccessibles de la montagne.

Sous un bocage touffu de tatamaques entrelacés de lianes, on ne distinguait en plein midi aucun objet; sur la pointe de ce grand rocher voisin qui sort de la montagne on découvrait tous ceux de cet enclos, avec la mer au loin, où apparaissait quelquefois un vaisseau qui venait de l'Europe, ou qui y retournait. C'était sur ce rocher que ces familles se rassemblaient le soir, et jouissaient en silence de la fraîcheur de l'air, du parfum des fleurs, du murmure des fontaines, et des dernières harmonies de la lumière et des ombres.

Rien n'était plus agréable que les noms donnés à la plupart des retraites charmantes de ce labyrinthe. Ce rocher, dont je viens de vous parler, d'où l'on me voyait venir de bien loin, s'appelait la DÉCOUVERTE DE L'AMITIÉ. Paul et Virginie, dans leurs jeux, y avaient planté un bambou, au haut duquel ils élevaient un petit mouchoir blanc pour signaler mon arrivée dès qu'ils m'apercevaient, ainsi qu'on élève un pavillon sur la montagne voisine, à la vue d'un vaisseau en mer. L'idée me vint de graver une inscription sur la tige de ce roseau. Quelque plaisir que j'aie eu dans mes voyages à voir une statue ou un monument de l'antiquité, j'en ai encore davantage à lire une inscription bien faite : il me semble alors qu'une voix humaine sorte de la pierre, se fasse entendre à travers les siècles, et, s'adressant à l'homme au milieu des déserts, lui dise qu'il n'est pas seul, et que d'autres hommes, dans ces mêmes lieux, ont senti, pensé, et souffert comme lui ; que si cette inscription est de quelque nation ancienne qui ne subsiste plus, elle étend notre âme dans les champs de l'infini, et lui donne le sentiment de son immortalité, en lui montrant qu'une pensée a survécu à la ruine même d'un empire.

J'écrivis donc sur le petit mât de pavillon de Paul et de Virginie ces vers d'Horace :

> ... Fratres Helenæ, lucida sidera,
> Ventorumque regat pater,
> Obstrictis aliis, præter Iapyga.

« Que les frères d'Hélène, astres charmants

comme vous, et que le père des vents vous dirigent, et ne fassent souffler que le Zéphire. »

Je gravai ce vers de Virgile sur l'écorce d'un tatamaque à l'ombre duquel Paul s'asseyait quelquefois pour regarder au loin la mer agitée :

Fortunatus et ille deos qui novit agrestes!

« Heureux, mon fils, de ne connaître que les divinités champêtres ! »

Et cet autre au-dessus de la porte de la cabane de M<sup>me</sup> de La Tour, qui était leur lieu d'assemblée :

At secura quies, et nescia fallere vita.

« Ici est une bonne conscience, et une vie qui ne sait pas tromper. »

Mais Virginie n'approuvait point mon latin; elle disait que ce que j'avais mis au pied de sa girouette était trop long et trop savant. « J'eusse mieux aimé, ajoutait-elle : TOUJOURS AGITÉE, MAIS CONSTANTE. — Cette devise, lui répondis-je, conviendrait encore mieux à la vertu. » Ma réflexion la fit rougir.

Ces familles heureuses etendaient leurs âmes sensibles à tout ce qui les environnait. Elles avaient donné les noms les plus tendres aux objets en apparence les plus indifférents. Un cercle d'orangers, de bananiers et de jamroses, plantés autour d'un pelouse au milieu de laquelle Virginie et Paul allaient quelquefois danser, se nommait LA CONCORDE. Un vieil arbre, à l'ombre duquel M$^{me}$ de La Tour et Marguerite s'étaient raconté leurs malheurs, s'appelait LES PLEURS ESSUYÉS. Elles faisaient porter les noms de BRETAGNE et de NORMANDIE à de petites portions de terres où elles avaient semé du blé, des fraises et des pois. Domingue et Marie, désirant, à l'imitation de leurs maîtresses, se rappeler les lieux de leur naissance en Afrique, appelaient ANGOLA et FOULLEPOINTE deux endroits où croissait l'herbe dont ils faisaient des paniers, et où ils avaient planté un calebassier. Ainsi, par ces productions de leurs climats, ces familles expatriées entretenaient les douces illusions de leur pays, et en calmaient les regrets dans une terre étrangère. Hélas! j'ai vu s'animer de mille appellations charmantes les arbres, les fontaines, les rochers de ce lieu maintenant si bouleversé, et qui, semblable à un champ de la Grèce, n'offre plus que des ruines et des noms touchants.

Mais, de tout ce que renfermait cette enceinte, rien n'était plus agréable que ce qu'on appelait le REPOS DE VIRGINIE. Au pied du rocher la DÉCOUVERTE DE L'AMITIÉ est un enfoncement d'où sort une fontaine qui forme, dès sa source, une petite flaque d'eau, au milieu d'un pré d'une herbe fine. Lorsque Marguerite eut mis Paul au monde, je lui fis présent d'un coco des Indes qu'on m'avait donné. Elle planta ce fruit sur le bord de cette flaque d'eau, afin que l'arbre qu'il produirait servît un jour d'époque à la naissance de son fils. M$^{me}$ de La Tour, à son exemple, y en planta un autre, dans une semblable intention, dès qu'elle fut accouchée de Virginie. Il naquit de ces deux fruits deux cocotiers qui formaient toutes les archives de ces deux familles; l'un se nommait l'arbre de Paul, et l'autre, l'arbre de Virginie. Ils crûrent tous deux, dans la même proportion que leurs jeunes maîtres, d'une grandeur un peu inégale, mais qui surpassait au bout de douze ans celle de leurs cabanes. Déjà ils entrelaçaient leurs palmes, et laissaient pendre leurs jeunes grappes de cocos au-dessus du bassin de la fontaine. Excepté cette plantation, on avait laissé cet enfoncement du rocher tel que la nature l'avait orné. Sur ses flancs bruns et humides rayonnaient en étoiles vertes et noires de larges capillaires, et flottaient au gré des vents des touffes de scolopendre suspendues comme de longs rubans d'un vert pourpré. Près de là croissaient des lisières de pervenche, dont les fleurs sont presque semblables à celles de la giroflée rouge, et des piments, dont les gousses, couleur de sang, sont plus éclatantes que le corail. Aux environs, l'herbe de baume, dont les feuilles sont en cœur, et les basilics à odeur de girofle, exhalaient les plus doux parfums. Du haut de l'escarpement de la montagne pendaient des lianes semblables à des draperies flottantes, qui formaient sur les flancs des rochers de grandes courtines de verdure. Les oiseaux de mer, attirés par ces retraites paisibles, y venaient passer la nuit. Au coucher du soleil on y voyait voler le long des rivages de la mer le corbijeau et l'alouette marine, et au haut des airs la noire frégate, avec l'oiseau blanc du tropique, qui abandonnaient, ainsi que l'astre du jour, les solitudes

de l'océan Indien. Virginie aimait à se reposer sur les bords de cette fontaine, décorée d'une pompe à la fois magnifique et sauvage. Souvent elle venait y laver le linge de la famille à l'ombre des deux cocotiers. Quelquefois elle y menait paître ses chèvres. Pendant qu'elle préparait des fromages avec leur lait, elle se plaisait à leur voir brouter les capillaires sur les flancs escarpés de la roche, et se tenir en l'air sur une de ses corniches comme sur un piédestal. Paul, voyant que ce lieu était aimé de Virginie, y apporta de la forêt voisine des nids de toutes sortes d'oiseaux. Les pères et les mères de ces oiseaux suivirent leurs petits, et vinrent s'établir dans cette nouvelle colonie. Virginie leur distribuait de temps en temps des grains de riz, de maïs, et du millet. Dès qu'elle paraissait, les merles siffleurs, les bengalis, dont le ramage est si doux, les cardinaux, dont le plumage est couleur de feu, quittaient leurs buissons; des perruches, vertes comme des émeraudes, descendaient des lataniers voisins; des perdrix accouraient sous l'herbe : tous s'avançaient pêle-mêle jusqu'à ses pieds comme des poules. Paul et elle s'amusaient avec transport de leurs jeux, de leurs appétits et de leurs amours.

Aimables enfants, vous passiez ainsi dans l'innocence vos premiers jours en vous exerçant aux bienfaits! Combien de fois, dans ce lieu, vos

mères, vous serrant dans leurs bras, bénissaient le ciel de la consolation que vous prépariez à leur vieillesse, et de vous voir entrer dans la vie sous de si heureux auspices! Combien de fois, à l'ombre de ces rochers, ai-je partagé avec elles vos repas champêtres, qui n'avaient coûté la vie à aucun animal! des calebasses pleines de lait, des œufs frais, des gâteaux de riz sur des feuilles de bananier, des corbeilles chargées de patates, de mangues, d'oranges, de grenades, de bananes, de dattes, d'ananas, offraient à la fois les mets les plus sains, les couleurs les plus gaies et les sucs les plus agréables.

La conversation était aussi douce et aussi innocente que ces festins. Paul y parlait souvent des travaux du jour et de ceux du lendemain. Il méditait toujours quelque chose d'utile pour la société. Ici, les sentiers n'étaient pas commodes; là, on était mal assis; ces jeunes berceaux ne donnaient pas assez d'ombrage; Virginie serait mieux là.

Dans la saison pluvieuse, ils passaient le jour tous ensemble dans la case, maîtres et serviteurs, occupés à faire des nattes d'herbes et des paniers de bambou. On voyait rangés dans le plus grand ordre, aux parois de la muraille, des râteaux, des haches, des bêches; et auprès de ces instruments de l'agriculture, les productions qui en étaient les fruits : des sacs de riz, des gerbes de blé et des régimes de bananes. La délicatesse s'y joignait toujours à l'abondance. Virginie, instruite par Marguerite et par sa mère, y préparait des sorbets et des cordiaux avec le jus des cannes à sucre, des citrons et des cédrats.

La nuit venue, ils soupaient à la lueur d'une lampe; ensuite M$^{me}$ de La Tour ou Marguerite racontait quelques histoires de voyageurs égarés la nuit dans les bois de l'Europe infestés de voleurs, ou le naufrage de quelque vaisseau jeté par la tempête sur les rochers d'une île déserte. A ces récits, les âmes sensibles de leurs enfants s'enflammaient : ils priaient le ciel de leur faire la grâce d'exercer quelque jour l'hospitalité envers de semblables malheureux. Cependant les deux familles se séparaient pour aller prendre du repos, dans l'impatience de se revoir le lendemain. Quelquefois elles s'endormaient au bruit de la pluie qui tombait par torrents sur la couverture de leurs cases, ou à celui des vents qui leur apportaient le murmure lointain des flots qui se brisaient sur le rivage. Elles bénissaient Dieu de leur sécurité personnelle, dont le sentiment redoublait par celui du danger éloigné.

De temps en temps, M^me de La Tour lisait publiquement quelque histoire touchante de l'Ancien ou du Nouveau Testament. Ils raisonnaient peu

sur ces livres sacrés; car leur théologie était toute en sentiment, comme celle de la nature, et leur morale toute en action, comme celle de l'Évangile. Ils n'avaient point de jours destinés aux plaisirs, et d'autres à la tristesse. Chaque jour était pour eux un jour de fête, et tout ce qui les environnait, un temple divin, où ils admiraient sans cesse une intelligence infinie, toute-puissante et amie des hommes. Ce sentiment de confiance dans le pouvoir suprême les remplissait de consolation pour le passé, de courage pour le présent, et d'espérance pour l'avenir. Voilà comme ces femmes, forcées par le malheur de rentrer dans la nature, avaient développé en elles-mêmes et dans leurs enfants ces sentiments que donne la nature pour nous empêcher de tomber dans le malheur.

Mais comme il s'élève quelquefois dans l'âme la mieux réglée des nuages qui la troublent, quand quelque membre de leur société paraissait triste, tous les autres se réunissaient autour de lui, et l'enlevaient aux pensées amères, plus par des sentiments que par des réflexions. Chacun y employait son caractère particulier : Marguerite, une gaieté vive; Mᵐᵉ de La Tour une théologie douce; Virginie, des caresses tendres; Paul, de la franchise et de la cordialité : Marie et Domingue même venaient à son secours. Ils s'affligeaient s'ils le voyaient affligé; ils pleuraient s'ils le voyaient pleurer. Ainsi des plantes faibles s'entrelacent ensemble pour résister aux ouragans.

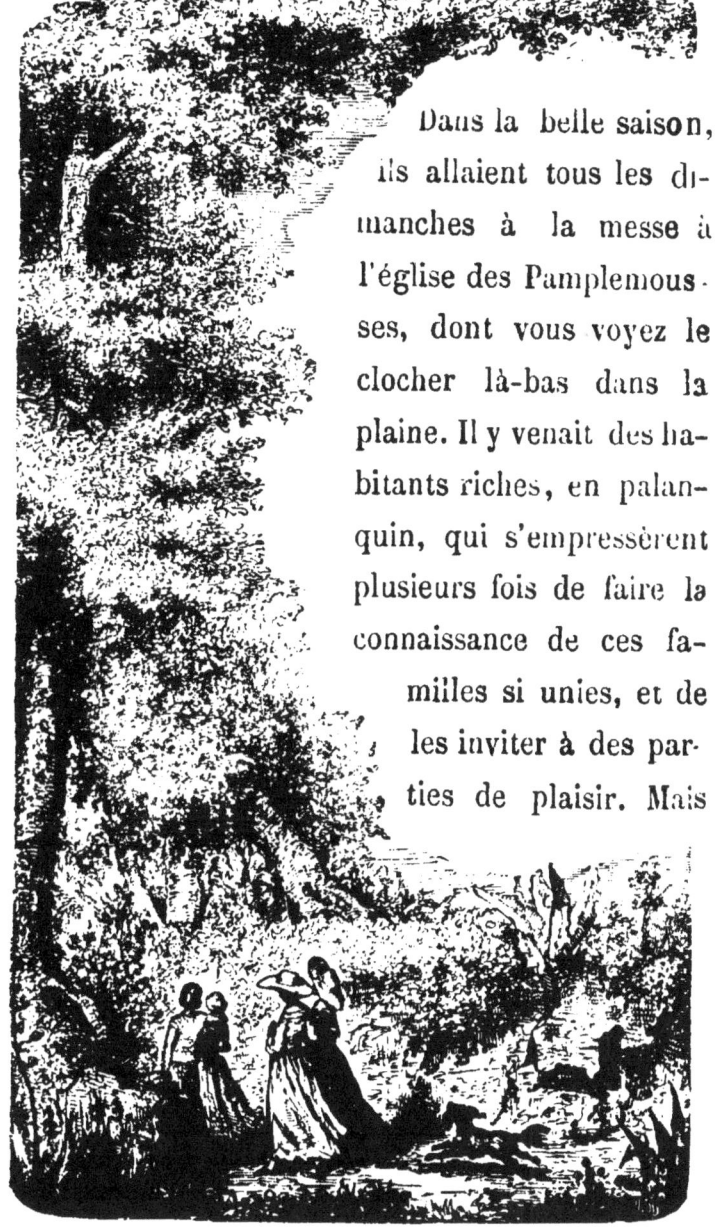

Dans la belle saison, ils allaient tous les dimanches à la messe à l'église des Pamplemousses, dont vous voyez le clocher là-bas dans la plaine. Il y venait des habitants riches, en palanquin, qui s'empressèrent plusieurs fois de faire la connaissance de ces familles si unies, et de les inviter à des parties de plaisir. Mais elles repoussèrent toujours leurs offres avec honnêteté et respect, persuadées que les gens puissants ne recherchent les faibles que pour avoir des complaisants, et qu'on ne peut être complaisant qu'en flattant les passions d'autrui, bonnes et mauvaises. D'un autre côté, elles n'évitaient pas avec moins de soin l'accointance des petits habitants, pour l'ordinaire jaloux, médisants et grossiers. Elles passèrent d'abord auprès des uns pour timides, et auprès des autres pour fières; mais leur conduite réservée était accompagnée de marques de politesse si obligeantes, surtout envers les misérables, qu'elles acquirent insensiblement le respect des riches et la confiance des pauvres.

Après la messe, on venait souvent les requérir de quelque bon office. C'était une personne affligée qui leur demandait des conseils, ou un enfant qui les priait de passer chez sa mère, malade dans un des quartiers voisins. Elles portaient toujours avec elles quelques recettes utiles aux maladies ordinaires des habitants, et elles y joignaient la bonne grâce, qui donne tant de prix aux petits services. Elles réussissaient surtout à bannir les peines de l'esprit, si intolérables dans la solitude et dans un corps infirme. Mᵐᵉ de La Tour parlait avec tant de confiance de la Divinité, que le malade, en l'écoutant la croyait présente. Virginie revenait bien souvent de là les yeux humides de larmes, mais le cœur rempli de joie, car elle avait eu l'occasion de faire du bien.

C'était elle qui préparait d'avance les remèdes nécessaires aux malades, et qui les leur présentait avec une grâce ineffable. Après ces visites d'humanité, elles prolongeaient quelquefois leur chemin par la vallée de la Montagne-

Longue jusque chez moi, où je les attendais à
dîner sur les bords de la petite rivière qui coule
dans mon voisinage. Je me procurais pour ces
occasions quelques bouteilles de vin vieux, afin
d'augmenter la gaieté de nos repas indiens, par
ces douces et cordiales productions de l'Europe.
D'autres fois, nous nous donnions rendez-vous sur
les bords de la mer, à l'embouchure de quelques
autres petites rivières, qui ne sont guère ici que
de grands ruisseaux. Nous y apportions de l'habitation des provisions végétales que nous joi-
gnions à celles que la mer nous fournissait en
abondance. Nous pêchions sur ses rivages des
cabots, des polypes, des rougets, des langoustes,
des chevrettes, des crabes, des oursins, des huî-
tres et des coquillages de toute espèce. Les sites
les plus terribles nous procuraient souvent les
plaisirs les plus tranquilles. Quelquefois, assis sur
un rocher, à l'ombre d'un veloutier, nous voyions
les flots du large venir se briser à nos pieds avec
un horrible fracas. Paul, qui nageait d'ailleurs
comme un poisson, s'avançait quelquefois sur les
récifs au-devant des lames ; puis, à leur approche,

il fuyait sur le rivage devant leurs grandes volutes écumeuses et mugissantes qui le poursuivaient bien avant sur la grève. Mais Virginie, à cette vue, jetait des cris perçants, et disait que ces jeux-là lui faisaient grand'peur.

Nos repas étaient suivis des chants et des danses de ces deux jeunes gens. Virginie chantait le bonheur de la vie champêtre et les malheurs des gens de mer, que l'avarice porte à naviguer sur un élément furieux, plutôt que de cultiver la terre, qui donne paisiblement tant de biens. Quelquefois à la manière des noirs, elle exécutait avec Paul une pantomime. La pantomime est le premier langage de l'homme : elle est connue de toutes les nations ; elle est si naturelle et si expressive, que les enfants des blancs ne tardent pas à l'apprendre dès qu'ils ont vu ceux des noirs s'y exercer. Virginie se rappelant, dans les lectures que lui faisait sa mère, les histoires qui l'avaient le plus touchée, en rendait les principaux événements avec beaucoup de naïveté. Tantôt, au son du tam-tam de Domingue, elle se présentait sur la pelouse, portant une cruche sur sa tête ; elle s'avançait avec timidité à la source d'une fontaine voisine pour y puiser de l'eau. Domingue et Marie, représentant les bergers de Madian, lui en défendaient l'approche, et feignaient de la repousser. Paul accourait à son secours, battait les bergers, remplissait la cruche de Virginie ; et, en la lui posant sur la tête, il lui mettait en même temps une couronne de fleurs rouges de pervenche, qui relevait la blancheur de son teint. Alors, me prêtant à leurs jeux, je me chargeais du personnage de Raguel, et j'accordais à Paul ma fille Séphora en mariage.

Une autre fois, elle représentait l'infortunée Ruth, qui retourne veuve et pauvre dans son pays, où elle se trouve étrangère, après une longue absence. Domingue et Marie contrefaisaient les moissonneurs. Virginie feignait de glaner çà et là, sur leurs pas, quelques épis de blé. Paul, imitant la gravité d'un patriarche, l'interrogeait ; elle répondait en tremblant à ses questions. Bientôt, ému de pitié, il accordait l'hospitalité à l'innocence, et un asile à l'infortune ; il remplissait le tablier de Virginie de toutes sortes de provisions, et l'amenait devant nous, comme devant les anciens de la ville, en déclarant qu'il la prenait en mariage malgré son indigence. Mᵐᵉ de La Tour, à cette scène, venant à se rappeler l'abandon où l'avaient laissée

ses propres parents, son veuvage, la bonne réception que lui avait faite Marguerite, suivie maintenant de l'espoir d'un mariage heureux entre leurs enfants, ne pouvait s'empêcher de pleurer ; et ce souvenir confus de maux et de biens nous faisait verser à tous des larmes de douleur et de joie.

Ces drames étaient rendus avec tant de vérité, qu'on se croyait transporté dans les champs de la

Syrie ou de la Palestine. Nous ne manquions point de décorations, d'illuminations et d'orchestre convenables à ce spectacle. Le lieu de la scène était, pour l'ordinaire, au carrefour d'une forêt dont les percées formaient autour de nous plusieurs arcades de feuillage. Nous étions, à leur centre, abrités de la chaleur pendant toute la journée; mais, quand le soleil était descendu à l'horizon, ses rayons, brisés par les troncs des arbres, divergeaient dans les ombres de la forêt en longues gerbes lumineuses qui produisaient le plus majestueux effet. Quelquefois son disque tout entier paraissait à l'extrémité d'une avenue, et la rendait tout étincelante de lumière. Le feuillage des arbres, éclairés en dessous de ses rayons safranés, brillait des feux de la topaze et de l'émeraude; leurs troncs mousseux et bruns paraissaient changés en colonnes de bronze antique; et les oiseaux, déjà retirés en silence sous la sombre feuillée pour y passer la nuit, surpris de revoir une seconde aurore, saluaient tous à la fois l'astre du jour par mille et mille chansons.

La nuit nous surprenait bien souvent dans ces

fêtes champêtres ; mais la pureté de l'air et la douceur du climat nous permettaient de dormir sous un ajoupa, au milieu des bois, sans craindre d'ailleurs les voleurs, ni de près ni de loin. Chacun, le lendemain, retournait dans sa case, et la retrouvait dans l'état ou il l'avait laissée. Il y avait alors tant de bonne foi et de simplicité dans cette île sans commerce, que les portes de beaucoup de maisons ne fermaient point à la clef, et qu'une serrure était un objet de curiosité pour plusieurs créoles.

Mais il y avait dans l'année des jours qui étaient, pour Paul et Virginie, des jours de plus grandes réjouissances : c'étaient les fêtes de leurs mères. Virginie ne manquait pas, la veille, de pétrir et de cuire des gâteaux de farine de froment, qu'elle envoyait à de pauvres familles de blancs, nées dans l'île, qui n'avaient jamais mangé de pain d'Europe, et qui, sans aucun secours des noirs, réduites à vivre de manioc au milieu des bois, n'avaient, pour supporter la pauvreté, ni la stupidité qui accompagne l'esclavage, ni le courage qui vient de l'éducation. Ces gâteaux étaient les seuls présents que Virginie pût faire de l'aisance de l'habitation ; mais elle y joignait une bonne grâce qui leur donnait un grand prix. D'abord, c'était Paul qui était chargé de les porter lui-même à ces familles, et elles s'engageaient, en les recevant, de venir le lendemain passer la journée chez Mme de La Tour et Marguerite. On voyait alors arriver une mère de famille avec deux ou trois misérables filles, jaunes, maigres, et si timides qu'elles n'osaient lever les yeux. Virginie les mettait bientôt à leur aise ; elle leur servait des rafraîchissements, dont elle relevait la bonté par quelque circonstance particulière qui en augmentait, selon elle, l'agrément. Cette liqueur avait été préparée par Marguerite ; cette autre par sa mère ;

son frère avait cueilli lui-même ce fruit au haut

d'un arbre. Elle engageait Paul à les faire danser. Elle ne les quittait point qu'elle ne les vît contentes et satisfaites : elle voulait qu'elles fussent joyeuses de la joie de sa famille. « On ne fait son bonheur, disait-elle, qu'en s'occupant de celui des autres. » Quand elles s'en retournaient, elle les engageait d'emporter ce qui paraissait leur avoir fait plaisir, couvrant la nécessité d'agréer ses présents du prétexte de leur nouveauté ou de leur singularité. Si elle remarquait trop de délabrement dans leurs habits, elle choisissait, avec l'agrément de sa mère, quelques-uns des siens, et elle chargeait Paul d'aller secrètement les déposer à la porte de leurs cases. Ainsi elle faisait le bien à l'exemple de la Divinité, cachant la bienfaitrice et montrant le bienfait.

Vous autres, Européens, dont l'esprit se remplit, dès l'enfance, de tant de préjugés contraires au bonheur, vous ne pouvez concevoir que la nature puisse donner tant de lumières et de plaisirs. Votre âme, circonscrite dans une petite sphère de connaissances humaines, atteint bientôt le terme de ses jouissances artificielles : mais la nature et le cœur sont inépuisables. Paul et Virginie n'avaient ni horloges, ni almanachs, ni livres de chronologie, d'histoire et de philosophie. Les périodes de leur vie se réglaient sur celles de la nature. Ils connaissaient les heures du jour par l'ombre des arbres ; les saisons, par les temps où ils donnent leurs fleurs ou leurs fruits ; et les années, par le nombre de leurs récoltes. Ces douces images répandaient les plus grands charmes dans leurs conversations. « Il est temps de dîner, disait Virginie à la famille, les ombres des bananiers sont à leurs pieds ; » ou bien : « La nuit s'approche, les tamarins ferment leurs feuilles. — Quand viendrez-vous nous voir? lui disaient quelques amies du voisinage. — Aux cannes à sucre, répondait Virginie. — Votre visite nous sera encore plus douce et plus agréable, » reprenaient ces jeunes filles. Quand on l'interrogeait sur son âge et sur celui de Paul : « Mon frère, disait-elle, est de l'âge du grand cocotier de la fontaine, et moi de celui du plus petit. Les manguiers ont donné douze fois leurs fruits, et les orangers vingt-quatre fois leurs fleurs, depuis que je suis au monde. » Leur vie semblait attachée à celle des arbres, comme celle des faunes et des dryades. Ils ne connaissaient d'autres époques historiques que celles de la vie de leurs mères, d'autre chronologie que celle de leurs vergers, et d'autre philosophie que de faire du bien à tout le monde, et de se résigner à la volonté de Dieu.

Après tout, qu'avaient besoin ces jeunes gens d'être riches et savants à notre manière? Leurs besoins et leur ignorance ajoutaient encore à leur félicité. Il n'y avait point de jour qu'ils ne se communiquassent quelques secours ou quelques lumières : oui, des lumières; et, quand il s'y serait mêlé quelques erreurs, l'homme pur n'en a point de dangereuses à craindre. Ainsi croissaient ces deux enfants de la nature. Aucun souci n'avait ridé leur front, aucune intempérance n'avait corrompu leur sang, aucune passion malheureuse n'avait dépravé leur cœur : l'amour, l'innocence, la piété, développaient chaque jour la beauté de leur âme en grâces ineffables dans leurs traits, leurs attitudes et leurs mouvements. Au matin de la vie, ils en avaient toute la fraîcheur; tels, dans le jardin d'Éden, parurent nos premiers parents, lorsque, sortant des mains de Dieu, ils se virent, s'approchèrent et conversèrent d'abord comme frère et comme sœur : Virginie, douce, modeste, confiante, comme Ève; et Paul, semblable à Adam, ayant la taille d'un homme, avec la simplicité d'un enfant.

Quelquefois, seul avec elle (il me l'a mille fois raconté), il lui disait, au retour de ses travaux : « Lorsque je suis fatigué, ta vue me délasse. Quand, du haut de la montagne, je t'aperçois au fond de ce vallon, tu me parais, au milieu de nos vergers, comme un bouton de rose. Si tu marches vers la maison de nos mères, la perdrix qui court avec ses petits a un corsage moins beau et une démarche moins légère. Quoique je te perde de vue à travers les arbres, je n'ai pas besoin de te voir pour te retrouver; quelque chose de toi que je ne puis te dire reste pour moi dans l'air où tu passes, sur l'herbe où tu t'assieds. Lorsque je t'approche, tu ravis tous mes sens. L'azur du ciel est moins beau que le bleu de tes yeux; le chant des bengalis, moins doux que le son de ta voix.

Si je te touche seulement du bout du doigt, tout mon corps frémit de plaisir. Souviens-toi du jour où nous passâmes à travers les cailloux roulants de la rivière des Trois-Mamelles. En arrivant sur ses bords, j'étais déjà bien fatigué ; mais, quand je t'eus prise sur mon dos, il me semblait que j'avais des ailes comme un oiseau. Dis-moi par quel charme tu as pu m'enchanter. Est-ce par ton esprit? mais nos mères en ont plus que nous deux. Est-ce par tes caresses? mais elles m'embrassent plus souvent que toi. Je crois que c'est par ta bonté. Je n'oublierai jamais que tu as marché nu-pieds jusqu'à la Rivière-Noire, pour demander la grâce d'une pauvre esclave fugitive. Tiens, ma bien-aimée, prends cette branche fleurie de citronnier que j'ai cueillie dans la forêt ; tu la mettras, la nuit, près de ton lit. Mange ce rayon de miel ; je l'ai pris pour toi au haut d'un rocher. Mais auparavant, repose-toi sur mon sein, et je serai délassé. »

Virginie lui répondait : « O mon frère ! les rayons du soleil au matin, au haut de ces rochers, me donnent moins de joie que ta présence. J'aime bien ma mère, j'aime bien la tienne ; mais, quand elles t'appellent mon fils, je les aime encore davantage. Les caresses qu'elles te font me sont plus sensibles que celles que j'en reçois. Tu me demandes pourquoi tu m'aimes ; mais tout ce qui a été élevé ensemble s'aime. Vois nos oiseaux : élevés dans les mêmes nids, ils s'aiment comme

nous ; ils sont toujours ensemble comme nous. Écoute comme ils s'appellent et se répondent d'un arbre à l'autre : de même, quand l'écho me fait entendre les airs que tu joues sur ta flûte au haut de la montagne, j'en répète les paroles au fond de ce vallon. Tu m'es cher, surtout depuis le jour où tu voulais te battre pour moi contre le maître de l'esclave. Depuis ce temps-là, je me suis dit bien des fois : Ah ! mon frère a un bon cœur ; sans lui je serais morte d'effroi. Je prie Dieu tous les jours pour ma mère, pour la tienne, pour toi, pour nos pauvres serviteurs ; mais, quand je prononce ton nom, il me semble que ma dévotion augmente. Je demande si instamment à Dieu qu'il ne t'arrive aucun mal! Pourquoi vas-tu si loin et si haut me chercher des fruits et des fleurs? N'en avons-nous pas assez dans le jardin? Comme te voilà fatigué!

Tu es tout en nage. » Et avec son petit mouchoir blanc elle lui essuyait le front et les joues, et elle lui donnait plusieurs baisers.

Cependant, depuis quelque temps, Virginie se sentait agitée d'un mal inconnu. Ses beaux yeux bleus se marbraient de noir; son teint jaunissait;

une langueur universelle abattait son corps. La sérénité n'était plus sur son front, ni le sourire sur ses lèvres. On la voyait tout à coup gaie sans joie, et triste sans chagrin. Elle fuyait ses jeux innocents, ses doux travaux et la société de sa famille bien-aimée; elle errait çà et là dans les lieux les plus solitaires de l'habitation, cherchant partout du repos, et ne le trouvant nulle part. Quelquefois, à la vue de Paul, elle allait vers lui en folâtrant; puis tout à coup, près de l'aborder, un embarras subit la saisissait; un rouge vif colorait ses joues pâles, et ses yeux n'osaient plus s'arrêter sur les siens. Paul lui disait : « La verdure couvre ces rochers, nos oiseaux chantent quand ils te voient; tout est gai autour de toi, toi seule es triste. » Et il cherchait à la ranimer en l'embrassant; mais elle détournait la tête, et fuyait tremblante vers sa mère. L'infortunée se sentait troublée par les caresses de son frère. Paul ne comprenait rien à des caprices si nouveaux et si étranges. Un mal n'arrive guère seul.

Un de ces étés qui désolent de temps à autre les terres situées entre les tropiques vint étendre ici ses ravages. C'était vers la fin de décembre, lorsque le soleil au Capricorne échauffe pendant trois semaines l'île de France de ses feux verticaux. Le vent du sud-est, qui y règne presque toute l'année, n'y soufflait plus. De longs tourbillons de poussière s'élevaient sur les chemins, et restaient suspendus en l'air. La terre se fendait de toutes parts; l'herbe était brûlée; des exhalaisons chaudes sortaient du flanc des montagnes, et la plupart de leurs ruisseaux étaient desséchés. Aucun nuage ne venait du côté de la mer. Seulement, pendant le jour, des vapeurs rousses s'élevaient de dessus ses plaines, et paraissaient, au coucher du soleil, comme les flammes d'un incendie. La nuit même n'apportait aucun rafraîchissement à l'atmosphère embrasée. L'orbe de la lune, tout rouge, se levait dans un horizon embrumé, d'une grandeur démesurée. Les troupeaux, abattus sur les flancs des collines, le cou tendu vers le ciel, aspirant l'air, faisaient retentir les vallons de tristes mugissements. Le Cafre même qui les conduisait se couchait sur la terre pour y trouver de la fraîcheur; mais partout le sol était brûlant, et l'air étouffant retentissait du bourdonnement des insectes qui cherchaient à se désaltérer dans le sang des hommes et des animaux.

Dans une de ces nuits ardentes, Virginie sentit redoubler tous les symptômes de son mal. Elle se levait, elle s'asseyait, elle se recouchait, et ne trouvait dans aucune attitude ni le sommeil ni le repos. Elle s'achemine, à la clarté de la lune, vers sa fontaine. Elle en aperçoit la source, qui, malgré la sécheresse, coulait encore en filets d'argent sur les flancs bruns du rocher. Elle se plonge

dans son bassin. D'abord la fraîcheur ranime ses sens, et mille souvenirs agréables se présentent à son esprit. Elle se rappelle que, dans son enfance, sa mère et Marguerite s'amusaient à la baigner avec Paul dans ce même lieu; que Paul ensuite, réservant ce bain pour elle, en avait creusé le lit, couvert le fond de sable, et semé sur ses bords des herbes aromatiques. Elle entrevoit, dans l'eau, sur ses bras nus et sur son sein, les reflets des deux palmiers plantés à la naissance de son frère et à la sienne, qui entrelaçaient au-dessus de sa tête leurs rameaux verts et leurs jeunes cocos. Elle pense à l'amitié de Paul, plus douce que les parfums, plus pure que l'eau des fontaines, plus forte que les palmiers unis; et elle soupire. Elle songe à la nuit, à la solitude; et un feu dévorant

la saisit. Aussitôt elle sort, effrayée de ces dangereux ombrages, et de ces eaux plus brûlantes que les soleils de la zone torride. Elle court auprès de sa mère chercher un appui contre elle-même. Plusieurs fois, voulant lui raconter ses peines, elle lui pressa les mains dans les siennes ; plusieurs fois elle fut près de prononcer le nom de Paul, mais son cœur oppressé laissa sa langue sans expression ; et posant sa tête sur le sein maternel, elle ne put que l'inonder de ses larmes.

M^me de La Tour pénétrait bien la cause du mal de sa fille ; mais elle n'osait elle-même lui en parler. « Mon enfant, lui disait-elle, adresse-toi à Dieu, qui dispose à son gré de la santé et de la vie. Il t'éprouve aujourd'hui pour te récompenser demain. Songe que nous ne sommes sur la terre que pour exercer la vertu. »

Cependant ces chaleurs excessives élevèrent de l'Océan des vapeurs qui couvrirent l'île comme un vaste parasol. Les sommets des montagnes les rassemblaient autour d'eux, et de longs sillons de feux sortaient de temps en temps de leurs pitons embrumés. Bientôt des tonnerres affreux firent retentir de leurs éclats les bois, les plaines et les vallons ; des pluies épouvantables, semblables à des cataractes, tombèrent du ciel. Des torrents écumeux se précipitaient le long des flancs de cette montagne : le fond de ce bassin était devenu une mer; le plateau où sont assises les cabanes, une petite île; et l'entrée de ce vallon, une écluse par où sortaient pêle-mêle, avec les eaux mugissantes, les terres, les arbres et les rochers.

Toute la famille tremblante priait Dieu dans la

case de M^me de La Tour, dont le toit craquait horriblement par l'effort des vents. Quoique la porte et les contrevents en fussent bien fermés, tous les objets s'y distinguaient à travers les jointures de la charpente, tant les éclairs étaient vifs et fréquents. L'intrépide Paul, suivi de Domingue, allait d'une case à l'autre, malgré la fureur de la tempête, assurant ici une paroi avec un arc-boutant, et enfonçant là un pieu; il ne rentrait que pour consoler la famille par l'espoir prochain du retour du beau temps. En effet, sur le soir, la pluie cessa; le vent alisé du sud-est reprit son cours ordinaire; les nuages orageux furent jetés vers le nord-ouest, et le soleil couchant parut à l'horizon.

Le premier désir de Virginie fut de revoir le lieu de son repos. Paul s'approcha d'elle d'un air timide, et lui présenta son bras pour l'aider à marcher. Elle l'accepta en souriant, et ils sortirent ensemble de la case. L'air était frais et sonore. Des fumées blanches s'élevaient sur les croupes de la montagne, sillonnées çà et là de l'écume des torrents qui tarissaient de tous côtés. Pour le jardin, il était tout bouleversé par d'affreux ravins; la plupart des arbres fruitiers avaient leurs racines en haut; de grands amas de sable couvraient les lisières des prairies, et avaient comblé le bain de Virginie. Cependant les deux cocotiers étaient debout et bien verdoyants; mais il n'y avait plus aux environs ni gazons, ni berceaux, ni oiseaux, excepté quelques bengalis, qui, sur la pointe des rochers voisins, déploraient par des chants plaintifs la perte de leurs petits.

A la vue de cette désolation, Virginie dit à Paul : « Vous aviez apporté ici des oiseaux, l'ouragan les a tués. Vous aviez planté ce jardin, il est détruit. Tout périt sur la terre; il n'y a que le ciel qui ne change point. » Paul lui répondit : « Que ne puis-je vous donner quelque chose du ciel! mais je ne possède rien, même sur la terre. » Virginie reprit en rougissant : « Vous avez à vous le portrait de saint Paul. »

A peine eut-elle parlé qu'il courut le chercher dans la case de sa mère. Ce portrait était une petite miniature représentant l'ermite Paul : Marguerite y avait une grande dévotion : elle l'avait porté longtemps suspendu à son cou étant fille; ensuite, devenue mère, elle l'avait mis à celui de son enfant. Il était même arrivé qu'étant enceinte de lui, et délaissée de tout le monde, à force de contempler l'image de ce bienheureux solitaire, son fruit en avait contracté quelque ressemblance, ce qui l'avait décidée à lui en faire porter le nom, et à lui donner pour patron un saint qui avait passé sa vie loin des hommes, qui l'avaient elle-même abusée, puis abandonnée. Virginie, en recevant ce petit portrait des mains de Paul, lui

dit d'un ton ému : « Mon frère, il ne me sera jamais enlevé tant que je vivrai, et je n'oublierai jamais que tu m'as donné la seule chose que tu possèdes au monde. » A ce ton d'amitié, à ce retour inespéré de familiarité et de tendresse, Paul voulut l'embrasser; mais aussi légère qu'un oiseau elle lui échappa, et le laissa hors de lui, ne concevant rien à une conduite si extraordinaire.

Cependant Marguerite disait à M^me de La Tour : « Pourquoi ne marions-nous pas nos enfants? ils ont l'un pour l'autre une passion extrême, dont mon fils ne s'aperçoit pas encore. Lorsque la nature lui aura parlé, en vain nous veillons sur eux, tout est à craindre. » M^me de La Tour lui répondit : « Ils sont trop jeunes et trop pauvres. Quel chagrin pour nous si Virginie mettait au monde des enfants malheureux, qu'elle n'aurait peut-être pas la force d'élever! Ton noir Domingue est bien cassé : Marie est infirme. Moi-même, chère amie, depuis quinze ans je me sens fort affaiblie. On vieillit promptement dans les pays chauds, et encore plus vite dans le chagrin. Paul est notre unique espérance. Attendons que l'âge ait formé son tempérament, et qu'il puisse nous soutenir par son travail.

« A présent, tu le sais, nous n'avons guère que le nécessaire de chaque jour. Mais en faisant passer Paul dans l'Inde pour un peu de temps, le commerce lui fournira de quoi acheter quelque esclave; et, à son retour ici, nous le marierons à Virginie; car je crois que personne ne peut rendre ma chère fille aussi heureuse que ton fils Paul. Nous en parlerons à notre voisin. »

En effet, ces dames me consultèrent, et je fus de leur avis. « Les mers de l'Inde sont belles, leur dis-je. En prenant une saison favorable pour passer d'ici aux Indes, c'est un voyage de six semaines au plus, et d'autant de temps pour en revenir. Nous ferons dans notre quartier une pacotille à Paul; car j'ai des voisins qui l'aiment beaucoup. Quand nous ne lui donnerions que du coton brut, dont nous ne faisons aucun usage, faute de moulin pour l'éplucher; du bois d'ébène, si commun ici qu'il sert au chauffage, et quelques résines qui se perdent dans nos bois : tout cela se vend assez bien aux Indes, et nous est fort inutile ici. »

Je me chargeai de demander à M. de La Bourdonnaye une permission d'embarquement pour ce voyage; et, avant tout, je voulus en prévenir

Paul. Mais quel fut mon étonnement lorsque ce jeune homme me dit, avec un bon sens fort au-dessus de son âge : « Pourquoi voulez-vous que je quitte ma famille pour je ne sais quel projet de fortune? Y a-t-il un commerce au monde plus avantageux que la culture d'un champ qui rend quelquefois cinquante et cent pour un? Si nous voulons faire le commerce, ne pouvons-nous pas le faire en portant le superflu d'ici à la ville, sans que j'aille courir les Indes? Nos mères me disent que Domingue est vieux et cassé; mais moi, je suis jeune, et je me renforce chaque jour. Il n'a qu'à leur arriver pendant mon absence quelque accident, surtout à Virginie, qui est déjà souffrante. Oh! non, non, je ne saurais me résoudre à la quitter. »

Sa réponse me jeta dans un grand embarras; car M$^{me}$ de La Tour ne m'avait pas caché l'état de Virginie, et le désir qu'elle avait de gagner quelques années sur l'âge de ces jeunes gens, en les éloignant l'un de l'autre. C'étaient des motifs que je n'osais pas même faire soupçonner à Paul.

Sur ces entrefaites, un vaisseau arrivé de France

apporta à M^me de La Tour une lettre de sa tante. La crainte de la mort, sans laquelle les cœurs durs ne seraient jamais sensibles, l'avait frappée. Elle mandait à sa nièce de repasser en France, ou,

si sa santé ne lui permettait pas de faire un si long voyage, elle lui enjoignait d'y envoyer Virginie, à laquelle elle destinait une bonne éducation, un parti à la cour, et la donation de tous ses biens. Elle attachait, disait-elle, le retour de ses bontés à l'exécution de ses ordres.

A peine cette lettre fut-elle lue dans la famille, qu'elle y répandit la consternation. Domingue et Marie se mirent à pleurer. Paul, immobile d'étonnement, paraissait prêt à se mettre en colère. Virginie, les yeux fixés sur sa mère, n'osait proférer un mot. « Pourriez-vous nous quitter maintenant? dit Marguerite à M^me de La Tour. — Non, mon amie; non, mes enfants, reprit M^me de La Tour; je ne vous quitterai point. J'ai vécu avec vous, et c'est avec vous que je veux mourir. Je n'ai connu le bonheur que dans votre amitié. Si ma santé est dérangée, d'anciens chagrins en sont la cause. J'ai été blessée au cœur par la dureté de mes parents et par la perte de mon cher époux. Mais depuis j'ai goûté plus de consolation et de félicité avec vous, sous ces pauvres cabanes, que jamais les richesses de ma famille ne m'en ont fait même espérer dans ma patrie. »

A ce discours, des larmes de joie coulèrent de tous les yeux. Paul, serrant M^me de La Tour dans ses bras, lui dit : « Je ne vous quitterai pas non plus; je n'irai point aux Indes. Nous travaillerons tous pour vous, chère maman; rien ne vous manquera jamais avec nous. » Mais, de toute la société, la personne qui témoigna le moins de joie, et qui y fut la plus sensible, fut Virginie. Elle parut le reste du jour d'une gaieté douce, et le retour de sa tranquillité mit le comble à la satisfaction générale.

Le lendemain, au lever du soleil, comme ils venaient de faire tous ensemble, suivant leur coutume, la prière qui précédait le déjeuner, Domingue les avertit qu'un monsieur à cheval, suivi

de deux esclaves, s'avançait vers l'habitation. C'était M. de La Bourdonnaye. Il entra dans la case, où toute la famille était à table. Virginie, venait de servir, suivant l'usage du pays, du café et du riz cuit à l'eau. Elle y avait joint des patates chaudes et des bananes fraîches. Il y avait pour toute vaisselle des moitiés de calebasses, et pour linge des feuilles de bananier. Le gouverneur témoigna d'abord quelque étonnement de la pauvreté de cette demeure. Ensuite, s'adressant à M^{me} de La Tour, il lui dit que les affaires générales l'empêchaient quelquefois de songer aux particulières, mais qu'elle avait bien des droits sur lui. « Vous avez, ajouta-t-il, madame, une tante de qualité et fort riche à Paris, qui vous réserve sa fortune, et vous attend auprès d'elle. » M^{me} de La Tour répondit que sa santé altérée ne lui permettait pas d'entreprendre un si long voyage.

« Au moins, reprit M. de La Bourdonnaye, pour mademoiselle votre fille, si jeune et si aimable, vous ne sauriez sans injustice la priver d'une si grande succession. Je ne vous cache pas que votre tante a employé l'autorité pour la faire venir auprès d'elle. Les bureaux m'ont écrit à ce sujet d'user, s'il le fallait, de mon pouvoir ; mais, ne l'exerçant que pour rendre heureux les habitants de cette colonie, j'attends de votre volonté seule un sacrifice de quelques années, d'où dépend l'établissement de votre fille, et le bien-être de toute votre vie. Pourquoi vient-on aux îles ? n'est-ce pas pour y faire fortune? N'est-il pas bien plus agréable de l'aller retrouver dans sa patrie? »

En disant ces mots, il posa sur la table un gros sac de piastres que portait un de ses noirs. « Voilà, ajouta-t-il, ce qui est destiné aux préparatifs de voyage de mademoiselle votre fille, de la part de votre tante. » Ensuite il finit par reprocher avec bonté à M$^{me}$ de La Tour de ne s'être pas adressée à lui dans ses besoins, en la louant cependant de son noble courage. Paul aussitôt prit la parole, et dit au gouverneur : « Monsieur, ma mère s'est adressée à vous, et vous l'avez mal reçue. — Avez-vous un autre enfant, madame? dit M. de La

Bourdonnaye à M$^{me}$ de La Tour. — Non, monsieur, reprit-elle, celui-ci est le fils de mon amie ; mais

lui et Virginie nous sont communs, et également chers. — Jeune homme, dit le gouverneur à Paul, quand vous aurez acquis l'expérience du monde, vous connaîtrez le malheur des gens en place ; vous saurez combien il est facile de les prévenir, combien aisément ils donnent au vice intrigant ce qui appartient au mérite qui se cache. »

M. de la Bourdonnaye, invité par M<sup>me</sup> de La

Tour, s'assit à table auprès d'elle. Il déjeuna, à la manière des créoles, avec du café mêlé avec du riz cuit à l'eau. Il fut charmé de l'ordre et de la propreté de la petite case, de l'union de ces deux familles charmantes, et du zèle même de leurs vieux domestiques. « Il n'y a, dit-il, ici, que des meubles de bois; mais on y trouve des visages sereins et des cœurs d'or. » Paul, charmé de la popularité du gouverneur, lui dit : « Je désire être votre ami, car vous êtes un honnête homme. » M. de La Bourdonnaye reçut avec plaisir cette marque de cordialité insulaire. Il embrassa Paul en lui serrant la main, et l'assura qu'il pouvait compter sur son amitié.

Après déjeuner, il prit Mme de La Tour en particulier, et lui dit qu'il se présentait une occasion prochaine d'envoyer sa fille en France sur un vaisseau prêt à partir ; qu'il la recommanderait à une dame de ses parentes qui y était passagère ; qu'il fallait bien se garder d'abandonner une fortune immense pour une satisfaction de quelques années. « Votre tante, ajouta-t-il en s'en allant, ne peut pas traîner plus de deux ans, ses amis me l'ont mandé. Songez-y bien. La fortune ne vient pas tous les jours. Consultez-vous. Tous les gens de bon sens seront de mon avis. » Elle lui répondit « que ne désirant désormais d'autre bonheur dans le monde que celui de sa fille, elle laisserait son départ pour la France entièrement à sa disposition. »

M<sup>me</sup> de La Tour n'était pas fâchée de trouver une occasion de séparer pour quelque temps Virginie et Paul, en procurant un jour leur bonheur mutuel. Elle prit donc sa fille à part, et lui dit : « Mon enfant, nos domestiques sont vieux ; Paul est bien jeune, Marguerite vient sur l'âge ; je suis déjà infirme : si j'allais mourir, que deviendriez-vous, sans fortune, au milieu de ces déserts ? Vous resteriez donc seule, n'ayant personne qui puisse vous être d'un grand secours, et obligée, pour vivre, de travailler sans cesse à la terre comme une mercenaire? Cette idée me pénètre de douleur. » Virginie lui répondit : « Dieu nous a condamnés au travail. Vous m'avez appris à travailler et à le bénir chaque jour. Jusqu'à présent, il ne nous a pas abandonnés, il ne nous abandonnera point encore. Sa providence veille particulièrement sur les malheureux. Vous me l'avez dit tant de fois, ma mère ! Je ne saurais me résoudre à vous quitter. » M$^{me}$ de La Tour, émue, reprit : « Je n'ai d'autre projet que de te rendre heureuse, et de te marier un jour avec Paul, qui n'est point ton frère. Songe maintenant que sa fortune dépend de toi. »

Une jeune fille qui aime croit que tout le monde l'ignore. Elle met sur ses yeux le voile qu'elle a sur son cœur ; mais, quand il est soulevé par une main amie, alors les peines secrètes de son amour s'échappent comme par une barrière ouverte, et les doux épanchements de la confiance succèdent aux réserves et aux mystères dont elle s'environnait. Virginie, sensible aux nouveaux témoignages de bonté de sa mère, lui raconta quels avaient été ses combats, qui n'avaient eu d'autres témoins que Dieu seul; qu'elle voyait le secours de sa providence dans celui d'une mère tendre qui approuvait son inclination, et qui la dirigerait par ses conseils; que maintenant, appuyée de son support, tout l'engageait à rester auprès d'elle, sans inquiétude pour le présent et sans crainte pour l'avenir.

M^{me} de La Tour, voyant que sa confidence avait produit un effet contraire à celui qu'elle en attendait, lui dit : « Mon enfant, je ne veux point te contraindre; délibère à ton aise; mais cache ton amour à Paul. Quand le cœur d'une fille est pris, son amant n'a plus rien à lui demander. »

Vers le soir, comme elle était seule avec Virginie, il entra chez elle un grand homme vêtu d'une soutane bleue. C'était un ecclésiastique missionnaire de l'île, et confesseur de M^{me} de La Tour et de Virginie. Il était envoyé par le gouverneur : « Mes enfants, dit-il en entrant, Dieu soit loué! vous voilà riches. Vous pourrez écouter votre bon cœur, faire du bien aux pauvres. Je sais ce que vous a dit M. de La Bourdonnaye, et ce que vous lui avez répondu. Bonne maman, votre santé vous oblige de rester ici; mais vous, jeune demoi-

selle, vous n'avez point d'excuse. Il faut obéir à la Providence, à nos vieux parents, même injustes. C'est un sacrifice, mais c'est l'ordre de Dieu. Il s'est dévoué pour nous : il faut, à son exemple, se dévouer pour le bien de sa famille. Votre voyage en France aura une fin heureuse. Ne voulez-vous pas bien y aller, ma chère demoiselle? »

Virginie, les yeux baissés, lui répondit en tremblant : « Si c'est l'ordre de Dieu, je ne m'oppose à rien. Que la volonté de Dieu soit faite! » dit-elle en pleurant.

Le missionnaire sortit, et fut rendre compte au

gouverneur du succès de sa commission. Cependant Mme de La Tour m'envoya prier par Domingue de passer chez elle pour me consulter sur le départ de Virginie. Je ne fus point du tout d'avis qu'on la laissât partir. Je tiens pour principe certain du bonheur qu'il faut préférer les avantages de la nature à tous ceux de la fortune, et que nous ne devons point aller chercher hors de nous ce que nous pouvons trouver chez nous. J'étends

ces maximes à tout, sans exception. Mais que pouvaient mes conseils de modération contre les illusions d'une grande fortune, et mes raisons naturelles contre les préjugés du monde et une autorité sacrée pour Mme de La Tour? Cette dame ne me consulta donc que par bienséance, et elle ne délibéra plus depuis la décision de son confesseur. Marguerite même, qui, malgré les avantages qu'elle espérait pour son fils de la fortune de Virginie, s'était opposée fortement à son départ, ne fit plus d'objections. Pour Paul, qui ignorait le parti auquel on se déterminait, étonné des conversations secrètes de M^me de La Tour et de sa fille, il s'abandonnait à une tristesse sombre. « On trame quelque chose contre moi, dit-il, puisqu'on se cache de moi. »

Cependant, le bruit s'étant répandu dans l'île que la fortune avait visité ces rochers, on y vit grimper des marchands de toute espèce. Ils

déployèrent, au milieu de ces pauvres cabanes, les plus riches étoffes de l'Inde; de superbes basins de Goudelours, des mouchoirs de Paliacate et de Mazulipatan, des mousselines de Daca, unies rayées, brodées, transparentes comme le jour, des baftas de Surate d'un si beau blanc, des chittes de toutes couleurs et des plus rares, à fond sablé et à rameaux verts. Ils déroulèrent de magnifiques étoffes de soie de la Chine, des lampas découpés à jour, des damas d'un blanc satiné, d'autres d'un vert de prairie, d'autres d'un rouge à éblouir; des taffetas roses, des satins à pleine main, des pékins moelleux comme le drap, des nankins blancs et jaunes, et jusqu'à des pagnes de Madagascar.

M$^{me}$ de La Tour voulut que sa fille achetât tout ce qui lui ferait plaisir; elle veilla seulement sur le prix et les qualités des marchandises, de peur que les marchands ne la trompassent. Virginie choisit tout ce qu'elle crut être agréable à sa mère, à Marguerite et à son fils. « Ceci, disait-elle, était bon pour des meubles, cela pour l'usage de Marie et de Domingue. » Enfin le sac de piastres était employé, qu'elle n'avait pas encore songé à ses besoins. Il fallut lui faire son partage sur les présents qu'elle avait distribués à la société.

Paul, pénétré de douleur à la vue de ces dons de la fortune, qui lui présageaient le départ de Virginie, s'en vint quelques jours après chez moi. Il me dit d'un air accablé : « Ma sœur s'en va; elle fait déjà les apprêts de son voyage. Passez chez nous, je vous prie. Employez votre crédit sur l'esprit de sa mère et de la mienne pour la retenir. » Je me rendis aux instances de Paul, quoique bien persuadé que mes représentations seraient sans effet.

Si Virginie m'avait paru charmante en toile bleue du Bengale, avec un mouchoir rouge autour de sa tête, ce fut encore tout autre chose quand je la vis parée à la manière des dames de ce pays. Elle était vêtue de mousseline blanche doublée de taffetas rose. Sa taille légère et élevée se dessinait parfaitement sous son corset, et ses cheveux blonds, tressés à double tresse, accompagnaient admirablement sa tête virginale. Ses beaux yeux bleus étaient remplis de mélancolie, et son cœur, agité par une passion combattue donnait à son teint une couleur animée, et à sa voix des sons pleins d'émotion. Le contraste même de sa parure élégante, qu'elle semblait porter malgré elle,

rendait sa langueur encore plus touchante. Personne ne pouvait la voir ni l'entendre sans se sentir ému. La tristesse de Paul en augmenta. Marguerite, affligée de la situation de son fils, lui dit en particulier : « Pourquoi, mon fils, te nourrir de fausses espérances, qui rendent les privations encore plus amères? Il est temps que je te découvre le secret de ta vie et de la mienne. M$^{lle}$ de La Tour appartient, par sa mère, à une parente riche et de grande condition : pour toi, tu n'es que le fils d'une pauvre paysanne, et, qui pis est, tu es bâtard. »

Ce mot de bâtard étonna beaucoup Paul. Il ne l'avait jamais ouï prononcer; il en demanda la signification à sa mère, qui lui répondit : « Tu n'as point eu de père légitime. Lorsque j'étais fille, l'amour me fit commettre une faiblesse dont tu as été le fruit. Ma faute t'a privé de ta famille paternelle, et mon repentir, de ta famille maternelle. Infortuné, tu n'as d'autres parents que moi seule dans le monde! » Et elle se mit à répandre des larmes. Paul, la serrant dans ses bras, lui dit : « O ma mère! puisque je n'ai d'autres parents que vous dans le monde, je vous en aimerai davantage. Mais quel secret venez-vous de me révéler! Je vois maintenant la raison qui éloigne de moi M^lle de La Tour depuis deux mois, et qui la décide aujourd'hui à partir. Ah! sans doute, elle me méprise. »

Cependant, l'heure du souper étant venue, on se mit à table, où chacun des convives, agité de passions différentes, mangea peu, et ne parla point. Virginie en sortit la première, et fut s'asseoir au lieu où nous sommes. Paul la suivit bientôt après, et vint se mettre auprès d'elle. L'un et l'autre gardèrent quelque temps un profond silence. Il faisait une de ces nuits délicieuses, si communes entre les tropiques, et dont le plus habile pinceau ne rendrait pas la beauté. La lune paraissait au milieu du firmament, entourée d'un rideau de nuages, que ses rayons dissipaient par degrés. Sa lumière se répandait insensiblement sur les montagnes de l'île et sur leurs pitons, qui brillaient d'un vert argenté. Les vents retenaient leurs haleines. On entendait dans les bois, au fond des vallées, au haut des rochers, de petits cris, de doux murmures d'oiseaux qui se caressaient dans leurs nids, réjouis par la clarté de la

nuit et la tranquillité de l'air. Tous, jusqu'aux insectes, bruissaient sous l'herbe. Les étoiles étincelaient au ciel, et se réfléchissaient au sein de la mer, qui répétait leurs images tremblantes. Virginie parcourait avec des regards distraits son vaste et sombre horizon, distingué du rivage de l'île par les feux rouges des pêcheurs. Elle aperçut à l'entrée du port une lumière et une ombre : c'était le fanal et le corps du vaisseau où elle devait s'embarquer pour l'Europe, et qui, prêt à mettre à la voile, attendait à l'ancre la fin du calme. A cette vue elle se troubla, et détourna la tête pour que Paul ne la vît pas pleurer.

M<sup>me</sup> de La Tour, Marguerite et moi, nous étions assis à quelques pas de là, sous des bananiers; et, dans le silence de la nuit, nous entendîmes

distinctement leur conversation, que je n'ai pas oubliée.

Paul lui dit : « Mademoiselle, vous partez, dit-on, dans trois jours. Vous ne craignez pas de vous exposer aux dangers de la mer... de la mer, dont vous êtes si effrayée! — Il faut, répondit Virginie, que j'obéisse à mes parents, à mon devoir. — Vous nous quittez, reprit Paul, pour une parente éloignée que vous n'avez jamais vue! — Hélas! dit Virginie, je voulais rester ici toute ma vie; ma mère ne l'a pas voulu. Mon confesseur m'a dit que la volonté de Dieu était que je partisse; que la vie était une épreuve... Oh! c'est une épreuve bien dure!

« — Quoi! repartit Paul, tant de raisons vous ont décidée, et aucune ne vous a retenue! Ah! il en est encore que vous ne me dites pas. La richesse a de grands attraits. Vous trouverez bientôt, dans un nouveau monde, à qui donner le nom de frère, que vous ne me donnez plus. Vous le choisirez, ce frère, parmi les gens dignes de vous par une naissance et une fortune que je ne puis vous offrir. Mais, pour être plus heureuse, où voulez-vous aller? Dans quelle terre aborderez-vous qui vous soit plus chère que celle où vous êtes née? Où trouverez-vous une société plus aimable que celle qui vous aime? Comment vivrezvous sans les caresses de votre mère, auxquelles vous êtes si accoutumée? Que deviendra-t-elle elle-même, déjà sur l'âge, lorsqu'elle ne vous verra plus à ses côtés, à la table, dans la maison, à la promenade, où elle s'appuyait sur vous? Que deviendra la mienne, qui vous chérit autant qu'elle! Que leur dirai-je à l'une et à l'autre quand je les verrai pleurer de votre absence? Cruelle! je ne vous parle point de moi : mais que deviendrai-je moi-même quand, le matin, je ne vous verrai plus avec nous, et que la nuit viendra sans nous réunir? quand j'apercevrai ces deux palmiers plantés à notre naissance, et si long-temps témoins de notre amitié mutuelle? Ah! puisqu'un nouveau sort te touche, que tu cherches d'autres pays que ton pays natal, d'autres biens que ceux de mes travaux, laisse-moi t'accompagner sur le vaisseau où tu pars. Je te rassurerai dans les tempêtes, qui te donnent tant d'effroi sur la terre. Je reposerai ta tête sur mon sein, je réchaufferai ton cœur contre mon cœur; et en France où tu vas chercher de la fortune et de la grandeur, je te servirai comme ton esclave. Heureux de ton seul bonheur, dans ces hôtels où je te verrai servie et adorée, je serai encore assez riche et assez noble pour te faire le plus grand des sacrifices, en mourant à tes pieds. »

Les sanglots étouffèrent sa voix, et nous entendîmes aussitôt celle de Virginie, qui lui disait ces mots entrecoupés de soupirs : « C'est pour toi que je pars... pour toi, que j'ai vu chaque jour courbé par le travail pour nourrir deux familles infirmes. Si je me suis prêtée à l'occasion de devenir riche, c'est pour te rendre mille fois le bien que tu nous as fait. Est-il une fortune digne de ton amitié? Que me dis-tu de ta naissance? Ah! s'il m'était encore possible de me donner un frère, en choisirais-je un autre que toi? O Paul! ô Paul! tu m'es beaucoup plus cher qu'un frère! Combien m'en a-t-il coûté pour te repousser loin de moi! Je voulais que tu m'aidasses à me séparer de moi-même jusqu'à ce que le ciel pût bénir notre union, Maintenant je reste, je pars, je vis, je meurs : fais de moi ce que tu veux. Fille sans vertu! j'ai pu résister à tes caresses, et je ne puis soutenir ta douleur! »

A ces mots, Paul la saisit dans ses bras, et, la tenant étroitement serrée, il s'écria d'une voix terrible : « Je pars avec elle! rien ne pourra m'en détacher! » Nous courûmes tous à lui. M^me de La Tour lui dit : « Mon fils, si vous nous quittez, qu'allons-nous devenir? »

Il répéta en tremblant ces mots : « Mon fils... mon fils... Vous, ma mère! lui dit-il, vous qui séparez le frère d'avec la sœur! Tous deux nous avons sucé votre lait; tous deux, élevés sur vos genoux, nous avons appris de vous à nous aimer; tous deux nous nous le sommes dit mille fois. Et maintenant, vous l'éloignez de moi! Vous l'envoyez en Europe, dans ce pays barbare qui vous a refusé un asile, et chez des parents cruels qui vous ont vous-même abandonnée. Vous me direz : Vous n'avez plus de droits sur elle; elle n'est pas votre sœur. Elle est tout pour moi, ma richesse, ma famille, ma naissance, tout mon bien. Je n'en connais plus d'autre. Nous n'avons eu qu'un toit, qu'un berceau, nous n'aurons qu'un tombeau. Si elle part, il faut que je la suive. Le gouverneur m'en empêchera? M'empêchera-t-il de me jeter à la mer? Je la suivrai à la nage. La mer ne saurait m'être plus funeste que la terre. Ne pouvant vivre ici près d'elle, au moins je mourrai sous ses yeux, loin de vous. Mère barbare! femme sans pitié! puisse cet Océan où vous l'exposez ne jamais vous la rendre! puissent ces flots vous rapporter mon corps, et le roulant avec le sien parmi les cailloux de ces rivages, vous donner par la perte de vos deux enfants un sujet éternel de douleur. »

A ces mots, je le saisis dans mes bras; car le désespoir lui ôtait la raison. Ses yeux étincelaient; la sueur coulait à grosses gouttes sur son visage en feu; ses genoux tremblaient, et je sentais dans sa poitrine brûlante son cœur battre à coups redoublés.

Virginie, effrayée, lui dit : « O mon ami! j'atteste les plaisirs de notre premier âge, tes maux, les miens, et tout ce qui doit lier à jamais deux infortunés, si je reste, de ne vivre que pour toi; si je pars, de revenir un jour pour être à toi. Je vous prends à témoin, vous tous qui avez élevé mon enfance, qui disposez de ma vie, et qui voyez mes larmes. Je le jure par ce ciel qui m'entend, par cette mer que je dois traverser, par l'air que je respire et que je n'ai jamais souillé du mensonge. »

Comme le soleil fond et précipite un rocher de glace du sommet des Apennins, ainsi tomba la colère impétueuse de ce jeune homme à la voix de l'objet aimé. Sa tête altière était baissée, et un torrent de pleurs coulait de ses yeux. Sa mère, mêlant ses larmes aux siennes, le tenait embrassé sans pouvoir parler. M^me de La Tour, hors d'elle,

me dit : « Je n'y puis tenir; mon âme est déchirée. Ce malheureux voyage n'aura pas lieu. Mon voisin, tâchez d'emmener mon fils. Il y a huit jours que personne ici n'a dormi. »

Je dis à Paul : « Mon ami, votre sœur restera. Demain nous en parlerons au gouverneur; laissez reposer votre famille, et venez passer cette nuit chez moi. Il est tard, il est minuit; la croix du sud est droite sur l'horizon. »

Il se laissa emmener sans rien dire, et après une nuit fort agitée, il se leva au point du jour, et s'en retourna à son habitation.

Mais qu'est-il besoin de vous continuer plus

longtemps le récit de cette histoire? Il n'y a jamais qu'un côté agréable à connaître dans la vie humaine. Semblable au globe sur lequel nous tournons, notre révolution rapide n'est que d'un jour, et une partie de ce jour ne peut recevoir la lumière que l'autre ne soit livrée aux ténèbres.

« Mon père, lui dis-je, je vous en conjure, achevez de me raconter ce que vous avez commencé d'une manière si touchante. Les images du bonheur nous plaisent; mais celles du malheur nous instruisent. Que devint, je vous prie, l'infortuné Paul? »

Le premier objet que vit Paul, en retournant à l'habitation, fut la négresse Marie, qui montée sur un rocher, regardait vers la pleine mer. Il lui cria, du plus loin qu'il l'aperçut : « Où est Virginie? » Marie tourna la tête vers son jeune maître, et se mit à pleurer. Paul, hors de lui, revint sur ses pas, et courut au port. Il y apprit que Virginie s'était embarquée au point du jour, que son vaisseau avait mis à la voile aussitôt, et qu'on ne le voyait plus. Il revint à l'habitation, qu'il traversa sans parler à personne.

Quoique cette enceinte de rochers paraisse derrière nous presque perpendiculaire, ces plateaux verts qui en divisent la hauteur sont autant d'étages par lesquels on parvient, au moyen de quelques sentiers difficiles, jusqu'au pied de ce cône de rochers incliné et inaccessible, qu'on appelle le Pouce. A la base de ce rocher est une esplanade couverte de grands arbres, mais si élevée et si escarpée qu'elle est comme une grande forêt dans l'air, environnée de précipices effroyables. Les nuages que le sommet du Pouce attire sans cesse autour de lui y entretiennent plusieurs ruisseaux, qui tombent à une si grande profondeur au fond de la vallée située au revers de cette montagne, que de cette hauteur on n'entend point le bruit de leur chute. De ce lieu, on voit une grande partie de l'île, avec ses mornes surmontés de leurs pitons, entre autres Pieter-Booth et les Trois-Mamelles, avec leurs vallons remplis de forêts; puis la pleine mer et l'île de Bourbon, qui est à quarante lieues de là vers l'occident.

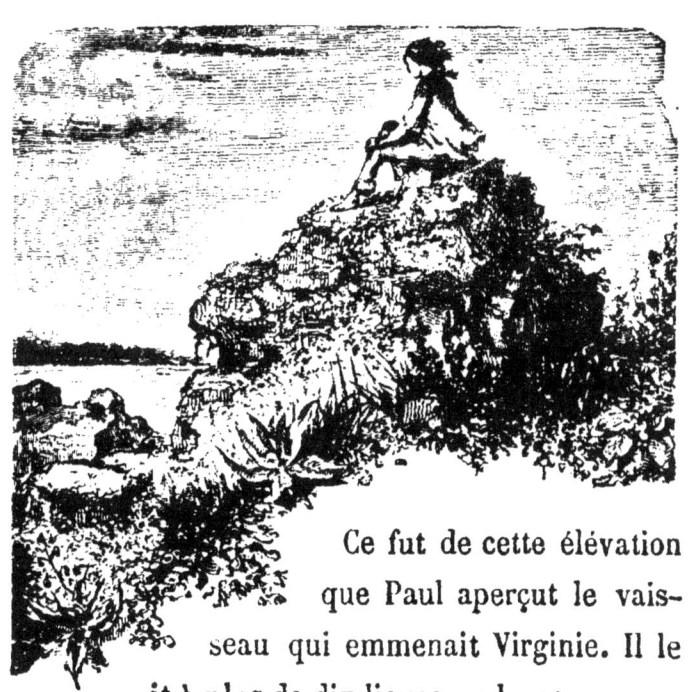

Ce fut de cette élévation que Paul aperçut le vaisseau qui emmenait Virginie. Il le vit à plus de dix lieues au large, comme un point noir au milieu de l'Océan. Il resta une partie du jour tout occupé à le considérer : il était déjà disparu qu'il croyait le voir encore; et, quand il fut perdu dans la vapeur de l'horizon, il s'assit dans ce lieu sauvage, toujours battu des vents, qui y agitent sans cesse les sommets des palmistes et des tatamaques. Leur murmure sourd et mugissant ressemble au bruit lointain des orgues, et inspire une profonde mélancolie. Ce fut là que je trouvai Paul, la tête appuyée contre le rocher, et les yeux fixés vers la terre. Je marchais après lui depuis le lever du soleil : j'eus beaucoup de peine à le déterminer à descendre et à revoir sa famille. Je le ramenai cependant à son habitation ; et son premier mouvement, en revoyant M$^{me}$ de La Tour, fut de se plaindre amèrement qu'elle l'avait trompé. M$^{me}$ de La Tour nous dit que le vent s'étant levé vers les trois heures du matin, le vaisseau étant au moment d'appareiller, le gouverneur, suivi d'une partie de son état-major et du missionnaire, était venu chercher Virginie en palanquin, et que, malgré ses propres raisons, ses larmes et celles de Marguerite, tout le monde criant que c'était leur bien à tous, ils avaient emmené sa fille à demi mourante. « Au moins, répondit Paul, si je lui avais fait mes adieux, je serais tranquille à présent. Je lui aurais dit : Virginie, si, pendant le temps que nous avons vécu ensemble, il m'est échappé quelque parole qui vous ait offensée, avant de me quitter pour jamais, dites-moi que vous me le pardonnez. Je lui aurais dit : Puisque je ne suis plus destiné à vous revoir, adieu, ma chère Virginie, adieu! Vivez loin de moi contente et heureuse ! » Et comme il vit que sa mère et M$^{me}$ de La Tour pleuraient : « Cherchez maintenant, leur dit-il, quelque autre que moi qui essuie vos larmes ! » Puis il s'éloigna

d'elles en gémissant, et se mit à errer çà et là dans l'habitation. Il en parcourait tous les endroits qui avaient été les plus chers à Virginie. Il disait à ses chèvres et à leurs petits chevreaux, qui le suivaient en bêlant : « Que me demandez-vous? vous ne reverrez plus avec moi celle qui vous donnait à manger dans sa main. » Il fut au repos de Virginie, et, à la vue des oiseaux qui voltigeaient autour, il s'écria : « Pauvres oiseaux ! vous n'irez plus au-devant de celle qui était votre bonne nourrice. » En voyant Fidèle, qui flairait

çà et là, et marchait devant lui en quêtant, il soupira et lui dit : « Oh! tu ne la trouveras plus jamais. » Enfin il fut s'asseoir sur le rocher où il lui avait parlé la veille ; et, à l'aspect de la mer où il avait vu disparaître le vaisseau qui l'avait emmenée, il pleura abondamment.

Cependant nous le suivions pas à pas, craignant quelque suite funeste de l'agitation de son esprit. Sa mère et M<sup>me</sup> de La Tour le priaient, par les termes les plus tendres, de ne pas augmenter leur douleur par son désespoir. Enfin celle-ci parvint à le calmer, en lui prodiguant les noms les plus propres à réveiller ses espérances. Elle l'appelait son fils, son cher fils, son gendre, celui à qui elle destinait sa fille. Elle l'engagea à rentrer dans la maison, et à y prendre quelque peu de nourriture. Il se mit à table avec nous auprès de la place où se mettait la compagne de son enfance ; et, comme si elle l'eût encore occupée, il lui adressait la parole et lui présentait les mets qu'il savait lui être le plus agréables ; mais, dès qu'il s'apercevait de son erreur, il se mettait à pleurer. Les jours suivants, il recueillit tout ce qui avait été à son usage particulier, les derniers bouquets qu'elle avait portés, une tasse de coco où elle avait coutume de boire ; et, comme si ces restes de son amie eussent été les choses du monde les plus précieuses, il les baisait et les mettait dans son sein. L'ambre ne répand pas un parfum aussi doux que les objets touchés par l'objet que l'on aime. Enfin, voyant que ses regrets augmentaient ceux de sa mère et de M<sup>me</sup> de La Tour, et que les besoins de la famille demandaient un travail continuel, il se mit, avec l'aide de Domingue, à réparer le jardin.

Bientôt, ce jeune homme, indifférent comme un créole pour tout ce qui se passe dans le monde,

me pria de lui apprendre à lire et à écrire, afin qu'il pût entretenir une correspondance avec Virginie. Il voulut ensuite s'instruire dans la géographie, pour se faire une idée du pays où elle débarquerait, et dans l'histoire, pour connaître les mœurs de la société où elle allait vivre. Ainsi il s'était perfectionné dans l'agriculture et dans l'art de disposer avec agrément le terrain le plus irrégulier, par le sentiment de l'amour. Sans doute c'est aux jouissances que se propose cette passion ardente et inquiète que les hommes doivent la plupart des sciences et des arts; et c'est de ces privations qu'est née la philosophie, qui apprend à se consoler de tout. Ainsi la nature ayant fait l'amour le lien de tous les êtres, l'a rendu le premier mobile de nos sociétés, et l'instigateur de nos lumières et de nos plaisirs.

Paul ne trouva pas beaucoup de goût dans l'étude de la géographie, qui, au lieu de nous décrire la nature de chaque pays, ne nous en présente que les divisions politiques. L'histoire, et surtout l'histoire moderne, ne l'intéressa guère davantage. Il n'y voyait que des malheurs généraux et périodiques, dont il n'apercevait pas les causes; des guerres sans sujet et sans objet, des intrigues obscures, des nations sans caractère, et des princes sans humanité. Il préférait à cette lecture celle des romans, qui, s'occupant davantage des sentiments et des intérêts des hommes, lui offraient quelquefois des situations pareilles à la sienne. Aussi aucun livre ne lui fit autant de plaisir que le *Télémaque*, par ses tableaux de la vie champêtre et des passions naturelles au cœur humain. Il en lisait à sa mère et à M^me de La Tour les endroits qui l'affectaient davantage : alors, ému par de touchants ressouvenirs, sa voix s'étouffait et les larmes coulaient de ses yeux. Il lui semblait trouver dans Virginie la dignité et la sagesse d'Antiope, avec les malheurs et la tendresse d'Eucharis. D'un autre côté, il fut tout bouleversé par la lecture de nos romans à la mode, pleins de mœurs et de maximes licencieuses ; et, quand il sut que ces romans renfermaient une peinture véritable des sociétés de l'Europe, il craignit, non sans quelque apparence de raison, que Virginie ne vînt à s'y corrompre et à l'oublier.

En effet, plus d'un an et demi s'était écoulé sans que M^me de la Tour eût des nouvelles de sa tante et de sa fille : seulement elle avait appris, par une voie étrangère, que celle-ci était arrivée heureusement en France. Enfin elle reçut, par un vaisseau qui allait aux Indes, un paquet et une lettre écrite de la propre main de Virginie. Malgré la circonspection de son aimable et indulgente fille, elle jugea qu'elle était fort malheureuse. Cette lettre peignait si bien sa situation et son caractère, que je l'ai retenue presque mot pour mot.

« Très-chère et bien-aimée maman,

« Je vous ai déjà écrit plusieurs lettres de mon écriture; et, comme je n'en ai pas eu de réponse, j'ai lieu de craindre qu'elles ne vous soient point parvenues. J'espère mieux de celle-ci, par les précautions que j'ai prises pour vous donner de mes nouvelles, et pour recevoir des vôtres.

« J'ai versé bien des larmes depuis notre séparation, moi qui n'avais presque jamais pleuré que sur les maux d'autrui! Ma grand'tante fut bien surprise à mon arrivée, lorsque, m'ayant questionnée sur mes talents, je lui dis que je ne savais ni lire ni écrire. Elle me demanda qu'est-ce que j'avais donc appris depuis que j'étais au monde; et, quand je lui eus répondu que c'était à avoir soin d'un ménage et à faire votre volonté, elle me dit que j'avais reçu l'éducation d'une servante. Elle me mit, dès le lendemain en pension dans une grande abbaye, auprès de Paris, où j'ai des maîtres de toute espèce : ils m'enseignent, entre autres choses, l'histoire, la géographie, la grammaire, la mathématique, et à monter à cheval; mais j'ai de si faibles dispositions pour toutes ces sciences, que je ne profiterai pas beaucoup avec ces messieurs. Je sens que je suis une pauvre

créature qui ai peu d'esprit, comme ils le font entendre. Cependant les bontés de ma tante ne se refroidissent point. Elle me donne des robes nouvelles à chaque saison. Elle a mis près de moi deux femmes de chambre, qui sont aussi bien parées que de grandes dames. Elle m'a fait prendre le titre de comtesse; mais elle m'a fait quitter mon nom de La Tour, qui m'était aussi cher qu'à vous-même, par tout ce que vous m'avez raconté des peines que mon père avait souffertes pour vous épouser. Elle a remplacé votre nom de femme par celui de votre famille, qui m'est encore cher cependant, parce qu'il a été votre nom de fille. Me voyant dans une situation aussi brillante, je l'ai suppliée de vous envoyer quelques secours. Comment vous rendre sa réponse? Mais vous m'avez recommandé de vous dire toujours la vérité. Elle m'a donc répondu que peu ne vous servirait à rien, et que, dans la vie simple que vous menez, beaucoup vous embarrasserait. J'ai cherché d'abord à vous donner de mes nouvelles par une main étrangère, au défaut de la mienne. Mais n'ayant, à mon arrivée ici, personne en qui je pusse prendre confiance, je me suis appliquée, nuit et jour, à apprendre à lire et à écrire : Dieu m'a fait la grâce d'en venir à bout en peu de temps. J'ai chargé de l'envoi de mes premières lettres les dames qui sont autour de moi; j'ai lieu de croire qu'elles les ont remises à ma grand'-tante. Cette fois j'ai eu recours à une pensionnaire de mes amies : c'est sous son adresse ci-jointe que je vous prie de me faire passer vos réponses.

Ma grand'tante m'a interdit toute correspondance au dehors, qui pourrait, selon elle, mettre obstacle aux grandes vues qu'elle a sur moi. Il n'y a qu'elle qui puisse me voir à la grille, ainsi qu'un vieux seigneur de ses amis, qui a, dit-elle, beaucoup de goût pour ma personne. Pour dire la vérité, je n'en ai point du tout pour lui, quand même j'en pourrais prendre pour quelqu'un.

« Je vis au milieu de l'éclat de la fortune, et je ne peux disposer d'un sou. On dit que, si j'avais de l'argent, cela tirerait à conséquence. Mes robes mêmes appartiennent à mes femmes de chambre qui se les disputent avant que je les aie

quittées. Au sein des richesses, je suis bien plus pauvre que je ne l'étais auprès de vous, car je n'ai rien à donner. Lorsque j'ai vu que les grands talents que l'on m'enseignait ne me procuraient pas la facilité de faire le plus petit bien, j'ai eu recours à mon aiguille, dont heureusement vous m'avez appris à faire usage. Je vous envoie donc plusieurs paires de bas de ma façon, pour vous et maman Marguerite, un bonnet pour Domingue, et un de mes mouchoirs rouges pour Marie. Je joins à ce paquet, des pepins et des noyaux des fruits de mes collations, avec des graines de toutes sortes d'arbres que j'ai recueillies à mes heures de récréation, dans le parc de l'abbaye. J'y ai ajouté aussi des semences de violettes, de marguerites, de bassinets, de coquelicots, de bleuets, de scabieuses, que j'ai ramassées dans les champs. Il y a, dans les prairies de ce pays, de plus belles fleurs que dans les nôtres, mais personne ne s'en soucie. Je suis sûre que vous et maman Marguerite serez plus contentes de ce sac de graines que du sac de piastres qui a été la cause de notre séparation et de mes larmes. Ce sera une grande joie pour moi si vous avez un jour la satisfaction de voir des pommiers croître auprès de nos bananiers, et des hêtres mêler leur feuillage à celui de nos cocotiers. Vous vous croirez dans la Normandie, que vous aimez tant.

« Vous m'avez enjoint de vous mander mes joies et mes peines. Je n'ai plus de joie loin de vous : pour mes peines, je les adoucis en pensant que je suis dans un poste où vous m'avez mise par la volonté de Dieu. Mais le plus grand chagrin que j'y éprouve est que personne ne me parle ici de vous, et que je n'en puis parler à personne. Mes femmes de chambre, où plutôt celles de ma grand'tante, car elles sont plus à elle qu'à moi, me disent, lorsque je cherche à amener la conversation sur des objets qui me sont si chers ; Mademoiselle, souvenez-vous que vous êtes Française, et que vous devez oublier le pays des sauvages. Ah! je m'oublierais plutôt moi-même que d'oublier le lieu où je suis née et où vous vivez! C'est ce pays-ci qui est pour moi un pays de sauvages; car j'y vis seule, n'ayant personne à qui je puisse faire part de l'amour que vous portera jusqu'au tombeau,

« Très-chère et bien-aimée maman,

« Votre obéissante et tendre fille,

« VIRGINIE DE LA TOUR. »

« Je recommande à vos bontés Marie et Domingue, qui ont pris tant de soins de mon enfance ; caressez pour moi Fidèle, qui m'a retrouvée dans les bois. »

Paul fut bien étonné de ce que Virginie ne parlait pas du tout de lui, elle qui n'avait pas oublié dans ses ressouvenirs le chien de la maison : mais il ne savait pas que, quelque longue que soit la lettre d'une femme, elle n'y met jamais sa pensée la plus chère qu'à la fin.

Dans un post-scriptum, Virginie recommandait particulièrement à Paul deux espèces de graines, celles de violettes et de scabieuses. Elle lui donnait quelques instructions sur les caractères de ces plantes, et sur les lieux les plus propres à les semer. « La violette, lui mandait-elle, produit une petite fleur d'un violet foncé, qui aime à se cacher sous les buissons; mais son charmant parfum l'y fait bientôt découvrir. » Elle lui enjoignait de la semer sur le bord de la fontaine, au pied de son cocotier. « La scabieuse, ajoutait-elle, donne une jolie fleur d'un bleu mourant, et à fond noir piqueté de blanc. On la croirait en deuil. On l'appelle aussi, pour cette raison, fleur de veuve. Elle se plaît dans les lieux âpres et battus des vents. » Elle le priait de la semer sur le rocher où elle lui avait parlé la nuit pour la dernière fois, et de donner à ce rocher, pour l'amour d'elle, le nom de Rocher des Adieux.

Elle avait renfermé ces semences dans une petite bourse dont le tissu était fort simple, mais qui parut sans prix à Paul, lorsqu'il y aperçut un P et un V entrelacés, et formés de cheveux, qu'il reconnut, à leur beauté, pour être ceux de Virginie.

La lettre de cette sensible et vertueuse demoiselle fit verser des larmes à toute la famille. Sa mère lui répondit, au nom de la société, de rester ou de revenir à son gré, l'assurant qu'ils avaient tous perdu la meilleure partie de leur bonheur depuis son départ, et que pour elle en particulier, elle en était inconsolable.

Paul lui écrivit une lettre fort longue, où il

l'assurait qu'il allait rendre le jardin digne d'elle et y mêler les plantes de l'Europe à celles de l'Afrique, ainsi qu'elle avait entrelacé leurs noms dans son ouvrage. Il lui envoyait des fruits des cocotiers de sa fontaine, parvenus à une maturité parfaite. Il n'y joignait, ajoutait-il, aucune autre semence de l'île, afin que le désir d'en revoir les productions la déterminât à y revenir promptement. Il la suppliait de se rendre au plus tôt aux vœux ardents de leur famille, et aux siens particuliers, puisqu'il ne pouvait désormais goûter aucune joie loin d'elle.

Paul sema avec soin, le plus grand soin, les graines européennes, et surtout celles de violettes et de scabieuses, dont les fleurs semblaient avoir quelque analogie avec le caractère et la situation de Virginie, qui les lui avait si particulièrement recommandées; mais, soit qu'elles eussent été éventées dans le trajet, soit plutôt que le climat de cette partie de l'Afrique ne leur soit pas favorable, il n'en germa qu'un petit nombre, qui ne put venir à sa perfection.

Cependant l'envie, qui va même au-devant du bonheur des hommes, surtout dans les colonies françaises, répandit dans l'île des bruits qui donnaient beaucoup d'inquiétude à Paul. Les gens du vaisseau qui avaient apporté la lettre de Virginie assuraient qu'elle était sur le point de se marier : ils nommaient le seigneur de la cour qui devait l'épouser : quelques-uns même disaient que la chose était faite, et qu'ils en avaient été témoins. D'abord Paul méprisa des nouvelles apportées par un vaisseau de commerce, qui en répand souvent de fausses sur les lieux de son passage. Mais, comme plusieurs habitants de l'île, par une pitié perfide, s'empressaient de le plaindre de cet événement, il commença à y ajouter quelque croyance. D'ailleurs, dans quelques-uns des romans qu'il avait lus, il voyait la trahison traitée de plaisanterie; et, comme il savait que ces livres renfermaient des peintures assez fidèles des mœurs de l'Europe, il craignit que la fille de M$^{me}$ de la Tour ne vînt à s'y corrompre, et à oublier ses anciens engagements. Ses lumières le rendaient déjà mal-

heureux. Ce qui acheva d'augmenter ses craintes, c'est que plusieurs vaisseaux d'Europe arrivèrent ici depuis, dans l'espace de six mois, sans qu'aucun d'eux apportât des nouvelles de Virginie.

Cet infortuné jeune homme, livré à toutes les agitations de son cœur, venait me voir souvent, pour confirmer ou pour bannir ses inquiétudes par mon expérience du monde.

Je demeure, comme je vous l'ai dit, à une lieue et demie d'ici, sur les bords d'une petite rivière qui coule le long de la Montagne-Longue. C'est là que je passe ma vie seul, sans femme, sans enfants et sans esclaves.

Après le rare bonheur de trouver une compagne qui nous soit bien assortie, l'état le moins malheureux de la vie est sans doute de vivre seul. Tout homme qui a eu beaucoup à se plaindre des hommes cherche la solitude. Il est même très-remarquable que tous les peuples malheureux par leurs opinions, leurs mœurs ou leurs gouvernements, ont produit des classes nombreuses de citoyens entièrement dévoués à la solitude et au célibat. Tels ont été les Égyptiens dans leur décadence, les Grecs du Bas-Empire; et tels sont, de nos jours, les Indiens, les Chinois, les Grecs modernes, les Italiens, et la plupart des peuples orientaux et méridionaux de l'Europe. La solitude

ramène en partie l'homme au bonheur naturel, en éloignant de lui le malheur social. Au milieu de nos sociétés, divisées par tant de préjugés, l'âme est dans une agitation continuelle; elle roule sans cesse en elle-même mille opinions turbulentes et contradictoires, dont les membres d'une société ambitieuse et misérable cherchent à se subjuguer les uns les autres. Mais dans la solitude elle dépose ces illusions étrangères qui la troublent; elle reprend le sentiment d'elle-même, de la nature et de son auteur. Ainsi l'eau bourbeuse d'un torrent qui ravage les campagnes, venant à se répandre dans quelque petit bassin écarté de son cours, dépose ses vases au fond de son lit, reprend sa première limpidité, et, redevenue transparente, réfléchit, avec ses propres rivages, la verdure de la terre et la lumière des cieux. La solitude rétablit aussi bien les harmonies du corps que celles de l'âme. C'est dans la classe des solitaires que se trouvent les hommes qui poussent le plus loin la carrière de la vie; tels sont les brames de l'Inde. Enfin je la crois si nécessaire au bonheur dans le monde même, qu'il me paraît impossible d'y goûter un plaisir durable, de quelque sentiment que ce soit, ou de régler sa conduite sur quelque principe stable, si l'on ne se fait une solitude intérieure, d'où notre opinion sorte bien rarement, et où celle d'autrui n'entre jamais. Je ne veux pas dire toutefois que l'homme doive vivre absolument seul : il est lié avec tout le genre humain par ses besoins; il doit donc ses travaux aux hommes; il se doit aussi au reste de la nature. Mais, comme Dieu a donné à chacun de nous des organes parfaitement assortis aux éléments du globe où nous vivons, des pieds pour le sol, des poumons pour l'air, des yeux pour la lumière, sans que nous puissions intervertir l'usage de ces sens, il s'est réservé pour lui seul, qui est l'auteur de la vie, le cœur, qui est le principal organe.

Je passe donc mes jours loin des hommes, que j'ai voulu servir, et qui m'ont persécuté. Après avoir parcouru une grande partie de l'Europe, et quelques cantons de l'Amérique et de l'Afrique, je me suis fixé dans cette île peu habitée, séduit par sa douce température et par ses solitudes. Une cabane que j'ai bâtie dans la forêt, au pied d'un arbre, un petit champ défriché de mes mains, une rivière qui coule devant ma porte, suffisent à mes besoins et à mes plaisirs. Je joins à ces jouissances celles de quelques bons livres qui m'apprennent à devenir meilleur. Ils font encore servir à mon bonheur le monde même que j'ai quitté : ils me présentent des tableaux des passions qui en rendent les habitants si misérables; et, par la comparaison que je fais de leur sort au mien, ils me font jouir d'un bonheur négatif. Comme un homme sauvé du naufrage sur un rocher, je contemple de ma solitude les orages qui frémissent

dans le reste du monde ; mon repos, même redoutable par le bruit lointain de la tempête. Depuis que les hommes ne sont plus sur mon chemin, et que je ne suis plus sur le leur, je ne les hais plus, je les plains. Si je rencontre quelque infortuné, je tâche de venir à son secours par mes conseils, comme un passant, sur le bord d'un torrent, tend la main à un malheureux qui s'y noie. Mais je n'ai guère trouvé que l'innocence attentive à ma voix. La nature appelle en vain à elle le reste des hommes; chacun d'eux se fait d'elle une image qu'il revêt de ses propres passions. Il poursuit,

toute sa vie, ce vain fantôme qui l'égare, et il se plaint ensuite au ciel de l'erreur qu'il s'est formée lui-même. Parmi un grand nombre d'infortunés que j'ai quelquefois essayé de ramener à la nature, je n'en ai pas trouvé un seul qui ne fût enivré de ses propres misères. Ils m'écoutaient d'abord avec attention, dans l'espérance que je les aiderais à acquérir de la gloire ou de la fortune; mais, voyant que je ne voulais leur apprendre qu'à s'en passer, ils me trouvaient moi-même misérable de ne pas courir après leur malheureux bonheur : ils blâmaient ma vie solitaire ; ils prétendaient qu'eux seuls étaient utiles aux hommes, et ils s'efforçaient de m'entraîner dans leur tourbillon. Mais, si je me communique à tout le monde, je ne me livre à personne. Souvent il me suffit de moi pour me servir de leçon à moi-même. Je repasse, dans le calme présent, les agitations passées de ma propre vie, auxquelles j'ai donné tant de prix ; les protections, la fortune, la réputation, les voluptés et les opinions qui se combattent par toute la terre. Je compare tant d'hommes que j'ai vus se disputer avec fureur ces chimères, et qui ne sont plus, aux flots de ma rivière, qui se brisent en écumant contre les rochers de son lit, et disparaissent pour ne revenir jamais. Pour moi, je me laisse entraîner en paix au fleuve du temps, vers l'océan de l'avenir, qui n'a plus de rivages ; et, par le spectacle des harmonies actuelles de la nature, je m'élève vers son auteur, et j'espère dans un autre monde de plus heureux destins.

Quoiqu'on n'aperçoive pas de mon ermitage,

situé au milieu d'une forêt, cette multitude d'objets que nous présente l'élévation du lieu où nous sommes, il s'y trouve des dispositions intéressantes, surtout pour un homme qui, comme moi, aime mieux rentrer en lui-même que s'étendre au dehors. La rivière qui coule devant ma porte passe en ligne droite à travers les bois, en sorte qu'elle me présente un long canal ombragé d'arbres de

toute sorte de feuillages : il y a des tatamaques, des bois d'ébène, et de ceux qu'on appelle ici bois de pomme, bois d'olive, et bois de cannelle; des bosquets de palmistes élèvent çà et là leurs colonnes nues, et longues de plus de cent pieds, surmontées à leurs sommets d'un bouquet de palmes, et paraissent au-dessus des autres arbres comme une forêt plantée sur une autre forêt. Il s'y joint des lianes de divers feuillages, qui, s'enlaçant d'un arbre à l'autre, forment ici des arcades de fleurs, là de longues courtines de verdure. Des odeurs aromatiques sortent de la plupart de ces arbres, et leurs parfums ont tant d'influence sur les vêtements mêmes, qu'on sent ici un homme qui a traversé une forêt, quelques heures après qu'il en est sorti. Dans la saison où ils donnent leurs fleurs, vous les diriez à demi couverts de neige. A la fin de l'été, plusieurs espèces d'oiseaux étrangers viennent, par un instinct incompréhensible, de régions inconnues, au delà des vastes mers, récolter les graines des végétaux de cette île, et opposent l'éclat de leurs couleurs à la verdure des arbres, rembrunie par le soleil. Telles sont, entre autres, diverses espèces de perruches, et les pigeons bleus, appelés ici pigeons hollandais. Les singes, habitants domiciliés de ces forêts, se jouent dans leurs sombres rameaux, dont ils se détachent par leur poil gris et verdâtre, et leur face toute noire ; quelques-uns s'y suspendent par la queue et se balancent en l'air ; d'autres sautent de branche en branche, portant leurs petits dans leurs bras. Jamais le fusil meurtrier n'y a effrayé ces paisibles enfants de la nature. On n'y entend que des cris de joie, des gazouillements et des ramages inconnus de quelques oiseaux des terres australes, que répètent au loin les échos de ces forêts. La rivière, qui coule en bouillonnant sur un lit de roche, à travers les arbres, réfléchit çà et là dans ses eaux limpides leurs masses vénérables de verdure et d'ombre, ainsi que les jeux de leurs heureux habitants : à mille pas de là, elle se précipite de différents étages de rochers, et forme, à sa chute, une nappe d'eau unie comme le cristal, qui se brise, en tombant, en bouillon d'écume. Mille bruits confus sortent de ses eaux tumultueuses ; et, dispersés par les vents dans la forêt, tantôt ils fuient au loin, tantôt ils se rapprochent tous à la fois, et assourdissent comme les sons des cloches d'une cathédrale. L'air, sans cesse renouvelé par le mouvement des eaux, entretient sur les bords de cette rivière, malgré les ardeurs de l'été, une verdure et une fraîcheur qu'on trouve rarement dans cette île, sur le haut même des montagnes.

A quelque distance de là est un rocher assez éloigné de la cascade, pour qu'on n'y soit pas étourdi du bruit de ses eaux, et qui en est assez voisin pour y jouir de leur vue, de leur fraîcheur, et de leur murmure. Nous allions quelquefois, dans les grandes chaleurs, dîner à l'ombre de ce rocher, M$^{me}$ de La Tour, Marguerite, Virginie, Paul et moi. Comme Virginie dirigeait toujours au bien d'autrui ses actions même les plus communes, elle ne mangeait pas un fruit à la campagne qu'elle n'en mît en terre les noyaux ou les pepins. « Il en viendra, disait-elle, des arbres qui donneront leurs fruits à quelque voyageur, ou au moins à un oiseau. » Un jour donc qu'elle avait mangé une papaye au pied de ce rocher, elle y planta les semences de ce fruit. Bientôt après il y crût plusieurs papayers, parmi lesquels il y en avait un

femelle, c'est-à-dire qui porte des fruits. Cet arbre n'était pas si haut que le genou de Virginie à son départ ; mais, comme il croît vite, deux ans après il avait vingt pieds de hauteur, et son tronc était entouré, dans sa partie supérieure, de plusieurs rangs de fruits mûrs. Paul, s'étant rendu par hasard dans ce lieu, fut rempli de joie en voyant ce grand arbre sorti d'une petite graine qu'il avait vu planter par son amie ; et, en même temps, il fut saisi d'une tristesse profonde par ce témoignage de sa longue absence. Les objets que nous voyons habituellement ne nous font pas apercevoir de la rapidité de notre vie ; ils vieillissent avec nous d'une vieillesse insensible : mais ce sont ceux que nous revoyons tout à coup, après les avoir perdus quelques années de vue, qui nous avertissent de la vitesse avec laquelle s'écoule le fleuve de nos jours. Paul fut aussi surpris et aussi troublé à la vue de ce grand papayer chargé de fruits, qu'un voyageur l'est, après une longue absence de son pays, de n'y plus retrouver ses contemporains, et d'y voir leurs enfants, qu'il avait laissés à la mamelle, devenus eux-mêmes pères de famille. Tantôt il voulait l'abattre, parce qu'il lui rendait trop sensible la longueur du temps qui s'était écoulé depuis le départ de Virginie ; tantôt, le considérant comme un monument de sa bienfaisance, il baisait son tronc, et lui adressait des paroles pleines d'amour et de regrets. O arbre, dont la postérité existe encore dans nos bois, je vous ai vu moi-même avec plus d'intérêt et de vénération que les arcs de triomphe des Romains ! Puisse la nature, qui détruit chaque jour les monuments de l'ambition des rois, multiplier dans nos forêts ceux de la bienfaisance d'une jeune et pauvre fille !

C'était donc au pied de ce papayer que j'étais sûr de rencontrer Paul, quand il venait dans mon quartier. Un jour, je l'y trouvai accablé de mélancolie, et j'eus avec lui une conversation que je vais vous rapporter, si je ne vous suis point trop ennuyeux par mes longues digressions, pardonnables à mon âge et à mes dernières amitiés. Je vous la raconterai en forme de dialogue, afin que vous jugiez du bon sens naturel de ce jeune homme ; et il vous sera aisé de faire la différence des interlocuteurs par le sens de ses questions et de mes réponses. Il me dit :

« Je suis bien chagrin. M^{lle} de La Tour est partie depuis deux ans et deux mois; et, depuis huit mois et demi, elle ne nous a pas donné de ses nouvelles. Elle est riche; je suis pauvre : elle m'a oublié. J'ai envie de m'embarquer; j'irai en France,

j'y servirai le roi, j'y ferai fortune, et la grand'-tante de M^{lle} de La Tour me donnera sa petite-nièce en mariage, quand je serai devenu un grand seigneur.

### LE VIEILLARD.

« O mon ami! ne m'avez-vous pas dit que vous n'aviez pas de naissance?

#### PAUL.

« Ma mère me l'a dit; car, pour moi, je ne sais ce que c'est que la naissance. Je ne me suis jamais aperçu que j'en eusse moins qu'un autre, ni que les autres en eussent plus que moi.

#### LE VIEILLARD.

« Le défaut de naissance vous ferme en France le chemin aux grands emplois. Il y a plus : vous ne pouvez même être admis dans aucun corps distingué.

#### PAUL.

« Vous m'avez dit plusieurs fois qu'une des causes de la grandeur de la France était que le moindre sujet pouvait y parvenir à tout, et vous m'avez cité beaucoup d'hommes célèbres qui, sortis de petits états, avaient fait honneur à leur patrie. Vous vouliez donc tromper mon courage ?

#### LE VIEILLARD.

« Mon fils, jamais je ne l'abattrai. Je vous ai dit la vérité sur les temps passés; mais les choses sont bien changées à présent : tout est devenu vénal en France; tout y est aujourd'hui le patrimoine d'un petit nombre de familles, ou le partage des corps. Le roi est un soleil que les grands et les corps environnent comme des nuages ; il est presque impossible qu'un de ses rayons tombe sur vous. Autrefois, dans une administration moins compliquée, on a vu ces phénomènes. Alors les talents et le mérite se sont développés de toutes parts, comme des terres nouvelles qui, venant à être défrichées, produisent avec tout leur suc. Mais les grands rois qui savent connaître les hommes et les choisir sont rares. Le vulgaire des rois ne se laisse aller qu'aux impulsions des grands et des corps qui les environnent.

### PAUL.

« Mais je trouverai peut-être un de ces grands qui me protégera ?

### LE VIEILLARD.

« Pour être protégé des grands, il faut servir leur ambition ou leurs plaisirs. Vous n'y réussirez jamais, car vous êtes sans naissance, et vous avez de la probité.

### PAUL.

Mais je ferai des actions si courageuses, je

serai si fidèle à ma parole, si exact dans mes devoirs, si zélé et si constant dans mon amitié, que je mériterai d'être adopté par quelqu'un d'eux, comme j'ai vu que cela se pratiquait dans les histoires anciennes que vous m'avez fait lire.

LE VIEILLARD.

« O mon ami ! chez les Grecs et chez les Ro-

mains, même dans leur décadence, les grands avaient du respect pour la vertu ; mais nous avons eu une foule d'hommes célèbres en tout genre, sortis des classes du peuple, et je n'en sache pas un seul qui ait été adopté par une grande maison. La vertu, sans nos rois, serait condamnée en France à être éternellement plébéienne. Comme je vous l'ai dit, ils la mettent quelquefois en honneur lorsqu'ils l'aperçoivent; mais, aujourd'hui, les distinctions qui lui étaient réservées ne s'accordent plus que pour l'argent.

### PAUL.

« Au défaut d'un grand, je chercherai à plaire à un corps. J'épouserai entièrement son esprit et ses opinions; je m'en ferai aimer.

### LE VIEILLARD.

« Vous ferez donc comme les autres hommes; vous renoncerez à votre conscience pour parvenir à la fortune?

### PAUL.

« Oh non! je ne chercherai jamais que la vérité.

### LE VIEILLARD.

« Au lieu de vous faire aimer, vous pourriez bien vous faire haïr. D'ailleurs, les corps s'intéressent fort peu à la découverte de la vérité. Toute opinion est indifférente aux ambitieux, pourvu qu'ils gouvernent.

### PAUL.

« Que je suis infortuné! tout me repousse. Je suis condamné à passer ma vie dans un travail obscur, loin de Virginie! » Et il soupira profondément.

### LE VIEILLARD.

« Que Dieu soit votre unique patron, et le genre humain votre corps. Soyez constamment attaché à l'un et à l'autre. Les familles, les corps, les peuples, les rois, ont leurs préjugés et leurs passions; il faut souvent les servir par des vices : Dieu et le genre humain ne nous demandent que des vertus.

« Mais pourquoi voulez-vous être distingué du reste des hommes? C'est un sentiment qui n'est pas naturel, puisque, si chacun l'avait, chacun serait en état de guerre avec son voisin. Contentez-vous de remplir votre devoir dans l'état où la Providence vous a mis; bénissez votre sort, qui vous permet d'avoir une conscience à vous, et qui ne vous oblige pas, comme les grands, de mettre votre bonheur dans l'opinion des petits, et, comme les petits, de ramper sous les grands pour avoir de quoi vivre. Vous êtes dans un pays et dans une condition où, pour subsister, vous n'avez besoin ni de tromper, ni de flatter, ni de vous avilir, comme font la plupart de ceux qui cherchent la fortune en Europe ; où votre état ne vous interdit aucune vertu ; où vous pouvez être impunément bon, vrai, sincère, instruit, patient, tempérant, chaste, indulgent, pieux, sans qu'aucun ridicule vienne flétrir votre sagesse, qui n'est encore qu'en fleur. Le ciel vous a donné la liberté, de la santé, une bonne conscience et des amis : les rois, dont vous ambitionnez la faveur, ne sont pas si heureux.

### PAUL.

« Ah ! il me manque Virginie ! Sans elle je n'ai rien ; avec elle j'aurais tout. Elle seule est ma naissance, ma gloire et ma fortune. Mais puisque enfin sa parente veut lui donner pour mari un homme d'un grand nom, avec l'étude et des livres on devient savant et célèbre : je m'en vais étudier. J'acquerrai de la science ; je servirai utilement ma patrie par mes lumières, sans nuire à personne, et sans en dépendre ; je deviendrai fameux, et ma gloire n'appartiendra qu'à moi.

### LE VIEILLARD.

« Mon fils, les talents sont encore plus rares que la naissance et les richesses ; et sans doute ils sont de plus grands biens, puisque rien ne peut les ôter, et que partout ils nous concilient l'estime publique. Mais ils coûtent cher. On ne les acquiert que par des privations en tout genre, par une sensibilité exquise qui nous rend malheureux au dedans, et au dehors par les persécutions de nos contemporains. L'homme de robe n'envie point, en France, la gloire du militaire, ni le militaire celle de l'homme de mer; mais tout le monde y traversera votre chemin, parce que tout le monde s'y pique d'avoir de l'esprit. Vous servirez les hommes, dites-vous? Mais celui qui fait produire à un terrain une gerbe de blé de plus leur rend un plus grand service que celui qui leur donne un livre.

### PAUL.

« Oh! celle qui a planté ce papayer a fait aux habitants de ces forêts un présent plus utile et plus doux que si elle leur avait donné une bibliothèque. » Et en même temps il saisit cet arbre dans ses bras et le baisa avec transport.

### LE VIEILLARD.

« Le meilleur des livres, qui ne prêche que

l'égalité, l'amitié, l'humilité et la concorde, l'Évangile, a servi pendant des siècles de prétexte aux fureurs des Européens.

« Combien de tyrannies publiques et particulières s'exercent encore en son nom sur la terre! Après cela, qui se flattera d'être utile aux hommes par un livre? Rappelez-vous quel a été le sort de la plupart des philosophes qui leur ont prêché la sagesse. Homère, qui l'a revêtue de vers si beaux, demandait l'aumône pendant sa vie. Socrate, qui en donna aux Athéniens de si aimables leçons par ses discours et par ses mœurs, fut empoisonné juridiquement par eux. Son sublime disciple Platon fut livré à l'esclavage par l'ordre du prince même qui le protégeait; et avant eux, Pythagore, qui étendait l'humanité jusqu'aux animaux, fut brûlé vif par les Crotoniates. Que dis-je? la plupart même de ces noms illustres sont venus à nous défigurés par quelques traits de satire qui les caractérisent, l'ingratitude humaine se plaisant à les reconnaître là ; et si, dans la foule, la gloire de quelques-uns est venue nette et pure jusqu'à nous, c'est que ceux qui les ont portés ont vécu loin de la société de leurs contemporains : semblables à ces statues qu'on tire entières des champs de la Grèce et de l'Italie, et qui, pour avoir été ensevelies dans le sein de la terre, ont échappé à la fureur des barbares.

« Vous voyez donc que pour acquérir la gloire orageuse des lettres il faut bien de la vertu, et être prêt à sacrifier sa propre vie. D'ailleurs, croyez-vous que cette gloire intéresse en France les gens riches? ils se soucient bien des gens de lettres, auxquels la science ne rapporte ni dignité dans la patrie, ni gouvernement, ni entrée à la cour! On persécute peu dans ce siècle indifférent à tout, hors à la fortune et aux voluptés; mais les lumières et la vertu n'y mènent à rien de distingué, parce que tout est dans l'État le prix de l'argent. Autrefois elles trouvaient des récompenses assurées dans les différentes places de l'Église, de la magistrature et de l'administration : aujourd'hui, elles ne servent qu'à faire des livres. Mais ce fruit, peu prisé des gens du monde, est toujours digne de son origine céleste. C'est à ces mêmes livres qu'il est réservé particulièrement de donner de l'éclat à la vie obscure, de consoler les malheureux, d'éclairer les nations et de dire la vérité même aux rois. C'est, sans contredit, la fonction la plus auguste dont le ciel puisse honorer un mortel sur la terre. Quel est l'homme qui ne se console de l'injustice ou du mépris de ceux qui disposent de la fortune, lorsqu'il pense que son ouvrage ira, de siècle en siècle et de nations en nations, servir de barrière à l'erreur et aux tyrans; et que, du sein de l'obscurité où il a vécu, il jaillira une gloire qui effacera celle de la plupart des rois, dont les monuments périssent dans l'oubli, malgré les flatteurs qui les élèvent et qui les vantent?

### PAUL.

« Ah! je ne voudrais cette gloire que pour la répandre sur Virginie, et la rendre chère à l'univers. Mais vous qui avez tant de connaissances, dites-moi si nous nous marierons. Je voudrais être savant, au moins pour connaître l'avenir.

### LE VIEILLARD.

« Qui voudrait vivre, mon fils, s'il connaissait l'avenir? Un seul malheur prévu nous donne tant de vaines inquiétudes! la vue d'un malheur certain empoisonnerait tous les jours qui le précéderaient. Il ne faut pas même trop approfondir ce qui nous environne; et le ciel, qui nous donna la réflexion pour prévoir nos besoins, nous a donné les besoins pour mettre des bornes à notre réflexion.

### PAUL.

« Avec de l'argent, dites-vous, on acquiert en Europe des dignités et des honneurs. J'irai m'enrichir au Bengale pour aller épouser Virginie à Paris. Je vais m'embarquer.

### LE VIEILLARD.

« Quoi! vous quitteriez sa mère et la vôtre?

#### PAUL.

« Vous m'avez vous-même donné le conseil de passer aux Indes.

#### LE VIEILLARD.

« Virginie était alors ici. Mais vous êtes maintenant l'unique soutien de votre mère et de la sienne.

#### PAUL.

« Virginie leur fera du bien par sa riche parente.

#### LE VIEILLARD.

« Les riches n'en font guère qu'à ceux qui leur font honneur dans le monde. Ils ont des parents bien plus à plaindre que M$^{me}$ de La Tour, qui, faute d'être secourus par eux, sacrifient leur liberté pour avoir du pain, et passent leur vie renfermés dans des couvents.

#### PAUL.

« Quel pays que l'Europe ! Oh ! il faut que Virginie revienne ici. Qu'a-t-elle besoin d'avoir une parente riche ? Elle était si contente sous ces cabanes, si jolie et si bien parée avec un mouchoir rouge et des fleurs autour de sa tête ! Reviens,

Virginie! quitte tes hôtels et tes grandeurs. Reviens dans ces rochers, à l'ombre de ces bois et de nos cocotiers. Hélas! tu es peut-être maintenant malheureuse!... » Et il se mettait à pleurer.

« Mon père, ne me cachez rien : si vous ne pouvez me dire si j'épouserai Virginie, au moins apprenez-moi si elle m'aime encore au milieu de ces grands seigneurs qui parlent au roi et qui la vont voir.

### LE VIEILLARD.

« O mon ami! je suis sûr qu'elle vous aime, par plusieurs raisons, mais surtout parce qu'elle a de la vertu. » A ces mots, il me sauta au cou, transporté de joie.

### PAUL.

« Mais croyez-vous les femmes d'Europe fausses, comme on les représente dans les comédies et dans les livres que vous m'avez prêtés?

### LE VIEILLARD.

« Les femmes sont fausses dans les pays où les hommes sont tyrans. Partout la violence produit la ruse.

### PAUL.

« Comment peut-on être le tyran des femmes?

### LE VIEILLARD.

« En les mariant sans les consulter; une jeune fille avec un vieillard, une femme sensible avec un homme indifférent.

### PAUL.

« Pourquoi ne pas marier ensemble ceux qui se conviennent : les jeunes avec les jeunes, les amants avec les amantes?

### LE VIEILLARD.

« C'est que la plupart des jeunes gens, en France, n'ont pas assez de fortune pour se marier et qu'ils n'en acquièrent qu'en devenant vieux. Jeunes, ils corrompent les femmes de leurs voisins; vieux, ils ne peuvent fixer l'affection de leurs épouses. Ils ont trompé étant jeunes, on les trompe à leur tour étant vieux. C'est une des réactions de la justice universelle qui gouverne le monde : un excès y balance toujours un autre excès. Ainsi la plupart des Européens passent leur vie dans ce double désordre; et ce désordre augmente dans une société à mesure que les richesses s'y accumulent sur un nombre moindre de têtes. L'État est semblable à un jardin, où les petits arbres ne peuvent venir s'il y en a de trop grands qui les ombragent; mais il y a cette différence, que la beauté d'un jardin peut résulter d'un petit nombre de grands arbres, et que la prospérité d'un État dépend toujours de la multitude et de l'égalité des sujets, et non pas d'un petit nombre de riches.

### PAUL.

« Mais qu'est-il besoin d'être riche pour se marier?

### LE VIEILLARD.

« Afin de passer ses jours dans l'abondance, sans rien faire.

#### PAUL.

« Et pourquoi ne pas travailler? Je travaille bien, moi !

#### LE VIEILLARD.

« C'est qu'en Europe le travail des mains déshonore : on l'appelle travail mécanique. Celui même de labourer la terre y est le plus méprisé de tous. Un artisan y est bien plus estimé qu'un paysan.

#### PAUL.

« Quoi! l'art qui nourrit les hommes est méprisé en Europe! Je ne vous comprends pas.

#### LE VIEILLARD.

« Oh! il n'est pas possible à un homme élevé dans la nature de comprendre les dépravations de la société. On se fait une idée précise de l'ordre, mais non pas du désordre. La beauté, la vertu, le bonheur, ont des proportions; la laideur, le vice et le malheur n'en ont point.

#### PAUL.

« Les gens riches sont donc bien heureux! Ils ne trouvent d'obstacle à rien; ils peuvent combler de plaisirs les objets qu'ils aiment.

## LE VIEILLARD.

« Ils sont la plupart usés sur tous les plaisirs, par cela même qu'ils ne leur coûtent aucunes peines. N'avez-vous pas éprouvé que le plaisir du repos s'achète par la fatigue; celui de manger, par la faim; celui de boire, par la soif? Eh bien, celui d'aimer et d'être aimé ne s'acquiert que par une multitude de privations et de sacrifices. Les richesses ôtent aux riches tous ces plaisirs-là en prévenant leurs besoins. Joignez à l'ennui qui suit leur satiété, l'orgueil qui naît de leur opulence, et que la moindre privation blesse, lors même que les plus grandes jouissances ne le flattent plus. Le parfum de mille roses ne plaît qu'un instant; mais la douleur que cause une seule de leurs épines dure longtemps après sa piqûre. Un mal au milieu des plaisirs est pour les riches une épine au milieu des fleurs. Pour les pauvres, au contraire, un plaisir au milieu des maux est une fleur au milieu des épines : ils en goûtent vivement la jouissance. Tout effet augmente par son contraste. La nature a tout balancé. Quel état, à tout prendre, croyez-vous préférable, de n'avoir presque rien à espérer et tout à craindre, ou presque rien à craindre et tout à espérer ? Le premier état est celui des riches, et le second celui des pauvres. Mais ces extrêmes sont également difficiles à supporter aux hommes, dont le bonheur consiste dans la médiocrité et la vertu.

### PAUL.

« Qu'entendez-vous par la vertu ?

### LE VIEILLARD.

« Mon fils, vous qui soutenez vos parents par vos travaux, vous n'avez pas besoin qu'on vous la définisse. La vertu est un effort fait sur nous-mêmes pour le bien d'autrui, dans l'intention de plaire à Dieu seul.

### PAUL.

« Oh ! que Virginie est vertueuse ! C'est par vertu qu'elle a voulu être riche, afin d'être bienfaisante. C'est par vertu qu'elle est partie de cette île : la vertu l'y ramènera. »

L'idée de son retour prochain allumant l'imagination de ce jeune homme, toutes ses inquiétudes s'évanouissaient. Virginie n'avait point écrit, parce qu'elle allait arriver. Il fallait si peu de temps pour venir d'Europe avec un bon vent! Il faisait l'énumération des vaisseaux qui avaient fait ce

trajet de quatre mille cinq cents lieues en moins de trois mois. Le vaisseau où elle s'était embarquée n'en mettrait pas plus de deux. Les constructeurs étaient aujourd'hui si savants et les marins si habiles! Il parlait des arrangements qu'il allait faire pour la recevoir, du nouveau logement qu'il allait bâtir, des plaisirs et des surprises qu'il lui ménagerait chaque jour quand elle serait sa femme. Sa femme!... cette idée le ravissait. « Au moins, mon père, me disait-il, vous ne ferez plus rien, que pour votre plaisir. Virginie étant riche, nous aurons beaucoup d noirs qui travailleront pour vous. Vous serez toujours avec nous, n'ayant d'autre souci que celui de vous amuser et de vous réjouir. » Et il allait, hors de lui, porter à sa famille la joie dont il était enivré.

En peu de temps les grandes craintes succèdent aux grandes espérances. Les passions violentes jettent toujours l'âme dans les extrémités opposées. Souvent, dès le lendemain, Paul revenait me voir, accablé de tristesse. Il me disait : « Virginie ne m'écrit point. Si elle était partie d'Europe, elle m'aurait mandé son départ. Ah! les bruits qui ont couru d'elle ne sont que trop fondés! Sa tante l'a mariée à un grand seigneur. L'amour des richesses l'a perdue, comme tant d'autres. Dans ces livres qui peignent si bien les femmes, la vertu n'est qu'un sujet de roman. Si Virginie avait eu de la vertu, elle n'aurait pas quitté sa propre mère et moi. Pendant que je passe ma vie à penser à elle, elle m'oublie. Je m'afflige, et elle se divertit. Ah! cette pensée me désespère. Tout travail me déplaît; toute société m'ennuie. Plût à Dieu que la guerre fût déclarée dans l'Inde! j'irais y mourir.

« — Mon fils, lui répondis-je, le courage que

nous jette dans la mort n'est que le courage d'un instant. Il est souvent excité par les vains applaudissements des hommes. Il en est un plus rare et plus nécessaire qui nous fait supporter, chaque jour, sans témoin et sans éloge, les traverses de la vie : c'est la patience. Elle s'appuie, non sur l'opinion d'autrui ou sur l'impulsion de nos passions, mais sur la volonté de Dieu. La patience est le courage de la vertu.

« — Ah! s'écria-t-il, je n'ai donc point de vertu! Tout m'accable et me désespère.

« — La vertu, repris-je, toujours égale, constante, invariable, n'est pas le partage de l'homme. Au milieu de tant de passions qui nous agitent, notre raison se trouble et s'obscurcit ; mais il est des phares où nous pouvons en rallumer le flambeau : ce sont les lettres.

« Les lettres, mon fils, sont un secours du ciel. Ce sont des rayons de cette sagesse qui gouverne l'univers, que l'homme, inspiré par un art céleste, a appris à fixer sur la terre. Semblable aux rayons du soleil, elles éclairent, elles réjouissent, elles échauffent; c'est un feu divin. Comme le feu, elles approprient toute la nature à notre usage : par elles, nous réunissons autour de nous les choses, les lieux, les hommes et les temps. Ce sont elles qui nous rappellent aux règles de la vie humaine. Elles calment les passions; elles répriment les vices; elles excitent les vertus par les exemples augustes des gens de bien qu'elles célèbrent et dont elles nous présentent les images toujours honorées. Ce sont des filles du Ciel, qui descendent sur la terre pour charmer les maux du genre humain. Les grands écrivains qu'elles inspirent ont toujours paru dans les temps les plus difficiles à supporter à toute société, les temps de barbarie et ceux de dépravation. Mon fils, les lettres ont consolé une infinité d'hommes plus malheureux que vous : Xénophon, exilé de sa patrie après y avoir ramené dix mille Grecs; Scipion l'Africain, lassé des calomnies des Romains; Lucullus, de leurs brigues; Catinat, de l'ingratitude de sa cour. Les Grecs, si ingénieux, avaient réparti à chacune des Muses qui président aux lettres une partie de notre entendement pour le gouverner : nous devons donc leur donner nos passions à régir, afin qu'elles leur imposent un joug et un frein. Elles doivent remplir, par rapport aux puissances de notre âme, les mêmes fonctions que les Heures qui attelaient et conduisaient les chevaux du Soleil.

« Lisez donc, mon fils. Les sages qui ont écrit avant nous sont des voyageurs qui nous ont précédés dans les sentiers de l'infortune, qui nous tendent la main, et nous invitent à nous joindre à leur compagnie, lorsque tout nous abandonne. Un bon livre est un bon ami.

« — Ah! s'écriait Paul, je n'avais pas besoin de savoir lire quand Virginie était ici. Elle n'avait pas plus étudié que moi ; mais, quand elle me regardait en m'appelant son ami, il m'était impossible d'avoir du chagrin.

« — Sans doute, lui disais-je, il n'y a point d'ami aussi agréable qu'une maîtresse qui nous aime. Il y a de plus dans la femme une gaieté légère qui dissipe la tristesse de l'homme. Ses grâces font évanouir les noirs fantômes de la réflexion. Sur son visage sont les doux attraits et la confiance. Quelle joie n'est rendue plus vive par sa joie? quel front ne se déride à son sourire? quelle colère résiste à ses larmes? Virginie reviendra avec plus de philosophie que vous n'en avez. Elle sera bien surprise de ne pas trouver le jardin tout à fait rétabli, elle qui ne songe qu'à l'embellir, malgré les persécutions de sa parente, loin de sa mère et de vous. »

L'idée du retour prochain de Virginie renouvelait le courage de Paul et le ramenait à ses occupations champêtres. Heureux, au milieu de ses peines, de proposer à son travail une fin qui plaisait à sa passion.

Un matin, au point du jour (c'était le 24 décembre 1744), Paul, en se levant, aperçut un pavillon blanc arboré sur la montagne de la Découverte. Ce pavillon était le signalement d'un vaisseau qu'on voyait en mer. Paul courut à la ville pour savoir s'il n'apportait pas des nouvelles de Virginie. Il y resta jusqu'au retour du pilote du port, qui s'était embarqué pour aller le reconnaître, suivant l'usage. Cet homme ne revint que le soir. Il rapporta au gouverneur que le vaisseau signalé était le *Saint-Géran*, du port de sept cents tonneaux, commandé par un capitaine appelé M. Aubin; qu'il était à quatre lieues au large, et qu'il ne mouillerait au Port-Louis que le lendemain dans l'après-dînée, si le vent était favorable. Il n'en faisait point du tout alors. Le pilote remit au gouverneur les lettres que ce vaisseau apportait de France. Il y en avait une pour M$^{me}$ de La Tour, de l'écriture de Virginie. Paul s'en saisit aussitôt, la baisa avec transport, la mit dans son sein, et courut à l'habitation. Du plus loin qu'il aperçut la famille, qui

attendait son retour sur le rocher des Adieux, il éleva la lettre en l'air, sans pouvoir parler; et aussitôt tout le monde se rassembla chez M$^{me}$ de

La Tour pour en entendre la lecture. Virginie mandait à sa mère qu'elle avait éprouvé beaucoup de mauvais procédés de la part de sa grand'tante, qui l'avait voulu marier malgré elle, ensuite déshéritée, et enfin renvoyée dans un temps qui ne lui permettait d'arriver à l'île de France que dans la saison des ouragans ; qu'elle avait essayé en vain de la fléchir en lui représentant ce qu'elle devait à sa mère et aux habitudes du premier âge ; qu'elle en avait été traitée de fille insensée, dont la tête était gâtée par les romans ; qu'elle n'était maintenant sensible qu'au bonheur de revoir et d'embrasser sa chère famille, et qu'elle eût satisfait cet ardent désir dès le jour même, si le capitaine lui eût permis de s'embarquer dans la chaloupe du pilote ; mais qu'il s'était opposé à son départ à cause de l'éloignement de la terre et d'une grosse mer qui régnait au large, malgré le calme des vents.

A peine cette lettre fut lue, que toute la famille, transportée de joie, s'écria : « Virginie est arrivée ! » Maîtres et serviteurs, tous s'embrassèrent. Mme de La Tour dit à Paul : « Mon fils, allez prévenir notre voisin de l'arrivée de Virginie. » Aussitôt Domingue alluma un flambeau de bois de ronde, et Paul et lui s'acheminèrent vers mon habitation.

Il pouvait être dix heures du soir. Je venais d'éteindre ma lampe et de me coucher, lorsque j'aperçus, à travers les palissades de ma cabane, une lumière dans les bois. Bientôt après, j'entendis la voix de Paul qui m'appelait. Je me lève ; et à peine j'étais habillé que Paul, hors de lui et tout essoufflé, me saute au cou en me disant : « Allons, allons, Virginie est arrivée. Allons au port ; le vaisseau y mouillera au point du jour. »

Sur-le-champ nous nous mettons en route. Comme nous traversions le bois de la Montagne-Longue, et que nous étions déjà sur le chemin des Pamplemousses au port, j'entendis quelqu'un marcher derrière nous. C'était un noir qui s'avançait à grands pas. Dès qu'il nous eut atteints, je lui demandai d'où il venait et où il allait en si grande hâte. Il me répondit : « Je viens du quartier de l'île appelé la Poudre-d'Or : on m'envoie au port avertir le gouverneur qu'un vaisseau de France est mouillé sous l'île d'Ambre. Il tire du canon pour demander du secours, car la mer est bien mauvaise. » Cet homme, ayant ainsi parlé, continua sa route sans s'arrêter davantage.

Je dis alors à Paul : « Allons vers le quartier de la Poudre-d'Or, au-devant de Virginie; il n'y a que trois lieues d'ici. » Nous nous mîmes donc en route vers le nord de l'île. Il faisait une chaleur étouffante. La lune était levée : on voyait autour d'elle trois grands cercles noirs. Le ciel était d'une obscurité affreuse. On distinguait, à la lueur fréquente des éclairs, de longues files de nuages épais, sombres, peu élevés, qui s'entassaient vers le milieu de l'île, et venaient de la mer avec une grande vitesse, quoiqu'on ne sentît pas le moindre vent à terre. Chemin faisant, nous crûmes entendre rouler le tonnerre; mais ayant prêté l'oreille attentivement, nous reconnûmes que c'étaient des coups de canon répétés par les échos. Ces coups de canon lointains, joints à l'aspect d'un ciel orageux, me firent frémir. Je ne pouvais douter qu'ils ne fussent les signaux de détresse d'un vaisseau en perdition. Une demi-heure après, nous n'entendîmes plus tirer du tout;

et ce silence me parut encore plus effrayant que le bruit lugubre qui l'avait précédé.

Nous nous hâtions d'avancer sans dire un mot, et sans oser nous communiquer nos inquiétudes. Vers minuit, nous arrivâmes tout en nage sur le bord de la mer, au quartier de la Poudre-d'Or. Les flots s'y brisaient avec un bruit épouvantable; ils en couvraient les rochers et les grèves d'écume d'un blanc éblouissant et d'étincelles de feu. Malgré les ténèbres, nous distinguâmes, à ces lueurs phosphoriques, les pirogues des pêcheurs, qu'on avait tirées bien avant sur le sable.

A quelque distance de là, nous vîmes, à l'entrée du bois, un feu autour duquel plusieurs habitants s'étaient rassemblés. Nous fûmes nous y reposer en attendant le jour. Pendant que nous étions assis auprès de ce feu, un des habitants nous raconta que, dans l'après-midi, il avait vu un vaisseau en pleine mer, porté sur l'île par les courants; que la nuit l'avait dérobé à sa vue; que, deux heures après le coucher du soleil, il l'avait entendu tirer du canon pour appeler du secours; mais que la mer était si mauvaise, qu'on n'avait

pu mettre aucun bateau dehors pour aller à lui
que, bientôt après, il avait cru apercevoir ses
fanaux allumés, et que, dans ce cas, il craignait

que le vaisseau, venu si près du rivage, n'eût
passé entre la terre et la petite île d'Ambre, prenant celle-ci pour le Coin de mire, près duquel
passent les vaisseaux qui arrivent au Port-Louis :
que, si cela était, ce qu'il ne pouvait toutefois
affirmer, ce vaisseau était dans le plus grand
péril. Un autre habitant prit la parole, et nous
dit qu'il avait traversé plusieurs fois le canal qui
sépare l'île d'Ambre de la côte ; qu'il l'avait sondé,
et que la tenure et le mouillage en étaient très-
bons, et que le vaisseau y était en parfaite sûreté,

comme dans le meilleur port. « J'y mettrais toute ma fortune, ajouta-t-il, et j'y dormirais aussi tranquillement qu'à terre. » Un troisième habitant dit qu'il était impossible que ce vaisseau entrât dans ce canal, où à peine les chaloupes pouvaient naviguer. Il assura qu'il l'avait vu mouiller au delà de l'île d'Ambre ; en sorte que, si le vent venait à s'élever au matin, il serait le maître de pousser au large ou de gagner le port. D'autres habitants ouvrirent d'autres opinions. Pendant qu'ils contestaient entre eux, suivant la coutume des créoles oisifs, Paul et moi nous gardions un profond silence. Nous restâmes là jusqu'au petit point du jour ; mais il faisait trop peu de clarté au ciel pour qu'on pût distinguer aucun objet sur la mer, qui d'ailleurs était couverte de brume : nous n'entrevîmes au large qu'un nuage sombre, qu'on nous dit être l'île d'Ambre, située à un quart de lieue de la côte. On n'apercevait dans ce jour ténébreux que la pointe du rivage où nous étions, et quelques pitons des montagnes de l'intérieur de l'île, qui apparaissaient de temps en temps au milieu des nuages qui circulaient autour.

Vers les sept heures du matin, nous entendîmes dans les bois un bruit de tambours : c'était le gouverneur, M. de La Bourdonnaye, qui arrivait à cheval suivi d'un détachement de soldats armés de fusils et d'un grand nombre d'habitants et de noirs. Il plaça ses soldats sur le rivage et leur ordonna de faire feu de leurs armes tous à la fois. A peine leur décharge fut faite que nous aperçûmes sur la mer une lueur, suivie presque aussitôt d'un coup de canon. Nous jugeâmes que le vaisseau était à peu de distance de nous, et nous courûmes tous du côté où nous avions vu son signal. Nous aperçûmes alors, à travers le brouillard, le corps et les vergues d'un grand vaisseau. Nous en étions si près que, malgré le bruit des flots, nous entendîmes le sifflet du maître qui commandait la manœuvre, et les cris des matelots qui crièrent trois fois : VIVE LE ROI! car c'est le cri des Français dans les dangers extrêmes, ainsi que dans les grandes joies : comme si, dans les dangers, ils appelaient leur prince à leur secours, ou comme s'ils voulaient témoigner alors qu'ils sont prêts à périr pour lui.

Depuis le moment où le *Saint-Géran* aperçut que nous étions à portée de le secourir, il ne cessa de tirer du canon de trois minutes en trois minutes. M. de La Bourdonnaye fit allumer de grands feux de distance en distance sur la grève, et envoya chez tous les habitants du voisinage chercher des vivres, des planches, des câbles et des tonneaux vides. On en vit arriver bientôt une foule, accompagnés de leurs noirs, chargés de provisions et d'agrès, qui venaient des habitations de la Poudre-d'Or, du quartier de Flacque et de la rivière du Rempart. Un des plus anciens de ces habitants s'approcha du gouverneur, et lui dit : « Monsieur, on a entendu, toute la nuit, des bruits sourds dans la montagne ; dans les bois, les feuilles des arbres remuent sans qu'il fasse du vent ; les oiseaux de marine se réfugient à terre : certainement tous ces signes annoncent un ouragan. — Eh bien, mes amis, répondit le gouverneur, nous y sommes préparés, et sûrement le vaisseau l'est aussi. »

En effet, tout présageait l'arrivée prochaine d'un ouragan. Les nuages qu'on distinguait au zénith étaient, à leur centre, d'un noir affreux, et cuivrés sur leurs bords. L'air retentissait des cris des paille-en-cu, des frégates, des coupeurs-d'eau et d'une multitude d'oiseaux de marine, qui, malgré l'obscurité de l'atmosphère, venaient, de tous les points de l'horizon, chercher des retraites dans l'île.

Vers les neuf heures du matin on entendit du côté de la mer des bruits épouvantables, comme si des torrents d'eau, mêlés à des tonnerres, eussent roulé du haut des montagnes. Tout le monde s'écria : « Voilà l'ouragan ! » et dans l'instant un tourbillon affreux de vent enleva la brume qui couvrait l'île d'Ambre et son canal. Le *Saint-Géran* parut alors à découvert avec son pont chargé de monde, ses vergues et ses mâts de hunes amenés sur le tillac, son pavillon en berne, quatre câbles sur son avant, et un de retenu sur son arrière. Il était mouillé entre l'île d'Ambre et la terre, en deçà de la ceinture de récifs qui entoure l'île de France, et qu'il avait franchie par un endroit où jamais vaisseau n'avait passé avant lui. Il présentait son avant aux flots qui venaient de la pleine mer, et à chaque lame d'eau qui s'engageait dans le canal, sa proue se soulevait tout entière, de sorte qu'on en voyait la carène en l'air; mais, dans ce mouvement, sa poupe, venant à plonger, disparaissait à la vue jusqu'au couronnement, comme si elle eût été submergée. Dans cette position, où le vent et la mer le jetaient à terre, il lui était également impossible de s'en aller par où il était venu, ou, en coupant ses câbles, d'échouer sur le rivage, dont il était séparé par des hauts-fonds semés de récifs. Chaque lame qui venait briser sur la côte s'avançait en mugissant jusqu'au fond des anses, et y jetait des galets à plus de cinquante pieds dans les terres; puis, venant à se retirer, elle découvrait une grande partie du lit du rivage dont elle roulait les cailloux avec un bruit rauque et affreux, La mer, soulevée par le vent, grossissait à chaque instant, et tout le canal compris entre cette île et l'île d'Ambre n'était qu'une vaste nappe d'écumes blanches, creusée de vagues profondes. Ces écumes s'amassaient dans le fond des anses à plus de six pieds de hauteur, et le vent, qui en balayait la surface, les portait par-dessus l'escarpement du rivage à plus d'une demi-lieue dans les terres. A leurs flocons blancs et innombrables qui étaient chassés horizontalement jusqu'au pied des montagnes, on eût dit d'une neige qui sortait de la mer. L'horizon offrait tous les signes d'une longue tempête; la mer y paraissait confondue avec le ciel. Il s'en détachait sans cesse des nuages d'une forme horrible, qui traversaient le zénith avec la vitesse des oiseaux, tandis que d'autres y paraissaient immobiles comme de grands rochers. On n'apercevait aucune partie azurée du firmament; une lueur olivâtre et blafarde éclairait seule tous les objets de la terre, de la mer et des cieux.

Dans les balancements du vaisseau, ce qu'on craignait arriva : les câbles de son avant rompirent; et, comme il n'était plus retenu que par une seule aussière, il fut jeté sur les rochers à une demi-encâblure du rivage. Ce ne fut qu'un cri de douleur parmi nous. Paul allait s'élancer à la mer, lorsque je le saisis par le bras : « Mon fils, lui dis-je, voulez-vous périr? — Que j'aille à son secours, s'écria-t-il, ou que je meure! » Comme le désespoir lui ôtait la raison, pour prévenir sa perte, Domingue et moi lui attachâmes à la ceinture une longue corde dont nous saisîmes l'une des

extrémités. Paul alors s'avança vers le *Saint-Géran*, tantôt nageant, tantôt marchant sur les récifs. Quelquefois il avait l'espoir de l'aborder, car la mer, dans ses mouvements irréguliers, laissait le vaisseau presque à sec, de manière qu'on eût pu en faire le tour à pied; mais bientôt après, revenant sur ses pas avec une nouvelle furie, elle le couvrait d'énormes voûtes d'eau qui soulevaient tout l'avant de sa carène, et rejetaient bien loin sur le rivage le malheureux Paul, les jambes en sang, la poitrine meurtrie, et à demi noyé. A peine ce jeune homme avait-il repris l'usage de ses sens, qu'il se relevait et retournait avec une nouvelle ardeur vers le vaisseau, que la mer cependant entr'ouvrait par d'horribles secousses. Tout l'équipage, désespérant alors de son salut, se précipitait en foule à la mer, sur des vergues, des planches, des cages à poules, des tables et des tonneaux. On vit alors un objet digne d'une éternelle pitié : une jeune demoiselle parut dans la galerie de la pompe du *Saint-Géran*, tendant les bras vers celui qui faisait tant d'efforts pour la joindre. C'était Virginie. Elle avait reconnu son amant à son intrépidité. La vue de cette aimable personne, exposée à un si terrible danger, nous remplit de douleur et de désespoir. Pour Virginie, d'un port noble et assuré, elle nous faisait signe de la main, comme nous disant un éternel adieu. Tous les matelots s'étaient jetés à la mer. Il n'en restait plus qu'un sur le pont, qui était tout nu et nerveux comme Hercule. Il s'approcha de Virginie avec respect : nous le vîmes se jeter à ses genoux et s'efforcer même de lui ôter ses habits; mais elle, le repoussant avec dignité, détourna de lui sa vue. On enten-

dit aussitôt ces cris redoublés des spectateurs :
« Sauvez-la, sauvez-la, ne la quittez pas! » Mais
dans ce moment, une montagne d'eau d'une ef-
froyable grandeur s'engouffra entre l'île d'Ambre
et la côte, et s'avança en rugissant vers le vaisseau
qu'elle menaçait de ses flancs noirs et de ses sommets écumants.

A cette terrible vue, le matelot s'élança seul à
la mer; et Virginie, voyant la mort inévitable,

posa une main sur ses habits, l'autre sur son cœur, et, levant en haut des yeux sereins, parut un ange qui prend son vol vers les cieux.

O jour affreux! hélas! tout fut englouti. La lame jeta bien avant dans les terres une partie des spectateurs qu'un mouvement d'humanité avait portés à s'avancer vers Virginie, ainsi que le matelot qui l'avait voulu sauver à la nage. Cet homme, échappé à une mort certaine, s'age-

nouilla sur le sable, en disant : « O mon Dieu! vous m'avez sauvé la vie; mais je l'aurais donnée de bon cœur pour cette digne demoiselle qui n'a jamais voulu se déshabiller comme moi. » Domingue et moi nous retirâmes des flots le malheureux Paul, sans connaissance, rendant le sang par la bouche et par les oreilles. Le gouverneur le fit mettre entre les mains des chirurgiens ; et nous cherchâmes de notre côté, le long du rivage, si la mer n'y apportait point le corps de Virginie ; mais le vent ayant tourné subitement, comme il arrive dans les ouragans, nous eûmes le chagrin de penser que nous ne pourrions pas même rendre à cette fille infortunée les devoirs de la sépulture. Nous nous éloignâmes de ce lieu, accablés de consternation, tous l'esprit frappé d'une seule perte, dans un naufrage où un grand nombre de personnes avaient péri, la plupart doutant, d'après une fin aussi funeste d'une fille si vertueuse. qu'il existât une Providence ; car il y a des maux si terribles et si peu mérités, que l'espérance même du sage en est ébranlée.

Cependant on avait mis Paul, qui commençait à reprendre ses sens, dans une maison voisine, jusqu'à ce qu'il fût en état d'être transporté à son habitation. Pour moi, je m'en revins avec Domingue, afin de préparer la mère de Virginie et son amie à ce désastreux événement. Quand nous fûmes à l'entrée du vallon de la rivière des Lataniers, des noirs nous dirent que la mer jetait beaucoup de débris du vaisseau dans la baie vis-à-vis. Nous y descendîmes, et un des premiers objets que j'aperçus sur le rivage fut le corps de Virginie. Elle était à moitié couverte de sable, dans l'attitude où nous l'avions vue périr. Ses traits

n'étaient point sensiblement altérés. Ses yeux étaient fermés; mais la sérénité était encore sur son front : seulement les pâles violettes de la mort se confondaient sur ses joues avec les roses de la pudeur. Une de ses mains était sur ses habits, et l'autre, qu'elle appuyait sur son cœur, était fortement fermée et roidie. J'en dégageai avec peine une petite boîte; mais quelle fut ma surprise lorsque je vis que c'était le portrait de Paul, qu'elle lui avait promis de ne jamais abandonner tant qu'elle vivrait! A cette dernière marque de la constance et de l'amour de cette fille infortunée, je pleurai amèrement. Pour Domingue, il se frappait la poitrine, et perçait l'air de ses cris

douloureux. Nous portâmes le corps de Virginie dans une cabane de pêcheurs, où nous le donnâmes à garder à de pauvres femmes malabres, qui prirent soin de le laver.

Pendant qu'elles s'occupaient de ce triste office, nous montâmes à l'habitation. Nous y trouvâmes M^me de La Tour et Marguerite en prière, en attendant des nouvelles du vaisseau. Dès que M^me de La Tour m'aperçut, elle s'écria : « Où est ma fille, ma chère fille, mon enfant? » Ne pouvant douter de son malheur à mon silence et à mes larmes, elle fut saisie tout à coup d'étouffements et d'angoisses douloureuses; sa voix ne faisait plus entendre que des soupirs et des sanglots. Pour Marguerite, elle s'écria : « Où est mon fils? je ne vois point mon fils! » et elle s'évanouit.

Nous courûmes à elle; et, l'ayant fait revenir, je l'assurai que Paul était vivant, et que le gouverneur en faisait prendre soin. Elle ne reprit ses sens que pour s'occuper de son amie, qui tombait de temps en temps dans de longs évanouissements. M^me de La Tour passa toute la nuit dans ces cruelles souffrances; et, par leurs longues périodes, j'ai jugé qu'aucune douleur n'était égale à la douleur maternelle. Quand elle recouvrait la connaissance, elle tournait des regards fixes et mornes vers le ciel. En vain son amie et moi nous lui pressions les mains dans les nôtres, en vain nous l'appelions par les noms les plus tendres ; elle paraissait insensible à ces témoignages de notre ancienne affection, et il ne sortait de sa poitrine oppressée que de sourds gémissements.

Dès le matin, on apporta Paul, couché dans un

palanquin. Il avait repris l'usage de ses sens ; mais il ne pouvait proférer une parole. Son entrevue

avec sa mère et M^me de La Tour, que j'avais
d'abord redoutée, produisit un meilleur effet que
tous les soins que j'avais pris jusqu'alors. Un
rayon de consolation parut sur le visage de ces
deux malheureuses mères. Elles se mirent l'une
et l'autre auprès de lui, le saisirent dans leurs
bras, le baisèrent ; et leurs larmes, qui avaient été
suspendues jusqu'alors par l'excès de leur chagrin, commencèrent à couler. Paul y mêla bientôt
les siennes. La nature s'étant ainsi soulagée dans
ces trois infortunés, un long assoupissement succéda à l'état convulsif de leur douleur, et leur
procura un repos léthargique, semblable, à la
vérité, à celui de la mort.

M. de La Bourdonnaye m'envoya avertir secrètement que le corps de Virginie avait été apporté
à la ville par son ordre, et que de là on allait le
transférer à l'église des Pamplemousses. Je descendis aussitôt au Port-Louis, où je trouvai des
habitants de tous les quartiers rassemblés pour
assister à ses funérailles, comme si l'île eût perdu
en elle ce qu'elle avait de plus cher. Dans le port,
les vaisseaux avaient leurs vergues croisées, leurs

pavillons en berne, et tiraient du canon par longs intervalles. Des grenadiers ouvraient la marche du convoi. Ils portaient leurs fusils baissés; leurs tambours, couverts de longs crêpes, ne faisaient entendre que des sons lugubres, et on voyait l'abattement peint dans les traits de ces guerriers, qui avaient tant de fois affronté la mort dans les combats sans changer de visage. Huit jeunes demoiselles des plus considérables de l'île, vêtues de blanc, et tenant des palmes à la main, portaient le corps de leur vertueuse compagne, couvert de fleurs. Un chœur de petits enfants le suivait en chantant des hymnes; après eux venait tout ce que l'île avait de plus distingué dans ses habitants et dans son état-major, à la suite duquel marchait le gouverneur, suivi de la foule du peuple.

Voilà ce que l'administration avait ordonné pour rendre quelques honneurs à la vertu de Virginie. Mais, quand son corps fut arrivé au pied de cette montagne, à la vue de ces mêmes cabanes dont elle avait fait si longtemps le bonheur, et que sa mort remplissait maintenant de désespoir, toute la pompe funèbre fut dérangée : les hymnes et les chants cessèrent ; on n'entendit plus dans la plaine que des soupirs et des sanglots. On vit accourir alors des troupes de jeunes filles des habitations voisines pour faire toucher au cercueil de Virginie des mouchoirs, des chapelets et des couronnes de fleurs, en l'invoquant comme une sainte. Les mères demandaient à Dieu une fille comme elle ; les garçons, des amantes aussi constantes ; les pauvres, une amie aussi tendre ; les esclaves, une maîtresse aussi bonne.

Lorsqu'elle fut arrivée au lieu de la sépulture, des négresses de Madagascar et des Cafres de Mosambique déposèrent autour d'elle des paniers de fruits, et suspendirent des pièces d'étoffe aux arbres voisins, suivant l'usage de leur pays ; des Indiennes du Bengale et de la côte du Malabar apportèrent des cages pleines d'oiseaux auxquels elles donnèrent la liberté sur son corps : tant la perte d'un objet aimable intéresse toutes les nations ! et tant est grand le pouvoir de la vertu malheureuse, puisqu'elle réunit toutes les religions autour de son tombeau !

Il fallut mettre des gardes auprès de sa fosse, et en écarter quelques filles de pauvres habitants qui voulaient s'y jeter à toute force, disant qu'elles n'avaient plus de consolation à espérer dans le monde, et qu'il ne leur restait qu'à mourir avec celle qui était leur unique bienfaitrice.

On l'enterra près de l'église des Pamplemousses, sur son côté occidental, près d'une touffe de bambous, où, en venant à la messe avec sa mère et Marguerite, elle aimait à se reposer, assise à côté de celui qu'elle appelait alors son frère.

Au retour de cette pompe funèbre, M. de La Bourdonnaye monta ici, suivi d'une partie de son nombreux cortége. Il offrit à M^me de La Tour et à son amie tous les secours qui dépendaient de lui. Il s'exprima en peu de mots, mais avec indignation, contre sa tante dénaturée; et, s'approchant de Paul, il lui dit ce qu'il crut propre à le consoler : « Je désirais, lui dit-il, votre bonheur et celui de votre famille, Dieu m'en est témoin. Mon ami, il faut aller en France; je vous y ferai avoir du service. Dans votre absence j'aurai soin de votre mère comme de la mienne. » Et en même temps il lui présenta la main; mais Paul retira la sienne et détourna la tête pour ne le pas voir.

Pour moi, je restai dans l'habitation de mes amies infortunées, pour leur donner, ainsi qu'à Paul, tous les secours dont j'étais capable. Au bout de trois semaines, Paul fut en état de marcher; mais son chagrin paraissait augmenter à mesure que son corps reprenait des forces. Il était insensible à tout; ses regards étaient éteints, et il ne répondait rien à toutes les questions qu'on pouvait lui faire. M$^{me}$ de La Tour, qui était mourante, lui disait souvent : « Mon fils, tant que je vous verrai, je croirai voir ma chère Virginie. » A ce nom de Virginie, il tressaillait et s'éloignait d'elle, malgré les invitations de sa mère, qui le rappelait auprès de son amie. Il allait seul se retirer dans le jardin, et s'asseyait au pied du cocotier de Virginie, les yeux fixés sur sa fontaine. Le chirurgien du gouverneur, qui avait pris le plus

grand soin de lui et de ces dames, nous dit que pour le tirer de sa noire mélancolie, il fallait lui laisser faire tout ce qui lui plairait, sans le contrarier en rien ; qu'il n'y avait que ce seul moyen de vaincre le silence auquel il s'obstinait.

Je résolus de suivre son conseil. Dès que Paul sentit ses forces un peu rétablies, le premier usage qu'il en fit fut de s'éloigner de l'habitation. Comme je ne le perdais pas de vue, je me mis en marche après lui, je dis à Domingue de prendre des vivres et de nous accompagner. A mesure que ce jeune homme descendait de cette montagne, sa joie et ses forces semblaient renaître. Il prit d'abord le chemin des Pamplemousses; et quand il fut auprès de l'église, dans l'allée des bambous, il s'en fut droit au lieu où il vit de la terre fraîchement

remuée : là il s'agenouilla, et, levant les yeux au ciel, il fit une longue prière, Sa démarche me parut de bonne augure pour le retour de sa raison, puisque cette marque de confiance envers l'Être suprême faisait voir que son âme commençait à reprendre ses fonctions naturelles. Domingue et moi, nous nous mîmes à genoux à son exemple, et nous priâmes avec lui. Ensuite il se leva, et prit sa route vers le nord de l'île, sans faire beaucoup d'attention à nous. Comme je savais qu'il ignorait non-seulement où on avait déposé le corps de Virginie, mais même s'il avait été retiré de la mer, je lui demandai pourquoi il avait été prier Dieu au pied de ces bambous; il me répondit : « Nous y avons été si souvent ! »

Il continua sa route jusqu'à l'entrée de la forêt, où la nuit nous surprit. Là, je l'engageai par mon exemple à prendre quelque nourriture; ensuite nous dormîmes sur l'herbe au pied d'un arbre. Le lendemain, je crus qu'il se déterminerait à revenir sur ses pas. En effet, il regarda quelque temps dans la plaine l'église des Pamplemousses avec ses longues avenues de bambous, et il fit quelques mouvements comme pour y retourner; mais il s'enfonça brusquement dans la forêt, en dirigeant toujours sa route vers le nord. Je pénétrai son intention, et je m'efforçai en vain de l'en

distraire. Nous arrivâmes sur le milieu du jour au quartier de la Poudre-d'Or. Il descendit précipitamment au bord de la mer, vis-à-vis du lieu où avait péri le *Saint-Géran*. A la vue de l'île d'Ambre, et de son canal, alors uni comme un miroir, il s'écria : « Virginie! ô ma chère Virginie! » et aussitôt il tomba en défaillance. Domingue et moi nous le portâmes dans l'intérieur de la forêt, où nous le fîmes revenir avec bien de la peine. Dès qu'il eut repris ses sens, il voulut retourner sur les bords de la mer; mais l'ayant supplié de ne pas renouveler sa douleur et la nôtre par de si cruels ressouvenirs, il prit une autre direction. Enfin, pendant huit jours, il se rendit dans tous les lieux où il s'était trouvé avec la compagne de son enfance. Il parcourut le sentier par où elle avait été demander la grâce de l'esclave de la Rivière-Noire; il revit ensuite les bords de la rivière des Trois-Mamelles, où elle s'assit, ne pouvant plus marcher, et la partie du bois où elle s'était égarée. Tous les lieux qui lui rappelaient les inquiétudes, les jeux, les repas, la bienfaisance de sa bien-aimée; la rivière de la Montagne-Longue, ma petite maison, la cascade voisine, le papayer qu'elle avait planté, les pelouses où elle aimait à courir, les carrefours de la forêt où elle se plaisait à chanter, firent tour à tour couler ses larmes; et les mêmes échos qui avaient retenti tant de fois de leurs cris de joie communs, ne répétaient plus maintenant que ces mots douloureux : « Virginie! ô ma chère Virginie! »

Dans cette vie sauvage et vagabonde, ses yeux se cavèrent, son teint jaunit, et sa santé s'altéra de plus en plus. Persuadé que le sentiment de nos maux redouble par le souvenir de nos plaisirs, et que les passions s'accroissent dans la solitude, je résolus d'éloigner mon infortuné ami des lieux qui lui rappelaient le souvenir de sa perte, et de le transférer dans quelque endroit de l'île où il y eût beaucoup de dissipation. Pour cet effet, je le conduisis sur les hauteurs habitées du quartier de Williams, où il n'avait jamais été. L'agriculture et le commerce répandaient dans cette partie de l'île beaucoup de mouvement et de variété. Il y avait des troupes de charpentiers qui équarrissaient des bois, et d'autres qui les sciaient en planches; des voitures allaient et venaient le long de ses chemins; de grands troupeaux de bœufs et de chevaux y paissaient dans de vastes pâturages, et la campagne y était parsemée d'habitations. L'élévation du sol y permettait en plusieurs lieux la culture de diverses espèces de végétaux de l'Europe. On y voyait çà et là des moissons de blé dans la plaine, des tapis de fraisiers dans les éclaircies des bois, et des haies de rosiers le long des routes. La fraîcheur de l'air, en donnant de la tension aux nerfs, y était même favorable à la santé des blancs. De ces hauteurs, situées vers le milieu de l'île, et entourées de grands bois, on n'apercevait ni la mer, ni le Port-Louis, ni l'église des Pamplemousses, ni rien qui pût rappeler à Paul le souvenir de Virginie. Les montagnes mêmes, qui présentent différentes branches du côté du Port-Louis, n'offrent plus du côté des plaines de Williams qu'un vaste promontoire en ligne droite et perpendiculaire, d'où s'élèvent plusieurs longues pyramides de rochers où se rassemblent les nuages.

Ce fut donc dans ces plaines que je conduisis Paul. Je le tenais sans cesse en action, marchant avec lui au soleil et à la pluie, de jour et de nuit, l'égarant exprès dans les bois, les défrichés, les champs, afin de distraire son esprit par la fatigue de son corps, et de donner le change à ses réflexions par l'ignorance du lieu où nous étions et du chemin que nous avions perdu. Mais l'âme d'un amant retrouve partout les traces de l'objet aimé. La nuit et le jour, le calme des solitudes et le bruit des habitations, le temps même qui emporte tant de souvenirs, rien ne put l'en écarter. Comme l'aiguille touchée de l'aimant, elle a beau être agitée, dès qu'elle rentre dans son repos, elle se tourne vers le pôle qui l'attire. Quand je demandais à Paul, égaré au milieu des plaines de Williams : « Où irons-nous maintenant? » il se tournait vers le nord, et me disait : « Voilà nos montagnes, retournons-y. »

Je vis bien que tous les moyens que je tentais pour le distraire étaient inutiles, et qu'il ne me

restait d'autre ressource que d'attaquer sa passion en elle-même, en y employant toutes les forces de ma faible raison. Je lui répondis donc : « Oui, voilà les montagnes où demeurait votre chère Virginie, et voilà le portrait que vous lui aviez donné, et qu'en mourant elle portait sur son cœur, dont les derniers mouvements ont encore été pour vous. » Je présentai alors à Paul le petit portrait qu'il avait donné à Virginie, au bord de la fontaine des Cocotiers. A cette vue, une joie funeste parut dans ses regards. Il saisit avidement ce portrait de ses faibles mains, et le porta sur sa bouche. Alors sa poitrine s'oppressa, et, dans ses yeux à demi sanglants, des larmes s'arrêtèrent sans pouvoir couler.

Je lui dis : « Mon fils, écoutez-moi, qui suis votre ami, qui ai été celui de Virginie, et qui, au milieu de vos espérances, ai souvent tâché de fortifier votre raison contre les accidents imprévus de la vie. Que déplorez-vous avec tant d'amertume ? est-ce votre malheur ? est-ce celui de Virginie ?

« Votre malheur ? Oui, sans doute, il est grand. Vous avez perdu la plus aimable des filles, qui aurait été la plus digne des femmes. Elle avait sacrifié ses intérêts aux vôtres, et vous avait préféré à la fortune, comme la seule récompense digne de sa vertu. Mais que savez-vous si l'objet de qui vous deviez attendre un bonheur si pur n'eût pas été pour vous la source d'une infinité de peines? Elle était sans bien, et déshéritée; vous n'aviez désormais à partager avec elle que votre seul travail. Revenue plus délicate par son éducation, et plus courageuse par son malheur même, vous l'auriez vue chaque jour succomber, en s'efforçant de partager vos fatigues. Quand elle vous aurait donné des enfants, ses peines et les vôtres auraient augmenté, par la difficulté de soutenir seule avec vous de vieux parents et une famille naissante.

« Vous me direz : Le gouverneur nous aurait aidés. Que savez-vous si, dans une colonie qui change si souvent d'administrateurs, vous aurez souvent des La Bourdonnaye? s'il ne viendra pas ici des chefs sans mœurs et sans morale? si, pour obtenir quelque misérable secours, votre épouse n'eût pas été obligée de leur faire sa cour? Ou elle eût été faible, et vous eussiez été à plaindre;

ou elle eût été sage, et vous fussiez resté pauvre : heureux si, à cause de sa beauté et de sa vertu, vous n'eussiez pas été persécuté par ceux mêmes de qui vous espériez de la protection !

« Il me fût resté, me direz-vous, le bonheur, indépendant de la fortune, de protéger l'objet aimé qui s'attache à nous à proportion de sa faiblesse même; de le consoler par mes propres inquiétudes; de le réjouir de ma tristesse, et d'accroître notre amour de nos peines mutuelles. Sans doute, la vertu et l'amour jouissent de ces plaisirs amers. Mais elle n'est plus; et il vous reste ce qu'après vous elle a le plus aimé, sa mère et la vôtre, que votre douleur inconsolable conduira au tombeau. Mettez votre bonheur à les aider, comme elle l'y avait mis elle-même. Mon fils, la bienfaisance est le bonheur de la vertu; il n'y en a point de plus assuré ni de plus grand sur la terre. Les projets de plaisirs, de repos, de délices, d'abondance, de gloire, ne sont point faits pour l'homme, faible, voyageur et passager. Voyez comme un pas vers la fortune nous a précipités tous d'abîme en abîme. Vous vous y êtes opposé, il est vrai; mais qui n'eût pas cru que le voyage de Virginie devait se terminer par son bonheur et par le vôtre? Les invitations d'une parente riche et âgée, les conseils d'un sage gouverneur, les applaudissements d'une colonie, les exhortations et l'autorité d'un prêtre, ont décidé du malheur de Virginie. Ainsi nous courons à notre perte, trompés par la prudence même de ceux qui nous gouvernent. Il eût mieux valu sans doute ne pas les croire, ni se fier à la voix et aux espérances d'un monde trompeur. Mais enfin, de tant d'hommes que nous voyons si occupés dans ces plaines, de tant d'autres qui vont chercher la fortune aux Indes, ou qui, sans sortir de chez eux, jouissent en repos, en Europe, des travaux de ceux-ci, il n'y en a aucun qui ne soit destiné à perdre un jour ce qu'il chérit le plus, grandeur, fortune, femme, enfants, amis. La plupart auront à joindre à leur perte le souvenir de leur propre imprudence. Pour vous, en rentrant en vous-même, vous n'avez rien à vous reprocher. Vous avez été fidèle à votre foi. Vous avez eu à la fleur de la jeunesse la prudence d'un sage, en ne vous écartant pas du sentiment de la nature. Vos vues seules étaient légitimes, parce qu'elles étaient pures, simples, désintéressées, et que vous aviez sur Virginie des droits sacrés qu'aucune fortune ne pouvait balancer. Vous l'avez perdue, et ce n'est ni votre imprudence, ni votre avarice, ni votre fausse sagesse, qui vous l'ont fait perdre, mais Dieu même, qui a employé les passions d'autrui pour vous ôter l'objet de votre amour; Dieu, de qui vous tenez tout, qui voit tout ce qui vous convient, et dont la sagesse ne vous laisse aucun lieu au repentir et au désespoir, qui marchent à la suite des maux dont nous avons été la cause.

« Voilà ce que vous pouvez vous dire dans votre infortune : Je ne l'ai pas méritée. Est-ce donc le malheur de Virginie, sa fin, son état présent, que vous déplorez? Elle a subi le sort réservé à la naissance, à la beauté et aux empires même. La vie de l'homme, avec tous ses projets, s'élève comme une petite tour dont la mort est le couronnement. En naissant, elle était condamnée à mourir. Heureuse d'avoir dénoué les liens de la vie avant sa mère, avant la vôtre avant vous, c'est-à-dire de n'être pas morte plusieurs fois avant la dernière !

« La mort, mon fils, est un bien pour tous les hommes; elle est la nuit de ce jour inquiet qu'on appelle la vie. C'est dans le sommeil de la mort que reposent pour jamais les maladies, les douleurs, les chagrins, les craintes, qui agitent sans cesse les malheureux vivants. Examinez les hommes qui paraissent le plus heureux : vous verrez qu'ils ont acheté leur prétendu bonheur bien chèrement : la considération publique, par des maux domestiques; la fortune, par la perte de la santé; le plaisir si rare d'être aimé, par des sacrifices continuels : et souvent, à la fin d'une vie sacrifiée aux intérêts d'autrui, ils ne voient autour d'eux que des amis faux et des parents ingrats. Mais Virginie a été heureuse jusqu'au dernier moment. Elle l'a été avec nous par les biens de la nature; loin de nous, par ceux de la vertu : et, même, dans le moment terrible où nous l'avons vue périr, elle était encore heureuse; car, soit qu'elle jetât les yeux sur une colonie entière, à qui elle causait une désolation universelle, ou sur vous, qui couriez avec tant d'intrépidité à son secours, elle a vu combien elle nous était chère à tous. Elle s'est fortifiée contre l'avenir par le souvenir de l'innocence de sa vie ; et elle a reçu alors le prix que le Ciel réserve à la vertu, un courage supérieur au danger. Elle a présenté à la mort un visage serein.

« Mon fils, Dieu donne à la vertu tous les événements de la vie à supporter, pour faire voir qu'elle seule peut en faire usage, et y trouver du bonheur et de la gloire. Quand il lui réserve une réputation illustre, il l'élève sur un grand théâtre, et la met aux prises avec la mort ; alors son courage sert d'exemple, et le souvenir de ses malheurs reçoit à jamais un tribut de larmes de la postérité. Voilà le monument immortel qui lui est réservé sur une terre où tout passe, et où la mémoire même de la plupart des rois est bientôt ensevelie dans un éternel oubli.

« Mais Virginie existe encore. Mon fils, voyez que tout change sur la terre, et que rien ne s'y perd. Aucun art humain ne pourrait anéantir la plus petite particule de matière ; et ce qui fut raisonnable, sensible, aimant, vertueux, religieux, aurait péri, lorsque les éléments dont il était revêtu sont indestructibles! Ah! si Virginie a été heureuse avec nous, elle l'est maintenant bien davantage. Il y a un Dieu, mon fils : toute la nature l'annonce; je n'ai pas besoin de vous le prouver. Il n'y a que la méchanceté des hommes qui leur fasse nier une justice qu'ils craignent. Son sentiment est dans votre cœur, ainsi que ses ouvrages sont sous vos yeux. Croyez-vous donc qu'il laisse Virginie sans récompense? Croyez-vous que cette même puissance, qui avait revêtu cette âme si noble d'une forme si belle, où vous sentiez un art divin, n'aurait pu la tirer des flots? que celui qui a arrangé le bonheur actuel des hommes par des lois que vous ne connaissez pas, ne puisse en préparer un autre à Virginie par des lois qui vous sont également inconnues? Quand nous étions dans le néant, si nous eussions été capables de penser, aurions-nous pu nous former une idée de notre existence? Et maintenant que nous sommes dans cette existence ténébreuse et fugitive, pouvons-nous prévoir ce qu'il y a au delà de la mort, par où nous en devons sortir? Dieu a-t-il besoin, comme l'homme, du petit globe de notre terre pour servir de théâtre à son intelligence et à sa bonté ; et n'a-t-il pu propager la vie humaine que dans les champs de la mort? Il n'y a pas dans l'Océan une seule goutte d'eau qui ne soit pleine d'êtres vivants qui ressortissent à nous; et il n'existerait rien pour nous parmi tant d'astres qui roulent sur nos têtes ! Quoi ! il n'y aurait d'intelligence suprême et de bonté divine, précisément que là où nous sommes ! et dans ces globes rayonnants et innombrables, dans ces champs infinis de lumière qui les environnent, que ni les orages ni les nuits n'obscurcissent jamais, il n'y aurait qu'un espace vain et un néant éternel ! Si nous, qui ne nous sommes rien donné, osions assigner des bornes à la puissance de laquelle nous avons tout reçu, nous pourrions croire que nous sommes ici sur les limites de son empire, où la vie se débat avec la mort, et l'innocence avec la tyrannie !

« Sans doute, il est quelque part un lieu où la vertu reçoit sa récompense. Virginie maintenant est heureuse. Ah! si du séjour des anges elle pouvait se communiquer à vous, elle vous dirait, comme dans ses adieux : O Paul! la vie n'est qu'une épreuve. J'ai été trouvée fidèle aux lois de la nature, de l'amour et de la vertu. J'ai traversé les mers pour obéir à mes parents, j'ai renoncé aux richesses pour conserver ma foi, et j'ai mieux aimé perdre la vie que de violer la pudeur. Le ciel a trouvé ma carrière suffisamment remplie. J'ai échappé pour toujours à la pauvreté, à la calomnie, aux tempêtes, au spectacle des douleurs d'autrui. Aucun des maux qui effrayent les hommes ne peut plus désormais m'atteindre ; et vous me plaignez ! Je suis pure et inaltérable comme une particule de lumière ; et vous me rappelez dans la nuit de la vie! O Paul! ô mon ami, souviens-toi de ces jours de bonheur, où dès le matin nous goûtions la volupté des cieux, se levant avec le soleil sur les pitons de ces rochers, et se répandant avec ses rayons au sein de nos forêts. Nous éprouvions un ravissement dont nous ne pouvions comprendre la cause. Dans nos souhaits innocents, nous désirions être tout vue, pour jouir des riches couleurs de l'aurore; tout odorat, pour sentir les parfums de nos plantes; tout ouïe, pour entendre les concerts de nos oiseaux; tout cœur, pour reconnaître ces bienfaits. Maintenant à la source de la beauté d'où découle tout ce qui est agréable sur la terre, mon âme voit, goûte, entend, touche immédiatement ce qu'elle ne pouvait sentir alors que par de faibles organes. Ah! quelle langue pourrait décrire ces rivages d'un orient éternel, que j'habite pour toujours? Tout ce qu'une puissance infinie et une bonté céleste ont pu créer pour consoler un être malheureux; tout ce que l'amitié d'une infinité d'êtres, réjouis de la même félicité, peut mettre d'harmonie dans des transports communs, nous l'éprouvons sans mélange. Soutiens donc l'épreuve qui t'est donnée, afin d'accroître le bonheur de ta Virginie par des amours qui n'auront plus de terme, par un hymen dont les flambeaux ne pourront plus s'éteindre. Là, j'apaiserai tes regrets; là, j'essuierai tes larmes. O mon ami! mon jeune époux! élève ton âme vers l'infini pour supporter des peines d'un moment. »

Ma propre émotion mit fin à mon discours. Pour Paul, me regardant fixement, il s'écria : « Elle n'est plus ! elle n'est plus ! » et une longue faiblesse succéda à ces douloureuses paroles. En-

suite, revenant à lui, il dit : « Puisque la mort est un bien, et que Virginie est heureuse, je veux aussi mourir pour me rejoindre à Virginie. » Ainsi mes motifs de consolations ne servirent qu'à nourrir son désespoir. J'étais comme un homme qui veut sauver son ami coulant à fond au milieu d'un fleuve sans vouloir nager. La douleur l'avait submergé. Hélas! les malheurs du premier âge préparent l'homme à entrer dans la vie, et Paul n'en avait jamais éprouvé.

Je le ramenai à son habitation. J'y trouvai sa mère et Mme de La Tour dans un état de langueur qui avait encore augmenté. Marguerite était la plus abattue. Les caractères vifs, sur lesquels

glissent les peines légères, sont ceux qui résistent le moins aux grands chagrins.

Elle me dit : « O mon bon voisin ! il m'a semblé, cette nuit, voir Virginie vêtue de blanc, au milieu de bocages et de jardins délicieux. Elle m'a dit : Je jouis d'un bonheur digne d'envie. Ensuite, elle s'est approchée de Paul d'un air riant, et l'a enlevé avec elle. Comme je m'efforçais de retenir mon fils, j'ai senti que je quittais moi-même la terre, et que je le suivais avec un bonheur inexprimable. Alors j'ai voulu dire adieu à mon amie ; aussitôt je l'ai vue qui nous suivait avec Marie et Domingue. Mais ce que je trouve encore de plus étrange, c'est que M$^{me}$ de La Tour a fait, cette même nuit, un songe accompagné des mêmes circonstances. »

Je lui répondis : « Mon amie, je crois que rien n'arrive dans le monde sans la permission de Dieu. Les songes annoncent quelquefois la vérité. »

M$^{me}$ de La Tour me fit le récit d'un songe tout à fait semblable, quelle avait eu cette même nuit. Je n'avais jamais remarqué dans ces deux dames aucun penchant à la superstition ; je fus donc frappé de la concordance de leur songe, et je ne doutai pas en moi-même qu'il ne vînt à se réaliser. Cette opinion, que la vérité se présente quelquefois à nous pendant le sommeil, est répandue chez tous les peuples de la terre. Les plus grands hommes de l'antiquité y ont ajouté foi; entres autres Alexandre, César, les Scipions, les deux Catons et Brutus, qui n'étaient pas des esprits faibles. L'Ancien et le Nouveau Testament nous fournissent quantité d'exemples de songes qui se sont réalisés. Pour moi, je n'ai besoin, à cet égard, que de ma propre expérience; et j'ai éprouvé plus d'une fois que les songes sont des avertissements que nous donne quelque intelligence qui s'intéresse à nous. Que si l'on veut combattre ou défendre, avec des raisonnements, des choses qui surpassent la lumière de la raison humaine, c'est ce qui n'est pas possible. Cependant, si la raison de l'homme n'est qu'une image de celle de Dieu, puisque l'homme a bien le pouvoir de faire parvenir ses intentions jusqu'au bout du monde par des moyens secrets et cachés, pourquoi l'intelligence qui gouverne l'univers n'en emploierait-elle pas de semblables pour la même fin? Un ami console son ami par une lettre qui traverse une multitude de royaumes, circule au milieu des haines des nations, et vient apporter de la joie et de l'espérance à un seul homme; pourquoi le souverain protecteur de l'innocence ne peut-il venir, par quelque voie secrète, au secours d'une âme vertueuse qui ne met sa confiance qu'en lui seul? A-t-il besoin d'employer quelque signe extérieur pour exécuter sa volonté, lui qui agit sans cesse dans tous ses ouvrages par un travail intérieur?

Pourquoi douter des songes? La vie, remplie de tant de projets passagers et vains, est-elle autre chose qu'un songe?

Quoi qu'il en soit, celui de mes amies infortunées se réalisa bientôt. Paul mourut deux mois après la mort de sa chère Virginie, dont il prononçait sans cesse le nom. Marguerite vit venir sa fin huit jours après celle de son fils, avec une joie qu'il n'est donné qu'à la vertu d'éprouver. Elle fit les plus tendres adieux à M*me* de La Tour, « dans l'espérance, lui dit-elle, d'une douce et éternelle réunion. La mort est le plus grand des biens, ajouta-t-elle; on doit la désirer. Si la vie est une punition, on doit en souhaiter la fin; si c'est une épreuve, on doit la demander courte. »

Le gouvernement prit soin de Domingue et de Marie, qui n'étaient plus en état de servir, et qui ne survécurent pas longtemps à leurs maîtresses.

Pour le pauvre Fidèle, il était mort de langueur à peu près dans le même temps que son maître.

J'emmenai chez moi M^me de La Tour, qui se soutenait au milieu de si grandes pertes avec une grandeur d'âme incroyable. Elle avait consolé Paul et Marguerite jusqu'au dernier instant, comme si elle n'avait eu que le malheur à supporter. Quand elle ne les vit plus, elle m'en parlait chaque jour comme d'amis chéris qui étaient dans le voisinage. Cependant, elle ne leur survécut que d'un mois. Quant à sa tante, loin de lui reprocher ses maux, elle priait Dieu de les lui pardonner, et d'apaiser les troubles affreux d'esprit où nous apprîmes qu'elle était tombée immédiatement après quelle eut renvoyé Virginie avec tant d'inhumanité.

Cette parente dénaturée ne porta pas loin la punition de sa dureté. J'appris, par l'arrivée successive de plusieurs vaisseau, qu'elle était agitée de vapeurs qui lui rendaient la vie et la mort également insupportables. Tantôt elle se reprochait la fin prématurée de sa charmante petite-nièce, et la perte de sa mère qui s'en était suivie. Tantôt elle s'applaudissait d'avoir repoussé loin d'elle deux malheureuses, qui disait-elle, avaient déshonoré sa maison par la bassesse de leurs inclinations. Quelquefois, se mettant en fureur à la vue de ce grand nombre de misérables dont Paris est rempli : « Que n'envoie-t-on, s'écriait-elle, ces fainéants périr dans nos colonies ? » Elle ajoutait que les idées d'humanité, de vertu, de religion, adoptées par tous les peuples, n'étaient que des inventions de la politique de leurs princes. Puis, se jetant tout à coup dans une extrémité opposée, elle s'abandonnait à des terreurs superstitieuses qui la remplissaient de frayeurs mortelles. Elle courait porter d'abondantes aumônes à de riches moines qui la dirigeaient, les suppliant d'apaiser la Divinité par le sacrifice de sa fortune : comme si des biens qu'elle avait refusés aux malheureux pouvaient plaire au Père des hommes! Souvent son imagination lui représentait des campagnes de feu, des montagnes ardentes, où des spectres hideux erraient en l'appelant à grands cris. Elle se jetait aux pieds de ses directeurs, et elle imaginait contre elle-même des tortures et des supplices : car le ciel, le juste ciel, envoie aux âmes cruelles des religions effroyables.

Ainsi elle passa plusieurs années, tour à tour athée et superstitieuse, ayant également en horreur la mort et la vie. Mais ce qui acheva la fin d'une si déplorable existence, fut le sujet même auquel elle avait sacrifié les sentiments de la nature. Elle eut le chagrin de voir que sa fortune passerait, après elle, à des parents qu'elle haïssait. Elle chercha donc à en aliéner la meilleure

partie; mais ceux-ci profitant des accès de vapeurs auxquels elle était sujette, la firent enfermer comme folle, et mettre ses biens en direction.

Ainsi ses richesses mêmes achevèrent sa perte; et, comme elles avaient endurci le cœur de celle qui les possédait, elles dénaturèrent de même le cœur de ceux qui les désiraient. Elle mourut donc, et ce qui est le comble du malheur, avec assez d'usage de sa raison pour connaître qu'elle était dépouillée et méprisée par les mêmes personnes dont l'opinion l'avait dirigée toute sa vie.

On a mis auprès de Virginie, au pied des mêmes roseaux, son ami Paul, et autour d'eux leurs tendres mères et leurs fidèles serviteurs. On n'a point élevé de marbres sur leurs humbles tertres, ni gravé d'inscriptions à leur vertus; mais leur mémoire est resté ineffaçable dans le cœur de ceux qu'ils ont obligés. Leurs ombres n'ont pas besoin de l'éclat qu'ils ont fui pendant leur vie; mais si elles s'intéressent encore à ce qui se passe sur la terre, sans doute elles aiment à errer sous les toits de chaume qu'habite la vertu laborieuse; à consoler la pauvreté mécontente de son sort; à nourrir dans les jeunes amants une flamme durable, le goût des biens naturels, l'amour du travail et la crainte des richesses.

La voix du peuple, qui se tait sur les monuments élevés à la gloire des rois, a donné à quelques parties de cette île des noms qui éterniseront la perte de Virginie. On voit près de l'île d'Ambre, au milieu des écueils, un lieu appelé la Passe du Saint-Géran, du nom de ce vaisseau qui y périt en la ramenant d'Europe.

L'extrémité de cette longue pointe de terre que vous apercevez à trois lieues d'ici, à demi couverte des flots de la mer, que le *Saint-Géran* ne put doubler, la veille de l'ouragan, pour entrer dans le port, s'appelle le Cap malheureux; et voici devant nous, au bout de ce vallon, la Baie du Tombeau, où Virginie fut trouvée ensevelie dans le sable; comme si la mer eût voulu rapporter son corps à sa famille, et rendre les derniers devoirs à sa pudeur sur les mêmes rivages qu'elle avait honorés de son innocence.

Jeunes gens si tendrement unis! mères infortunées! chère famille! ces bois qui vous donnaient leurs ombrages, ces fontaines qui coulaient pour vous, ces coteaux où vous reposiez ensemble, déplorent encore votre perte

Nul, depuis vous, n'a osé cultiver cette terre désolée, ni relever ces humbles cabanes. Vos chèvres sont devenues sauvages; vos vergers sont détruits; vos oiseaux sont enfuis, et on n'entend

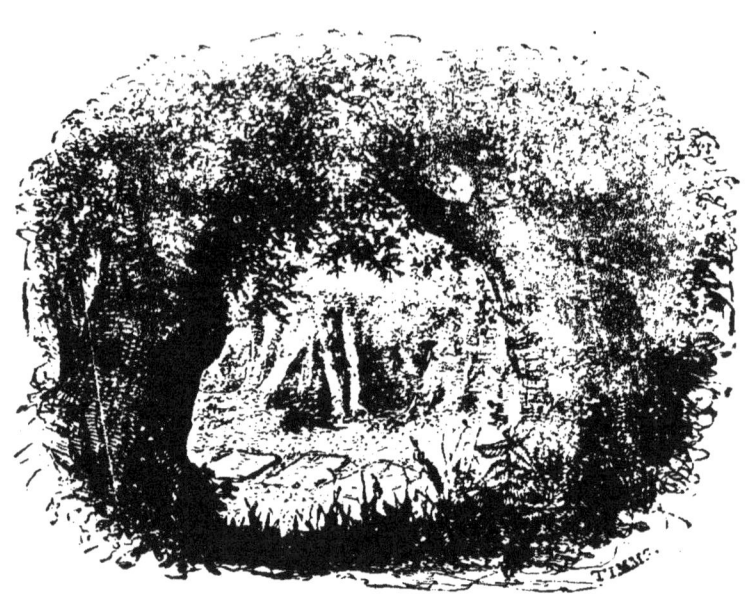

plus que les cris des éperviers qui volent en rond au haut de ce bassin de rochers.

Pour moi, depuis que je ne vous vois plus, je suis comme un ami qui n'a plus d'amis, comme un père qui a perdu ses enfants, comme un voyageur qui erre sur la terre, où je suis resté seul.

En disant ces mots, ce bon vieillard s'éloigna en versant des larmes; et les miennes avaient coulé plus d'une fois pendant ce funeste récit.

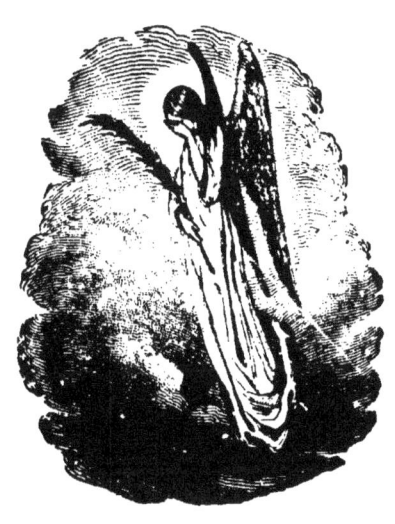

# LA
# CHAUMIÈRE
## INDIENNE

LA

# CHAUMIÈRE INDIENNE

Il y a environ trente ans qu'il se forma à Londres une compagnie de savants anglais qui entreprit d'aller chercher, dans diverses parties du monde, des lumières sur toutes les sciences afin d'éclairer les hommes et de les rendre plus heureux. Elle était défrayée par une compagnie de souscripteurs de la même nation, composée de négociants, de lords, d'évêques, d'universités, et de la famille royale d'Angleterre, à laquelle se joignirent quelques souverains du nord de l'Europe. Ces savants étaient au nombre de vingt; et la Société royale de Londres avait donné à chacun d'eux un volume contenant l'état des questions dont ils devaient rapporter les solutions. Ces questions montaient au nombre de trois mille cinq cents. Quoiqu'elles fussent toutes différentes pour chacun de ces docteurs, et convenables au pays où ils devaient voyager, elles étaient toutes liées entre elles, en sorte que la lumière répandue sur l'une devait nécessairement s'étendre sur toutes les autres. Le président de la Société royale, qui les avait rédigées à l'aide de ses confrères, avait fort bien senti que l'éclaircissement d'une difficulté dépend souvent de la solution d'une autre, et celle-ci d'une précédente; ce qui mène, dans la recherche de la vérité, bien plus loin qu'on ne pense.

Enfin, pour me servir des expressions mêmes

employées par le président dans leurs instructions, c'était le plus superbe édifice encyclopédique qu'aucune nation eût encore élevé au progrès des connaissances humaines; ce qui prouve bien, ajoutait-il, la nécessité des corps académiques pour mettre de l'ensemle dans les vérités dispersées par toute la terre.

Chacun de ces savants voyageurs avait, outre son volume de questions à éclaircir, la commission d'acheter, chemin faisant, les plus anciens exemplaires de la Bible et les manuscrits les plus rares en tout genre, ou au moins de ne rien épargner pour s'en procurer de bonnes copies. Pour cela, leurs souscripteurs leur avaient procuré à tous des lettres de recommandation pour les consuls, ministres et ambassadeurs de la Grande-Bretagne qu'ils devaient trouver sur leur route, et, ce qui vaut encore mieux, de bonnes lettres de change, endossées par les plus fameux banquiers de Londres.

Le plus savant de ces docteurs, qui savait l'hébreu, l'arabe et l'indou, fut envoyé par terre aux Indes orientales, le berceau de tous les arts et de toutes les sciences. Il prit d'abord son chemin par la Hollande, et visita successivement la synagogue d'Amsterdam et le synode de Dordrecht; en France, la Sorbonne et l'Académie des sciences de Paris, en Italie, quantités d'académies, de muséums et de bibliothèques entre autres le muséum de Florence, la bibliothèque de Saint-Marc, à Venise; et à Rome, celle du Vatican. Étant à Rome, il balança si, avant de se diriger vers l'Orient, il irait en Espagne consulter la fameuse université de Salamanque; mais dans la crainte

de l'Inquisition, il aima mieux s'embarquer tout droit pour la Turquie. Il passa donc à Constanti-

nople, où, pour son argent, un effendi le mit à
même de feuilleter tous les livres de la mosquée
de Sainte-Sophie.

De là il fut en Égypte, chez les Cophtes; puis
chez les Maronites du mont Liban, les moines du
mont Carmel; de là à Sana, en Arabie; ensuite à
Ispahan, à Kandahar, Delhi, Agra; enfin, après
trois ans de courses, il arriva sur les bords du
Gange, à Bénarès, l'Athènes des Indes, où il con-
féra avec les brames. Sa collection d'anciennes
éditions, de livres originaux, de manuscrits rares,
de copies, d'extraits et d'annotations en tout
genre, se trouva alors la plus considérable qu'aucun particulier eût jamais faite. Il suffit de dire
qu'elle composait quatre-vingt-dix ballots pesant
ensemble neuf mille cinq cent quarante-cinq
livres, poids de Troyes[1]. Il était sur le point de
s'embarquer pour Londres avec une si riche car-
gaison de lumières, plein de joie d'avoir surpassé
les espérances de la Société royale, lorsqu'une

1. Le poids de Troyes, autrement dit livre de Troyes ou troyenne (en anglais *Pound-Troy*), est de douze onces, poids de marc.

réflexion toute simple vint l'accabler de chagrin.

Il pensa qu'après avoir conféré avec les rabbins juifs, les ministres protestants, les surintendants des églises luthériennes, les docteurs catholiques, les académiciens de Paris, de la Crusca, des Arcades, et de vingt-quatre autres des plus célèbres académies d'Italie, les papas grecs, les molhas turcs, les verbiests arméniens, les seidres et les casys persans, les scheiks arabes, les anciens parsis, les pandects indiens, loin d'avoir éclairci aucune des trois mille cinq cents questions de la Société royale, il n'avait contribué qu'à en multiplier les doutes; et comme elles étaient toutes liées les unes aux autres, il s'ensuivait, au contraire de ce qu'avait pensé son illustre président, que l'obscurité d'une solution obscurcissait l'évidence d'une autre; que les vérités les plus claires étaient devenues tout à fait problématiques; et qu'il était même impossible d'en démêler aucune dans ce vaste labyrinthe de réponses et d'autorités contradictoires.

Le docteur en jugeait par un simple aperçu. Parmi ces questions, il y en avait à résoudre deux cents sur la théologie des Hébreux; quatre cent quatre-vingts sur celles des diverses communions de l'Église grecque et de l'Église romaine; trois cent douze sur l'ancienne religion des brames; cinq cent huit sur la langue sanscrite ou sacrée; trois sur l'état actuel du peuple indien; deux cent onze sur le commerce des Anglais aux Indes; sept cent vingt-neuf sur les anciens monuments des îles d'Éléphanta et de Salsette, dans le voisinage de l'île de Bombay; cinq sur l'antiquité du monde; six cent soixante-treize sur l'origine de l'ambre gris et sur les propriétés des diverses espèces de bézoards; une sur les causes non encore examinées du cours de l'océan Indien, qui flue six mois vers l'orient et six mois vers l'occident; et trois cent soixante-dix-huit sur les sources et les inondations périodiques du Gange. A cette occasion, le docteur était invité de recueillir sur sa route tout ce qu'il pourrait, touchant les sources et les inondations du Nil, qui occupaient les savants de l'Europe depuis tant de siècles. Mais il jugea cette matière suffisamment débattue, et étrangère d'ailleurs à sa mission. Or, sur chacune des questions proposées par la Société royale, il apportait, l'une dans l'autre, cinq solutions différentes, qui, pour les trois mille cinq cents questions, donnaient dix-sept mille cinq cents réponses ; et, en supposant que chacun de ses dix-neuf confrères en rapportât autant de son côté, il s'ensuivait que la Société royale aurait trois cent cinquante mille difficultés à résoudre avant de pouvoir établir aucune vérité sur une base solide.

Ainsi, toute leur collection, loin de faire converger chaque proposition vers un centre commun, suivant les termes de leur instruction, les ferait, au contraire diverger l'une de l'autre, sans qu'il fût possible de les rapprocher. Une autre réflexion faisait encore plus de peine au docteur : c'est que, quoiqu'il eût employé dans ces laborieuses recherches tout le sang-froid de son pays et une politesse qui lui était particulière, il s'était fait des ennemis implacables de la plupart des docteurs avec lesquels il avait argumenté. « Que deviendra donc, disait-il, le repos de mes compatriotes, quand je leur aurai rapporté dans mes quatre-vingt-dix ballots, au lieu de la vérité, de nouveaux sujets de doutes et de disputes? »

Il était au moment de s'embarquer pour l'Angleterre, plein de perplexité et d'ennui, lorsque les brames de Bénarès lui apprirent que le brame supérieur de la fameuse pagode de Jagrenat, ou Jagernat, située sur la côte d'Orixa, au bord de la mer, près d'une des embouchures du Gange, était seul capable de résoudre toutes les questions de la Société royale de Londres.

C'était en effet le plus fameux pandect, ou docteur, dont on eût jamais entendu parler : on venait le consulter de toutes les parties de l'Inde et de plusieurs royaumes de l'Asie.

Aussitôt le docteur anglais partit pour Calcutta, et s'adressa au directeur de la compagnie anglaise des Indes, qui, pour l'honneur de sa nation et la gloire des sciences, lui donna, pour le porter à Jagrenat, un palanquin à tendelets de soie cramoisie, à glands d'or, avec deux relais de vigoureux coulis, ou porteurs, de quatre hommes chacun ; deux portefaix, un porteur d'eau, un porteur de gargoulette pour le rafraîchir ; un porteur de pipe ;

un porteur d'ombrelle pour le couvrir du soleil le jour; un malsachi, ou porte-flambeau, pour la nuit; un fendeur de bois; deux cuisiniers; deux chameaux et leurs conducteurs, pour porter ses provisions et ses bagages; deux pions, ou coureurs, pour l'annoncer; quatre cipayes, ou reispoutes, montés sur des chevaux persans pour l'escorter, et un porte-étendard, avec son éten-

dard aux armes d'Angleterre. On eût pris le docteur, avec son bel équipage, pour un commis de la compagnie des Indes. Il y avait cependant cette différence que le docteur, au lieu d'aller chercher des présents, était chargé d'en faire. Comme on ne paraît point, aux Indes, les mains vides devant les personnes constituées en dignité, le directeur lui avait donné, aux frais de sa nation, un beau télescope et un tapis de pied de Perse pour le chef des brames, des chittes superbes pour sa femme, et trois pièces de taffetas de la Chine, rouges, blanches et jaunes pour faire des écharpes à ses disciples. Les présents chargés sur des chameaux, le docteur se mit en route dans son palanquin, avec le livre de la Société royale.

Chemin faisant, il pensait à la question par laquelle il débuterait avec le chef des brames de Jagrenat; s'il commencerait par une des trois cent soixante-dix-huit qui avaient rapport aux sources et aux inondations du Gange, ou par celle qui regardait le cours alternatif et semi-annuel de la mer des Indes, qui pouvait servir à découvrir les sources et les mouvements périodiques de l'Océan par tout le globe. Mais quoique cette question intéressât la physique infiniment plus que toutes celles qui avaient été faites depuis tant de siècles sur les sources et les accroissements mêmes du Nil, elle n'avait pas encore attiré l'attention des savants de l'Europe. Il préférait donc d'interroger le brame sur l'universalité du déluge, qui a excité tant de disputes; ou, en remontant plus haut, s'il est vrai que le soleil ait changé plusieurs fois son cours, se levant à l'occident et se couchant à l'orient, suivant la tradition des prêtres de l'Égypte, rapportée par Hérodote; et même sur l'époque de la création de la terre, à laquelle les Indiens donnent plusieurs millions d'années d'antiquité. Quelquefois il trouvait qu'il serait plus utile de le consulter sur la meilleure sorte de gourvernement à donner à une nation, et même sur les droits de l'homme, dont il n'y a de code nulle part; mais ces dernières questions n'étaient pas dans son livre.

« Cependant, disait le docteur, avant tout il me semblerait à propos de demander au pandect indien par quel moyen on peut trouver la vérité : car si c'est avec la raison, comme j'ai tâché de le faire jusqu'à présent, la raison varie chez tous les hommes; je dois lui demander aussi où il faut chercher la vérité : car si c'est dans les livres, ils se contredisent tous ; et enfin, s'il faut dire la vérité aux hommes, car dès qu'on la leur fait connaître, on se brouille avec eux. Voilà trois questions préalables auxquelles notre auguste président n'a pas pensé. Si le brame de Jagrenat peut me les résoudre, j'aurai la clef de toutes les sciences, et, ce qui vaut encore mieux, je vivrai en paix avec tout le monde. »

C'est ainsi que le docteur raisonnait avec lui-même. Après dix jours de marche, il arriva sur les bords du golfe du Bengale ; il rencontra sur sa route quantité de gens qui revenaient de Jagrenat, tous enchantés de la science du chef des pandects qu'ils venaient de consulter. Le onzième jour, au soleil levant, il aperçut la fameuse pagode de Jagrenat, bâtie sur le bord de la mer, qu'elle semblait dominer avec ses grands murs rouges et ses galeries, ses dômes et ses tourelles de marbre blanc. Elle s'élevait au centre de neuf avenues d'arbres toujours verts, qui divergent vers autant de royaumes. Chacune de ces avenues est formée d'une espèce d'arbres différente, de palmiers arecs, de tecques, de cocotiers, de manguiers, de lataniers, d'arbres de camphre, de bambous, de bananiers, d'arbres de sandal, et se dirige vers Ceylan, Golconde, l'Arabie, la Perse, le Thibet, la Chine, le royaume d'Ava, celui de Siam et les îles de la mer des Indes. Le docteur arriva à la pagode par l'avenue des bambous, qui côtoie le Gange et les îles enchantées de son embouchure. Cette pagode, quoique bâtie dans une plaine, est si élevée, que, l'ayant aperçue le matin, il ne put s'y rendre que vers le soir. Il fut véritablement frappé d'admiration quand il considéra de près sa magnificence et sa grandeur. Ses portes de bronze étincelaient des rayons du soleil couchant, et les aigles planaient autour de son faîte, qui se perdait dans les nues. Elle était entouré de grands bassins de marbre blanc, qui réfléchissaient au fond de leurs eaux transparentes ses dômes, ses galeries et ses portes : tout autour régnaient de vastes cours, et les jardins environnés de grands bâtiments où logeaient les brames qui la desservaient.

Les pions du docteur coururent l'annoncer ; et aussitôt une troupe de jeunes bayadères sortit d'un des jardins, et vint au-devant de lui en chantant et en dansant au son des tambours de basque. Elles avaient pour colliers des cordons de fleurs de mougris, et pour ceintures des guirlandes de fleurs de frangipanier. Le docteur, entouré de leurs parfums, de leurs danses et de leur musique, s'avança jusqu'à la porte de la pagode, au fond de laquelle il aperçut, à la clarté de plusieurs lampes d'or et d'argent, la statue de Jagrenat, la septième incarnation de Brama, en forme de pyramide, sans pieds et sans mains, qu'il avait perdus en voulant porter le monde pour le sauver [1]. A ses pieds étaient prosternés, la face contre terre, des pénitents, dont les uns promettaient, à haute voix, de se faire accrocher, le jour de sa fête, à son char par les épaules ; et les autres, de se faire écraser sous ses roues. Quoique le spectacle de ces fanatiques, qui poussaient de profonds gémissements en prononçant leurs horribles vœux, in-

---

1. Voyez *Kircher.*

pirât une sorte de terreur, le docteur se préparait à entrer dans la pagode, lorsqu'un vieux brame, qui en gardait la porte, l'arrêta et lui demanda

quel était le sujet qui l'amenait. Lorsqu'il l'eut appris, il dit au docteur : « Qu'attendu sa qualité de frangui, ou d'impur, il ne pouvait se présenter ni devant Jagrenat ni devant son grand prêtre, qu'il n'eût été lavé trois fois dans un des lavoirs du temple, et qu'il n'eût rien sur lui qui fût de la dépouille d'aucun animal, mais surtout ni poil de vache, parce qu'elle est adorée des brames, ni poil de porc, parce qu'il leur est en horreur. — Comment ferai-je donc? lui répondit le docteur. J'apporte en présent au chef des brames un tapis de Perse, de poil de chèvre d'Angora ; des étoffes de la Chine, qui sont de soie. — Toutes choses, repartit le brame, offertes au temple de Jagrenat, ou à son grand prêtre, sont purifiées par le don même ; mais il n'en peut être ainsi de vos habillements. » Il fallut donc que le docteur ôtât son surtout en laine d'Angleterre, ses souliers de peau de chèvre et son chapeau de castor. Ensuite le vieux brame, l'ayant lavé trois fois, le revêtit d'une toile de coton couleur de sandal, et le conduisit à l'entrée de l'appartement du chef des brames. Le docteur se préparait à y entrer, tenant sous son bras le livre de la Société royale, lorsque son introducteur lui demanda de quelle matière ce livre était couvert. « Il est relié en veau, répondit le docteur. — Comment, dit le brame hors de lui, ne vous ai-je pas prévenu que la vache était adorée des brames! et vous osez vous présenter devant leur chef avec un livre couvert de la peau d'un veau! » Le docteur aurait été obligé d'aller se purifier dans le Gange, s'il n'eût abrégé toute difficulté en présentant quelques pagodes, ou pièces d'or, à son introducteur. Il laissa donc le livre des questions dans son palanquin; mais il s'en consolait en lui-même, en disant : « Au bout du compte, je n'ai que trois questions à faire à ce docteur indien. Je serai content s'il m'apprend par quel moyen on doit chercher la vérité, où on peut la trouver, et s'il faut la communiquer aux hommes. »

Le vieux brame introduisit donc le docteur anglais, revêtu de la toile de coton, nu-tête et nu-pieds, chez le grand prêtre de Jagrenat, dans un vaste salon, soutenu par des colonnes de bois de sandal. Les murs en étaient verts, étant corroyés de stuc mêlé de bouse de vache, si brillant et si poli qu'on pouvait s'y mirer. Le plancher était couvert de nattes très-fines, de six pieds de long sur autant de large. Au fond du salon était une estrade entourée d'une balustrade de bois d'ébène ;

et sur cette estrade on entrevoyait, à travers un treillis de cannes d'Inde vernies en rouge, le vénérable chef des pandects avec sa barbe blanche, et trois fils de coton passés en bandoulière, suivant l'usage des brames. Il était assis sur un tapis jaune, les jambes croisées, dans un état d'immobilité si parfaite, qu'il ne remuait pas même les yeux. Quelques-uns de ses disciples chassaient les mouches autour de lui avec des éventails de queue de paon; d'autres brûlaient, dans des cassolettes d'argent, des parfums de bois d'aloès; et d'autres jouaient du tympanon sur un mode très-doux. Le reste en grand nombre, parmi lesquels étaient des faquirs, des joguis et des santons, étaient rangés sur plusieurs files des deux côtés de la salle dans un profond silence, les yeux fixés en terre et les bras croisés sur la poitrine.

Le docteur voulut d'abord s'avancer jusqu'au chef des pandects pour lui faire son compliment; mais son introducteur le retint à neuf nattes de là, en lui disant que les omrahs, ou grands seigneurs indiens, n'allaient pas plus loin; que les rajahs, ou souverains de l'Inde, ne s'avançaient qu'à six nattes; les princes, fils du Mogol, à trois, et qu'on n'accordait qu'au Mogol l'honneur d'approcher jusqu'au vénérable chef, pour lui baiser les pieds.

Cependant plusieurs brames apportèrent, jusqu'au pied de l'estrade, le télescope, les chittes, les pièces de soie et les tapis, que les gens du docteur avaient déposés à l'entrée de la salle; et le vieux brame y ayant jeté les yeux sans donner aucune marque d'approbation, on les emporta dans l'intérieur des appartements.

Le docteur anglais allait commencer un fort beau discours en langue indoue, lorsque son introducteur le prévint qu'il devait attendre que le grand prêtre l'interrogeât. Il le fit donc asseoir sur ses talons, les jambes croisées comme un tailleur, suivant la mode du pays. Le docteur murmurait en lui-même de tant de formalités; mais que ne fait-on pas pour trouver la vérité, après être venu la chercher aux Indes?

Dès que le docteur se fut assis, la musique se tut, et, après quelques moments d'un profond silence, le chef des pandects lui fit demander pourquoi il était venu à Jagrenat.

Quoique le grand-prêtre de Jagrenat eût parlé en langue indoue assez distinctement pour être entendu d'une partie de l'assemblée, sa parole fut portée par un faquir qui la donna à un autre, et cet autre à un troisième qui la rendit au docteur. Celui-ci répondit dans la même langue : « Qu'il était venu à Jagrenat consulter le chef des brames, sur sa grande réputation, pour savoir de lui par quel moyen on pourrait connaître la vérité. »

Le vieux chef des pandects, après s'être un peu recueilli, répondit : « La vérité ne se peut connaître que par le moyen des brames. » Alors toute l'assemblée s'inclina, en admirant la réponse de son chef.

« Où faut-il aller chercher la vérité? reprit assez vivement le docteur anglais. — Toute vérité, répondit le docteur indien, est renfermée dans les quatre beths écrits il y a cent vingt mille ans, dans la langue sanscrite, dont les seuls brames ont l'intelligence. »

A ces mots, tout le salon retentit d'applaudissements.

Le docteur, reprenant son sang-froid, dit au

grand prêtre de Jagrenat : « Puisque Dieu a renfermé la vérité dans des livres dont l'intelligence n'est réservée qu'aux brames, il s'ensuit donc que Dieu en a interdit la connaissance à la plupart des hommes, qui ignorent même s'il existe des brames : or, si cela était, Dieu ne serait pas juste. »

« Brama l'a voulu ainsi, reprit le grand prêtre. On ne peut rien opposer à la volonté de Brama. »

Les applaudissements de l'assemblée redoublèrent. Dès qu'ils se furent apaisés, l'Anglais proposa sa troisième question : « Faut-il communiquer la vérité aux hommes? »

« Souvent, dit le vieux pandect, c'est prudent de la cacher à tout le monde; mais c'est un devoir de la dire aux brames. »

« Comment! s'écria le docteur anglais en colère, il faut dire la vérité aux brames qui ne la disent à personne! En vérité, les brames sont bien injustes. »

A ces mots, il se fit un tumulte épouvantable dans l'assemblée. Elle avait entendu sans murmurer taxer Dieu d'injustice, mais il n'en fut pas de même quand elle s'entendit appliquer ce reproche. Les pandects, les faquirs, les santons, les joguis, les brames et leurs disciples voulaient argumenter tous à la fois contre le docteur anglais; mais le grand prêtre de Jagrenat fit cesser le bruit en frappant des mains, et disant d'une voix très-distincte : « Les brames ne discutent point contre les docteurs de l'Europe. » Alors, s'étant levé, il se retira aux acclamations de toute l'assemblée, qui murmurait hautement contre le docteur, et lui aurait peut-être fait un mauvais parti, sans la crainte des Anglais, dont le crédit est tout-puissant sur les bords du Gange. Le docteur étant sorti du salon, son interlocuteur lui dit : « Notre très-vénérable père vous aurait fait présenter, suivant l'usage, le sorbet, le bétel et les parfums, mais vous l'avez fâché. — Ce serait à moi à me fâcher, reprit le docteur, d'avoir pris tant de peines inutiles. Mais de quoi donc votre chef a-t-il à se plaindre? — Comment, reprit l'introducteur, vous voulez disputer contre lui? Ne savez-vous pas qu'il est l'oracle des Indes, et que chacune de ses paroles est un rayon d'intelligence? — Je ne m'en serais jamais douté, » dit le docteur, en prenant son surtout, ses souliers et son chapeau. Le temps était à l'orage, et la nuit s'approchait; il demanda à la passer dans un des logements de la pagode; mais on lui refusa d'y coucher, à cause qu'il était frangui. Comme la cérémonie l'avait fort altéré, il demanda à boire. On lui apporta de l'eau dans une gargoulette; mais dès qu'il eut bu, on la cassa, parce que, comme frangui, il l'avait souillée en buvant à même. Alors le docteur, très-piqué, appela ses gens, prosternés en adoration sur les degrés de la pagode; et, étant remonté dans son palanquin, il se remit en route par l'allée des bambous, le long de la mer, à l'entrée de la nuit, et sous un ciel couvert de nuages. Chemin faisant, il se disait à lui-même : Le proverbe indien est bien vrai : tout Européen qui vient aux Indes gagne de la patience s'il n'en a pas, et il la perd s'il en a. Pour moi, j'ai perdu la mienne. Comment! je ne pourrai savoir par quel moyen on peut trouver la vérité, où il faut la chercher, et s'il faut la communiquer aux hommes! L'homme est donc condamné par toute la terre aux erreurs et aux disputes : c'était bien la peine de venir aux Indes consulter des brames!

Pendant que le docteur raisonnait ainsi dans son palanquin, il survint un de ces ouragans qu'on appelle aux Indes un typhon. Le vent venait de la mer, et, faisant refluer les eaux du Gange, les brisait en écume contre les îles de son embouchure. Il enlevait de leurs rivages des colonnes de sable, et de leurs forêts des nuées de feuilles, qu'il emportait pêle-mêle, à travers le fleuve et les campagnes, jusqu'au haut des airs. Quelquefois il s'engouffrait dans l'allée des bambous, et quoique ces roseaux indiens fussent aussi élevés que les plus grands arbres, il les agitait comme l'herbe des prairies. On voyait à travers les tourbillons de poussière et de feuilles, leur longue avenue tout ondoyante, dont une partie se renversait à droite et à gauche jusqu'à terre, tandis que l'autre se relevait en gémissant. Les gens du docteur, dans la crainte d'en être écrasés, ou d'être submergés par les eaux du Gange qui débordaient déjà leurs rivages, prirent leur chemin à travers les champs, en se dirigeant au hasard vers les hauteurs voisines. Cependant la nuit vint; et ils marchaient depuis trois heures dans l'obscurité la plus profonde, ne sachant où ils allaient, lorsqu'un éclair, fendant les nues et blanchissant tout l'horizon, leur fit voir bien loin sur leur droite la pagode de Jagrenat, les îles du Gange, la mer agitée, et tout près, devant eux, un petit vallon et un bois entre deux collines. Ils coururent s'y réfugier, et déjà le tonnerre faisait entendre ses lugubres roulements, lorsqu'ils arrivèrent à l'entrée du vallon. Il était flanqué de rochers, et rempli de vieux arbres d'une grosseur prodigieuse. Quoique la tempête courbât leurs cimes avec

d'horribles mugissements, leurs troncs monstrueux étaient inébranlables comme les rochers qui les environnaient. Cette portion de cette forêt antique paraissait l'asile du repos; mais il était difficile d'y pénétrer. Des rotins qui serpentaient à son orée couvraient le pied de ces arbres et des lianes, qui s'élançaient d'un tronc à l'autre, ne présentaient de tous côtés qu'un rempart de feuillages où paraissaient quelques cavernes de ver--

dure, mais qui n'avaient point d'issue. Cependant les reispoutes s'y étant ouvert un passage avec leurs sabres, tous les gens de la suite y entrèrent avec le palanquin. Ils s'y croyaient à l'abri de l'orage, lorsque la pluie, qui tombait à verse, forma autour d'eux mille torrents. Dans cette perplexité, ils aperçurent sous les arbres, dans le lieu le plus étroit du vallon, une lumière et une cabane. Le malsachi y courut pour allumer son flambeau; mais il revint un peu après, hors d'haleine, criant : « N'approchez pas d'ici, il y a un paria! » Aussitôt la troupe effrayée cria : « Un paria ! un paria! » Le docteur, croyant que c'était quelque animal féroce, mit la main sur ses pistolets. « Qu'est-ce qu'un paria? demanda-t-il à son porte-flambeau. — C'est, lui répondit celui-ci, un homme qui n'a ni foi ni loi. — C'est, ajouta le chef des reispoutes, un Indien de caste si infâme, qu'il est permis de le tuer, si on en est seulement touché. Si nous entrons chez lui, nous ne pouvons de neuf lunes mettre le pied dans aucune pagode, et pour nous purifier il faudra nous baigner neuf fois dans le Gange, et nous faire laver autant de fois, de la tête aux pieds, d'urine de vache, par la main d'un brame. » Tous les Indiens s'écrièrent : « Nous n'entrerons point chez un paria. — Comment, dit le docteur à son porte-flambeau, avez-vous su que votre compatriote était paria, c'est-à-dire sans foi ni loi ? — C'est, répondit le porte-flambeau, que, lorsque j'ai ouvert sa cabane, j'ai vu qu'il était couché avec son chien sur la même natte que sa femme, à laquelle il présentait à boire dans une corne de vache. » Tous les gens de la suite du docteur répétèrent : « Nous n'entrerons point chez un paria. — Restez ici si vous le voulez, leur dit l'Anglais ; pour moi, toutes les castes de l'Inde me sont égales, lorsqu'il s'agit de me mettre à l'abri de la pluie. »

En disant ces mots, il sauta en bas de son palanquin, et, prenant sous son bras son livre de questions avec son sac de nuit, et à la main ses pistolets et sa pipe, il s'en vint tout seul à la porte de la cabane. A peine y eut-il frappé, qu'un homme d'une physionomie fort douce vint lui en ouvrir la porte, et s'éloigna de lui aussitôt, en lui disant : « Seigneur, je ne suis qu'un pauvre

16

paria, qui ne suis pas digne de vous recevoir ; mais si vous jugez à propos de vous mettre à l'abri chez moi, vous m'honorerez beaucoup. — Mon frère, lui répondit l'Anglais, j'accepte de bon cœur votre hospitalité. » Cependant le paria sortit avec une torche à la main, une charge de bois sec sur son dos, et un panier plein de cocos et de bananes sous son bras, il s'approcha des gens de la suite du docteur, qui étaient à quelque distance de là, sous un arbre, et leur dit : « Puisque vous ne voulez pas me faire l'honneur d'entrer chez moi, voilà des fruits enveloppés de leurs écorces, que vous pouvez manger sans être souillés, et voilà du feu pour vous sécher et vous préserver des tigres. Que Dieu vous conserve ! » Il rentra aussitôt dans sa cabane, et dit au docteur : « Seigneur, je vous le répète, je ne suis qu'un malheureux paria ; mais, comme à votre teint blanc et à vos habits je vois que vous n'êtes pas Indien, j'espère que vous n'aurez pas de répugnance pour les aliments que vous présentera votre pauvre serviteur. » En même temps il mit à terre, sur une natte, des mangues, des pommes de crème, des ignames, des patates cuites sous la cendre, des bananes grillées et un pot de riz accommodé au sucre et au lait de coco; après quoi il se retira sur sa natte, auprès de sa femme et de son enfant, endormi près d'elle dans un berceau. « Homme vertueux, lui dit l'Anglais, vous valez beaucoup mieux que moi, puisque vous faites du bien à ceux qui vous méprisent. Si vous ne m'honorez pas de votre présence sur cette même natte, je croirai que vous me prenez moi-même pour un homme méchant, et je sors à l'instant de votre cabane, dussé-je être noyé par la pluie ou dévoré par les tigres. »

Le paria vint s'asseoir sur la même natte que son hôte, et ils se mirent tous deux à manger. Cependant le docteur jouissait du plaisir d'être en sûreté au milieu de la tempête. La cabane était inébranlable : outre qu'elle était dans le plus étroit du vallon, elle était bâtie sous un arbre de war ou figuier des banians dont les branches, qui poussent des paquets de racines à leurs extrémités, forment autant d'arcades qui appuient le tronc principal. Le feuillage de cet arbre était si épais, qu'il n'y passait pas une goutte de pluie ; et quoique l'ouragan fît entendre ses terribles rugissements entremêlés des éclats de la foudre, la

fumée du foyer, qui sortait par le milieu du toit, et la lumière de la lampe n'étaient pas même agitées. Le docteur admirait autour de lui le calme de l'Indien et de sa femme, encore plus profond que celui des éléments. Leur enfant, noir et poli comme l'ébène, dormait dans son berceau ; sa mère le berçait avec son pied, tandis qu'elle s'amusait à lui faire un collier avec des pois d'angole rouges et noirs. Le père jetait alternativement sur l'un et sur l'autre des regards pleins de tendresse. Enfin, jusqu'au chien prenait part au bonheur commun : couché avec un chat après du feu, il entr'ouvrait de temps en temps les yeux, et soupirait en regardant son maître.

Dès que l'Anglais eut cessé de manger, le paria lui présenta un charbon de feu pour allumer sa pipe ; et, ayant pareillement allumé la sienne, il fit un signe à sa femme, qui apporta sur la natte deux tasses de coco et une grande calebasse pleine de punch, qu'elle avait préparé, pendant le souper, avec de l'eau, de l'arak, du jus de citron et du jus de canne de sucre.

Pendant qu'ils fumaient et buvaient alternativement, le docteur dit à l'Indien : « Je vous crois un des hommes les plus heureux que j'aie jamais rencontrés, et par conséquent un des plus sages.

Permettez-moi de vous faire quelques questions. Comment êtes-vous si tranquille au milieu d'un si terrible orage? Vous n'êtes cependant à couvert que par un arbre, et les arbres attirent la foudre. — Jamais, répondit le paria, la foudre n'est tombée sur un figuier des banians. — Voilà qui est fort curieux, reprit le docteur; c'est sans doute parce que cet arbre a une électricité négative, comme le laurier? — Je ne vous comprends pas, repartit le paria; mais ma femme croit que c'est parce que le dieu Brama se mit un jour à l'abri sous son feuillage : pour moi, je pense que Dieu, dans ces climats orageux, ayant donné au figuier des banians un feuillage fort épais et des arcades pour y mettre les hommes à l'abri de l'orage, il ne permet pas qu'ils y soient atteints du tonnerre. — Votre réponse est bien religieuse, repartit le docteur. Ainsi, c'est votre confiance en Dieu qui vous tranquillise. La conscience rassure mieux que la science. Dites-moi, je vous prie, de quelle secte vous êtes, car vous n'êtes d'aucune de celles des Indes, puisque aucun Indien ne veut communiquer avec vous. Dans la liste des castes savantes que je devais consulter sur ma route, je n'y ai point trouvé celle des parias. Dans quel canton de l'Inde est votre pagode? — Partout, répondit le paria : ma pagode c'est la nature ; j'adore son auteur au lever du soleil, et je le bénis à son coucher. Instruit par le malheur, jamais je ne refuse mon secours à un plus malheureux que moi. Je tâche de rendre heureux ma femme, mon enfant et même mon chat et mon chien. J'attends la mort, à la fin de ma vie, comme un doux sommeil à la fin du jour. — Dans quel livre avez-vous puisé ces principes? demanda le docteur. — Dans la nature, répondit l'Indien, je n'en connais pas d'autre. — Ah! c'est un grand livre, dit l'Anglais; mais qui vous a appris à y lire? — Le malheur, reprit le paria : étant d'une caste réputée infâme dans mon pays, ne pouvant être Indien, je me suis fait homme ; repoussé par la société, je me suis réfugié dans la nature. — Mais dans votre solitude vous avez au moins quelques livres? reprit le docteur. — Pas un seul, dit le paria ; je ne sais ni lire ni écrire. — Vous vous êtes épargné bien des doutes, dit le docteur en se frottant le front. Pour moi, j'ai été envoyé d'Angleterre, ma patrie, pour chercher la vérité chez les savants de quantité de nations, afin d'éclairer les hommes et de les rendre plus heureux ; mais, après bien des recherches vaines et des disputes fort graves, j'ai conclu que la recherche de la vérité était une folie, parce que, quand on la trouverait, on ne saurait à qui la dire sans se faire beaucoup d'ennemis. Parlez-moi sincèrement, ne pensez-vous pas comme moi ? — Quoique je ne sois qu'un ignorant, répondit le paria, puisque vous me permettez de dire mon avis, je pense que tout homme est obligé de chercher la vérité pour son propre bonheur : autrement, il sera avare, ambitieux, superstitieux, méchant, anthropophage même, suivant les préjugés ou les intérêts de ceux qui l'auront élevé. »

Le docteur, qui pensait toujours aux trois questions qu'il avait proposées au chef des pandects, fut ravi de la réponse du paria. « Puisque vous croyez, lui dit-il, que tout homme est obligé de chercher la vérité, dites-moi donc d'abord de quel moyen on doit se servir pour la trouver ; car nos sens nous trompent, et notre raison nous égare encore davantage. La raison diffère presque chez tous les hommes; elle n'est, je crois, au fond, que l'intérêt particulier de chacun d'eux : voilà pourquoi elle est si variable par toute la terre. Il n'y a pas deux religions, deux nations, deux tribus, deux familles, que dis-je? il n'y a pas deux hommes qui pensent de la même manière. Avec quel sens donc doit-on chercher la vérité, si celui de l'intel-

ligence n'y peut servir? — Je crois, répondit le paria, que c'est avec un cœur simple. Les sens et l'esprit peuvent se tromper ; mais un cœur simple, encore qu'il puisse être trompé, ne trompe jamais.

« — Votre réponse est profonde, dit le docteur. Il faut d'abord chercher la vérité avec son cœur et non avec son esprit. Les hommes sentent tous de la même manière, et ils raisonnent différemment, parce que les principes de la vérité sont dans la nature, et que les conséquences qu'ils en tirent sont dans leurs intérêts. C'est donc avec un cœur simple qu'on doit chercher la vérité ; car un cœur simple n'a jamais feint d'entendre ce qu'il n'entendait pas et de croire ce qu'il ne croyait pas. Il n'aide point à se tromper, ni à tromper ensuite les autres : ainsi, un cœur simple, loin d'être faible comme ceux de la plupart des hommes séduits par leurs intérêts, est fort, et tel qu'il convient pour chercher la vérité et pour la garder. — Vous avez développé mon idée bien mieux que je n'aurais fait, reprit le paria. La vérité est comme la rosée du ciel : pour la conserver pure, il faut la recueillir dans un vase pur.

« — C'est fort bien dit, homme sincère, reprit l'Anglais ; mais le plus difficile reste à trouver. Où faut-il chercher la vérité? Un cœur simple dépend de nous, mais la vérité dépend des autres hommes. Où la trouvera-t-on, si ceux qui nous environnent sont séduits par leurs préjugés ou corrompus par leurs intérêts, comme ils le sont pour la plupart? J'ai voyagé chez beaucoup de peuples, j'ai fouillé leurs bibliothèques, j'ai consulté leurs docteurs, et je n'ai trouvé partout que contradictions, doutes et opinions mille fois plus variées que leurs langages. Si donc on ne trouve pas la vérité dans les plus célèbres dépôts des connaissances humaines, où faudra-t-il l'aller chercher? A quoi servira d'avoir un cœur simple parmi des hommes qui ont l'esprit faux et le cœur corrompu? — La vérité me serait suspecte, répondit le paria, si elle ne venait à moi que par le moyen des hommes ; ce n'est point parmi eux qu'il faut la chercher, c'est dans la nature. La nature est la source de tout ce qui existe; son langage n'est point inintelligible et variable, comme celui des hommes et de leurs livres. Les hommes font des livres, mais la nature fait des choses. Fonder la vérité sur un livre, c'est comme si on la fondait sur un tableau ou sur une statue.

qui ne peut intéresser qu'un pays, et que le temps altère chaque jour. Tout livre est l'art d'un homme, mais la nature est l'art de Dieu.

« — Vous avez bien raison, reprit le docteur ; la nature est la source des vérités naturelles ; mais où est, par exemple, la source des vérités historiques, si ce n'est dans les livres ? Comment donc s'assurer aujourd'hui de la vérité d'un fait arrivé il y a deux mille ans ? Ceux qui nous l'ont transmis étaient-ils sans préjugés, sans esprit de parti ? avaient-ils un cœur simple ? D'ailleurs, les livres mêmes qui nous le transmettent n'ont-ils pas besoin de copistes, d'imprimeurs, de commentateurs, de traducteurs ? et tous ces gens-là n'altèrent-ils pas plus ou moins la vérité ? Comme vous le dites fort bien, un livre n'est que l'art d'un homme. Il faut donc renoncer à toute vérité historique, puisqu'elle ne peut nous parvenir que par le moyen des hommes sujets à erreur. — Qu'importe à notre bonheur, dit l'Indien, l'histoire des choses passées ? L'histoire de ce qui est est l'histoire de ce qui a été et de ce qui sera.

« — Fort bien, dit l'Anglais ; mais vous conviendrez que les vérités morales sont nécessaires au bonheur du genre humain. Comment donc les trouver dans la nature? Les animaux s'y font la guerre, s'entre-tuent et se dévorent; les éléments même combattent contre les éléments : les hommes en agiront-ils de même entre eux? — Oh! non, répondit le bon paria, mais chaque homme trouvera la règle de sa conduite dans son propre cœur, si son cœur est simple. La nature y a mis cette loi : Ne faites pas aux autres ce que vous ne voudriez pas que les autres vous fissent. — Il est vrai, reprit le docteur, elle a réglé les intérêts du genre humain sur les nôtres; mais les vérités religieuses, comment les découvrira-t-on parmi tant de traditions et de cultes qui divisent les nations? — Dans la nature même, répondit le paria; si nous la considérons avec un cœur simple, nous y verrons Dieu dans sa puissance, son intelligence et sa bonté; et comme nous sommes faibles, ignorants et misérables, en voilà assez pour nous engager à l'adorer et à l'aimer toute notre vie sans le disputer.

« — Admirablement, reprit l'Anglais; mais

maintenant, dites-moi, quand on a découvert une vérité, faut-il en faire part aux autres hommes? Si vous la publiez, vous serez persécuté par une infinité de gens qui vivent de l'erreur contraire, en assurant que cette erreur même est la vérité, et que tout ce qui tend à la détruire est l'erreur elle-même. — Il faut, répondit le paria, dire la vérité aux hommes qui ont le cœur simple, c'est-à-dire aux gens de bien qui la cherchent, et

non aux méchants qui la repoussent. La vérité est une perle fine, et le méchant un crocodile qui ne peut la mettre à ses oreilles, parce qu'il n'en a pas. Si vous jetez une perle à un crocodile, au lieu de s'en parer, il voudra la dévorer ; il se cassera les dents, et de fureur il se jettera sur vous.

« — Il ne me reste qu'une objection à vous faire, dit l'Anglais ; c'est qu'il s'ensuit de ce que vous venez de dire que les hommes sont condamnés à l'erreur, quoique la vérité leur soit nécessaire, car, puisqu'ils persécutent ceux qui la leur disent, quel est le docteur qui osera les instruire ? — Celui, répondit le paria, qui persécute lui-même les hommes pour la leur apprendre, le malheur. — Oh ! pour cette fois, homme de la nature, reprit l'Anglais, je crois que vous vous trompez. Le malheur jette les hommes dans la superstition ; il abat le cœur et l'esprit. Plus les hommes sont misérables, plus ils sont vils, crédules et rampants. — C'est qu'ils ne sont pas assez malheureux, repartit le paria. Le malheur ressemble à la montagne Noire de Bember, aux extrémités du royaume brûlant de Lahore : tant que vous la montez, vous ne voyez devant vous que de stériles rochers ; mais quand vous êtes au sommet, vous apercevez le ciel sur votre tête, et à vos pieds le royaume de Cachemire.

« — Charmante et juste comparaison! reprit le docteur; chacun, en effet, a dans la vie sa montagne à grimper. La vôtre, vertueux solitaire, a dû être bien rude, car vous êtes élevé par-dessus tous les hommes que je connais. Vous avez donc été bien malheureux! Mais dites-moi d'abord pourquoi votre caste est-elle si avilie dans l'Inde, et celle des brames si honorée? Je viens de chez le supérieur de la pagode de Jagrenat, qui ne pense pas plus que son idole et qui se fait adorer comme un Dieu. — C'est, répondit le paria, parce que les brames disent que, dans l'origine, ils sont sortis de la tête du dieu Brama, et que les parias sont descendus de ses pieds. Ils ajoutent de plus qu'un jour Brama, en voyageant, demanda à manger à un paria, qui lui présenta de la chair humaine : depuis cette tradition, leur caste est honorée, et la nôtre est maudite dans toute l'Inde. Il ne nous est pas permis d'approcher des villes, et tout naïre ou reispoute peut nous tuer si nous l'approchons seulement à la portée de notre haleine. — Par saint George! s'écria l'Anglais, voilà qui est bien fou et bien injuste! Comment les brames ont-ils pu persuader une pareille sottise aux Indiens? — En la leur apprenant dès l'enfance, dit le paria, et en la leur répétant sans cesse : les hommes s'intruisent comme les perroquets. — Infortuné! dit l'Anglais, comment avez-vous fait pour vous tirer de l'abîme de l'infamie où les brames vous avaient jeté en naissant? Je ne trouve rien de plus désespérant pour un homme que de le rendre vil à ses propres yeux ; c'est lui ôter la première des consolations; car la plus sûre de toutes est celle qu'on trouve à rentrer en soi-même.

« — Je me suis dit d'abord, reprit le paria : L'histoire du dieu Brama est-elle vraie? Il n'y a que les brames, intéressés à se donner une origine céleste, qui la racontent. Ils ont sans doute imaginé qu'un paria avait voulu rendre Brama anthropophage pour se venger des parias qui refusaient de croire ce qu'ils débitaient de leur sainteté. Après cela, je me suis dit : Supposons que ce fait soit vrai : Dieu est juste, il ne peut rendre toute une caste coupable du crime d'un de ses membres, lorsque la caste n'y a pas participé. Mais en supposant que toute la caste des parias ait pris part à ce crime, leurs descendants n'en ont pas été complices. Dieu ne punit pas plus dans les enfants les fautes de leurs aïeux, qu'ils n'ont jamais vus, qu'il ne punirait dans les aïeux les fautes de leurs petits-enfants qui ne sont pas encore nés. Mais supposons encore que j'aie part aujourd'hui à la punition d'un paria, perfide envers son Dieu, il y a des milliers d'années, sans avoir eu part à son crime, est-ce que quelque chose pourrait subsister, haï de Dieu, sans être détruit aussitôt? Si j'étais maudit de Dieu, rien de ce que je planterais ne réussirait. Enfin, je me dis : Je suppose que je sois haï de Dieu, qui me fait du bien; je veux tâcher de me rendre agréable à lui en faisant, à son exemple, du bien à ceux que je devrais haïr.

« — Mais, lui demanda l'Anglais, comment faisiez-vous pour vivre, étant repoussé de tout le monde? — D'abord, dit l'Indien, je me dis : Si tout le monde est ton ennemi, sois à toi-même ton ami. Ton malheur n'est pas au-dessus des forces d'un homme. Quelque grande que soit la pluie, un petit oiseau n'en reçoit qu'une goutte à la fois. J'allais dans les bois et le long des rivières chercher à manger; mais je n'y recueillais le plus souvent que quelque fruit sauvage, et j'avais à craindre les bêtes féroces : ainsi je connus que la nature n'avait presque rien fait pour l'homme seul, et qu'elle avait attaché mon existence à cette même société qui me rejetait de son sein. Je fréquentais alors les champs abandonnés, qui sont en grand nombre dans l'Inde, et j'y rencontrais toujours quelque plante comestible qui avait survécu à la ruine de ses cultivateurs. Je voyageais ainsi de province en province, assuré de trouver partout ma subsistance dans les débris de l'agriculture. Quand je trouvais les semences de quelque végétal utile, je les ressemais, en disant : Si ce n'est pas pour moi, ce sera pour d'autres. Je me trouvais moins misérable en voyant que je pouvais faire quelque bien. Il y avait une chose que je désirais passionnément c'était d'entrer dans quelques villes. J'admirais de loin leurs remparts et leurs tours, le concours prodigieux de barques sur leurs rivières, et de

caravanes sur leurs chemins, chargées de marchandises qui y abordaient de tous les points de l'horizon; les troupes de gens de guerre qui y venaient monter la garde du fond des provinces; les marches des ambassadeurs avec leur suite nombreuse, qui y arrivaient des royaumes étrangers pour y notifier des événements heureux, ou pour y faire des alliances, Je m'approchais le plus qu'il m'étais permis de leurs avenues, contemplant avec étonnement les longues colonnes de poussière que tant de voyageurs y faisaient lever, et je tressaillais de désir à ce bruit confus qui sort des grandes villes, et qui, dans les campagnes voisines, ressemble au murmure des flots qui se brisent sur les rivages de la mer. Je me disais : Une congrégation d'homme de tant d'états différent qui mettent en commun leur industrie, leurs richesses et leur joie doit faire d'une ville un séjour de délices. Mais s'il ne m'est pas permis d'en approcher pendant le jour, qui m'empêche d'y entrer pendant la nuit? Une faible souris, qui a tant d'ennemis, va et vient où elle veut à la faveur des ténèbres; elle passe de la cabane du pauvre dans le palais des rois. Pour jouir de la vie, il lui suffit de la lumière des étoiles : pourquoi me faut-il celle du soleil? C'était aux environs de Delhi que je faisais ces réflexions; elles m'enhardirent au point que j'entrai dans la ville avec la nuit : j'y pénétrai par la porte de Lahore. D'abord je parcourus une longue rue solitaire, formée à droite et à gauche de maisons bordées de terrasses, portées par des arcades, où sont les boutiques des marchands. De distance à autre, je rencontrais de grands caravansérails bien fermés et de grands bazars ou marchés, où régnait le plus grand silence. En approchant de l'intérieur de la ville, je traversai le superbe quartier des omrahs, remplis de palais et de jardins, situés le long de la Gemna. Tout y retentissait du bruit des instruments et des chansons des bayadères, qui dansaient sur le bord du fleuve, à la lueur des flambeaux. Je me présentai à la porte d'un jardin pour jouir d'un si doux spectacle, mais j'en fus repoussé par des esclaves qui en chassaient les misérables à coups de bâton. En m'éloignant du quartier des grands, je passai près de plusieurs pagodes de ma religion, où un grand nombre d'infortunés, prosternés à terre, se livraient aux larmes. Je me hâtai de fuir à la vue de ces monuments de la superstition et de la terreur. Plus loin, les voix perçantes des molhas, qui annonçaient du haut des airs les heures de la nuit, m'apprirent que j'étais au pied des minarets d'une mosquée. Près de là étaient les factories des Européens, avec leurs pavillons, et les gardiens qui criaient sans cesse : *Kaber-dar!* prenez garde à vous. Je côtoyai ensuite un grand bâtiment, que je reconnus pour une prison, au bruit des chaînes et aux gémissements qui en sortaient. J'entendis bientôt les cris de la douleur dans un vaste hôpital, d'où l'on sortait des chariots pleins de cadavres. Chemin faisant, je recontrais des voleurs qui fuyaient le longs des rues; des patrouilles de gardes qui couraient après eux; des groupes de mendiants qui, malgré les coups de rotin, sollicitaient aux portes de leurs palais quelques débris de leurs festins, et partout des femmes qui se prostituaient publiquement pour avoir de quoi vivre. Enfin, après une longue marche, dans la même rue, je parvins à une place immense qui entoure la forteresse habitée par le Grand Mogol. Elle était couverte de tentes des rajahs ou nababs de sa garde, et de leurs escadrons, distingués les uns des autres par des flambeaux, des étendards et de longues cannes terminées par des queues de vaches du Thibet. Un large fossé plein d'eau et hérissé d'artillerie faisait, comme la place, le tour de la forteresse. Je considérai, à la clarté des feux de la garde, les tours du château, qui s'élevaient jusqu'aux nues, et la longueur de ses remparts qui se perdaient dans l'horizon. J'aurais bien voulu y pénétrer ; mais de grands korahs ou fouets, suspendus à des poteaux, m'ôtèrent même le désir de mettre le pied dans la place. Je me tins donc à une de ses extrémités, auprès de quelques nègres esclaves, qui me permirent de me reposer auprès d'un feu autour duquel ils étaient assis. De là je considérais avec admiration le palais impérial, et je me dis : C'est donc ici que demeure le plus heureux des hommes ! c'est pour son obéissance que tant de religions prêchent ; pour sa gloire, que tant d'ambassadeurs arrivent ; pour ses trésors, que tant de provinces s'épuisent ; pour ses voluptés, que tant de caravanes voyagent, et pour sa sûreté, que tant d'hommes armés veillent en silence !

« Pendant que je faisais ces réflexions, de grands cris de joie se firent entendre dans toute la place, et je vis passer huit chameaux décorés de banderoles, j'appris qu'ils étaient chargés de têtes de rebelles, que les généraux du Mogol lui envoyaient de la province du Décan, où un de ses fils, qu'il en avait nommé gouverneur, lui faisait la guerre depuis trois ans. Un peu après, arriva, à bride abattue, un courrier monté sur un dromadaire; il venait annoncer la perte d'un ville frontière de l'Inde, par la trahison d'un de ses commandants qui l'avait livrée au roi de Perse. A peine ce courrier était passé, qu'un autre, envoyé par le gouverneur du Bengale, vint appor-

ter la nouvelle que des Européens, auxquels l'empereur avait accordé, pour le bien du commerce, un comptoir à l'embouchure du Gange, y avaient bâti une forteresse et s'y étaient emparés de la navigation du fleuve. Quelques moments après l'arrivée de ces deux courriers, on vit sortir du château un officier à la tête d'un détachement des gardes. Le Mogol lui avait ordonné d'aller dans le quartier des omrahs et d'en amener trois des principaux, chargés de chaînes, accusés d'être d'intelligence avec les ennemis de l'État. Il avait fait arrêter la veille un molah qui faisait dans ses sermons l'éloge du roi de Perse, et disait hautement que l'empereur des Indes était infidèle, parce que, contre la loi de Mahomet, il buvait du vin. Enfin on assurait qu'il venait de faire étrangler et jeter dans la Gemna une de ses femmes et deux capitaines de sa garde, convaincus d'avoir trempé dans la rébellion de son fils. Pendant que je réfléchissais sur ces tragiques événements, une longue colonne de feu s'éleva tout à coup des cuisines du sérail, ses tourbillons de fumée se confondaient avec les nuages, et sa lueur rouge éclairait les tours de la forteresse, ses fossés, la place, les minarets des mosquées, et s'étendait jusqu'à l'horizon. Aussitôt les grosses timbales de cuivre et les karnas ou grands hautbois de la garde sonnèrent l'alarme avec un bruit épouvantable; des escadrons de cavalerie se répandirent dans la ville, enfonçant les portes des maisons voisines du château, et forçant à grands coups de korah leurs habitants d'accourir au feu. J'éprouvai aussi moi-même combien le voisinage des grands est dangereux aux petits. Les grands sont comme le feu, qui brûle même ceux qui lui jettent de l'encens, s'ils s'en approchent de trop près. Je voulus m'échapper; mais toutes les avenues de la place étaient fermées. Il m'eût été impossible d'en sortir si, par la providence de Dieu, le côté où je m'étais mis n'eût été celui du sérail. Comme les eunuques en déménageaient les femmes sur des éléphants, ils facilitèrent mon évasion; car si partout les gardes obligeaient, à coups de fouet, les hommes de venir au secours du château, les éléphants, à coups de trompe, les forçaient de s'en éloigner. Ainsi, tantôt poursuivi par les uns, tantôt poursuivi par les autres, je sortis de cet affreux chaos; et, à la clarté de l'incendie, je gagnai l'autre extrémité du faubourg, où, sous des huttes, loin des grands, le peuple se reposait en paix de ses travaux. Ce fut là que je commençai à respirer. Je me dis : J'ai donc vu une ville ! j'ai vu la demeure des maîtres des nations ! Oh ! de combien de maîtres ne sont-ils pas eux-mêmes les esclaves ! Ils obéissent, jusque dans le temps du repos, aux voluptés, à l'ambition, à la superstition, à l'avarice; ils ont à craindre, même dans le sommeil, une foule d'être misérables et malfaisants dont ils sont entourés : des voleurs, des mendiants, des courtisanes, des incendiaires, et jusqu'à leurs soldats, leurs grands et leurs prêtres. Que doit-ce être d'une ville pendant le jour, si elle est ainsi troublée pendant la nuit? Les maux de l'homme croissent avec ses jouissances; combien l'empereur, qui les réunit toutes, n'est-il pas à plaindre ! Il a à redouter les guerres civiles et étrangères, et les objets mêmes qui font sa consolation et sa défense; ses généraux, ses gardes, ses molhas, ses femmes et ses enfants. Les fossés de sa forteresse ne sauraient arrêter les fantômes de la superstition, ni ses éléphants, si bien dressés, repousser loin de lui les noirs soucis. Pour moi, je ne crains rien de tout cela : aucun tyran n'a d'empire ni sur mon corps ni sur mon âme. Je peux servir Dieu suivant ma conscience, et je n'ai rien à redouter d'aucun homme, si je ne me tourmente moi-même : en vérité, un paria est moins malheureux qu'un empereur. En disant ces mots, les larmes me vinrent aux yeux, et, tombant à genoux, je remerciai le ciel qui, pour m'apprendre à supporter mes maux, m'en avait montré de plus intolérables que les miens.

« Depuis ce temps, je n'ai fréquenté dans Delhi que les faubourgs. De là je voyais les étoiles éclairer les habitations des hommes et se confondre avec leurs feux, comme si le ciel et la ville n'eussent fait qu'un même domaine. Quand la lune venait éclairer ce paysage, j'y apercevais d'autres couleurs que celles du jour. J'admirais les tours, les maisons et les arbres, à la fois argentés et couverts de crêpes, qui se reflétaient au loin dans les eaux de la Gemna. Je parcourais en liberté de grands quartiers solitaires et silencieux, et il me semblait alors que toute la ville était à moi. Cependant l'humanité m'y aurait refusé une poignée de riz, tant la religion m'y avait rendu odieux !

Ne pouvant donc trouver d'amis parmi les vivants, j'en cherchais parmi les morts ; j'allais dans les cimetières manger sur les tombeaux les mets offerts par la piété des parents. C'était dans ces lieux que j'aimais à réfléchir. Je me disais : C'est ici la ville de la paix, ici ont disparu la puissance et l'orgueil ; l'innocence et la vertu sont en sûreté ; ici sont mortes toutes les craintes de la vie, même celle de mourir ; c'est ici l'hôtellerie où pour toujours le charretier a dételé, où le paria repose. Dans ces pensées, je trouvais la mort désirable, et je venais à mépriser la terre. Je considérais l'orient d'où sortait à chaque instant une multitude d'étoiles. Quoique leurs destins me fussent inconnus, je sentais qu'ils étaient liés avec ceux des hommes, et que la nature, qui a fait ressortir à leurs besoins tant d'objets qu'ils ne voient pas, y avait au moins attaché ceux qu'elle offrait à leur vue. Mon âme s'élevait donc dans le firmament avec les astres ; et lorsque l'aurore venait joindre à leurs douces et éternelles clartés ses teintes de rose, je me croyais aux portes du ciel. Mais dès que ses feux doraient le sommet des pagodes, je disparaissais comme une ombre; j'allais, loin des hommes, me reposer dans les champs au pied

d'un arbre, où je m'endormais au chant des oiseaux.

« — Homme sensible et infortuné, dit l'Anglais votre récit est bien touchant : croyez-moi, la plupart des villes ne méritent d'être vues que la nuit. Après tout, la nature a des beautés nocturnes qui ne sont pas les moins touchantes; un poëte fameux de mon pays n'en a pas célébré d'autres. Mais, dites-moi, comment enfin avez-vous fait pour vous rendre heureux à la lumière du jour?

« — C'était déjà beaucoup d'être heureux la nuit, reprit l'Indien ; la nature ressemble à une belle femme qui, pendant le jour, ne montre au vulgaire que les beautés de son visage, et qui, pendant la nuit en dévoile de secrètes à son amant. Mais si la solitude a ses jouissances, elle a ses privations : elle paraît à l'infortuné un port tranquille, d'où il voit s'écouler les passions des autres hommes sans en être ébranlé ; mais pendant qu'il se félicite de son immobilité, le temps l'entraîne lui-même. On ne jette point l'ancre dans le fleuve de la vie ; il emporte également celui qui lutte contre son cours et celui qui s'y abandonne, le sage comme l'insensé, et tous deux arrivent à la fin de leurs jours, l'un après en avoir abusé, et l'autre sans en avoir joui. Je ne voulais pas être plus sage que la nature, ni trouver mon bonheur hors des lois qu'elle a prescrites à l'homme. Je désirais surtout un ami à qui je pusse communiquer mes plaisirs et mes peines. Je le cherchai longtemps parmi mes égaux ; mais je ne vis que des envieux. Cependant j'en trouvai un sensible, reconnaissant, fidèle et inaccessible aux préjugés : à la vérité, ce n'était pas dans mon espèce, mais dans celle des animaux ; c'était ce chien que vous voyez. On l'avait exposé, tout petit, au coin d'une rue, où il était près de mourir de faim. Il me toucha de compassion ; je l'élevai : il s'attacha à moi, et je m'en fis un compagnon inséparable. Ce n'était pas assez : il me fallait un ami plus malheureux qu'un chien, qui connût tous les maux de la société humaine et qui m'aidât à les supporter ; qui ne désirât que les biens de la nature, et avec qui je pusse en jouir. Ce n'est qu'en s'entrelaçant que deux faibles arbrisseaux résistent à l'orage. La Providence combla mes désirs en me donnant une bonne femme. Ce fut à la source de mes malheurs que je trouvai celle de mon bonheur. Une nuit que j'étais au cimetière des brames, j'aperçus, au clair de la lune, une jeune bramine, à demi couverte de son voile jaune. A l'aspect d'une femme du sang de mes tyrans, je reculai d'horreur, mais je m'en rapprochai ému de compassion en voyant le soin dont elle était occupée. Elle mettait à manger sur un tertre qui couvrait les cendres de sa mère, brûlée depuis peu toute vive, avec le corps de son père, suivant l'usage de sa caste, et elle y brûlait de l'encens, pour appeler son ombre. Les larmes me vinrent aux yeux en voyant une personne plus infortunée que moi. Je me dis : Hélas! je suis lié des liens de l'infamie, mais tu l'es de ceux de la gloire. Au moins je vis tranquille au fond de mon précipice ; et toi, toujours tremblante sur le bord du tien. Le même destin qui t'a enlevé ta mère te menace aussi de t'enlever un jour. Tu n'as reçu qu'une vie, et tu dois mourir de deux morts : si ta propre mort ne te fait descendre au tombeau, celle de ton époux t'y entraînera toute vivante. Je pleurais, et elle pleurait : nos yeux baignés de larmes se rencontrèrent et se parlèrent comme ceux des malheureux : elle détourna les siens, s'enveloppa de son voile et se retira. La nuit suivante, je revins au même lieu. Cette fois elle avait mis une plus grande provision de vivres sur le tombeau de sa mère : elle avait jugé que j'en avais besoin; et comme les brames

empoisonnent souvent leurs mets funéraires, pour empêcher les parias de les manger, pour me rassurer sur l'usage des siens, elle n'y avait apporté que des fruits. Je fus touché de cette marque d'humanité; et, pour lui témoigner le respect que je portais à son offrande filiale, au lieu de prendre ses fruits, j'y joignis des fleurs : c'étaient des pavots, qui exprimaient la part que je prenais à sa douleur. La nuit suivante, je vis avec joie qu'elle avait approuvé mon hommage; les pavots étaient arrosés, et elle avait mis un nouveau panier de fruits à quelque distance du tombeau. La piété et la reconnaissance m'enhardirent. N'osant lui parler comme paria, de peur de la compromettre, j'entrepris, comme homme, de lui exprimer toutes les affections qu'elle faisait naître dans mon âme : suivant l'usage des Indes, j'empruntai, pour me faire entendre, le langage des fleurs; j'ajoutai au pavot des soucis. La nuit d'après, je retrouvai mes pavots et mes soucis baignés d'eau. La nuit suivante, je devins plus hardi : je joignis aux pavots et aux soucis une fleur de foulsapatte, qui sert aux cordonniers à teindre leurs cuirs en noir, comme l'expression d'un amour humble et malheureux. Le lendemain, dès l'aurore, je cou-

rus au tombeau, mais j'y vis la foulsapatte desséchée, parce qu'elle n'avait pas été arrosée. La nuit suivante, j'y mis, en tremblant, une tulipe dont les feuilles rouges et le cœur noir exprimaient les feux dont j'étais brûlé; le lendemain je retrouvai ma tulipe dans l'état de la foulsapatte. J'étais accablé de chagrin; cependant, le surlendemain, j'y apportai un bouton de rose avec ses épines, comme le symbole de mes espérances mêlées de beaucoup de craintes. Mais quel fut mon désespoir quand je vis, aux premiers rayons du jour, mon bouton de rose loin du tombeau! Je crus que je perdrais la raison. Quoi qu'il pût m'en arriver, je résolus de lui parler. La nuit suivante, dès qu'elle parut, je me jetai à ses pieds; mais je restai tout interdit en lui présentant ma rose. Elle prit la parole et me dit : « Infor-
« tuné! tu me parles d'amour, et bientôt je ne
« serai plus. Il faut, à l'exemple de ma mère,
« que j'accompagne au bûcher mon époux qui
« vient de mourir : il était vieux, je l'épousai
« enfant : adieu; retire-toi, et oublie-moi; dans
« trois jours je ne serai qu'un peu de cendres. »

En disant ces mots, elle soupira. Pour moi, pénétré de douleur, je lui dis : « Malheureuse bra« mine ! la nature a rompu les liens que la société
« vous avait donnés ; achevez de rompre ceux de
« la superstition : vous le pouvez en me prenant
« pour époux. — Quoi ! reprit-elle en pleurant,
« j'échapperais à la mort pour vivre avec toi dans
« l'opprobre ! Ah ! si tu m'aimes, laisse-moi mou« rir. — A Dieu ne plaise, m'écriai-je, que je ne
« vous tire de vos maux que pour vous plonger
« dans les miens ! Chère bramine, fuyons ensem« ble au fond des forêts ; il vaut encore mieux se
« fier aux tigres qu'aux hommes. Mais le ciel,
« dans qui j'espère, ne nous abandonnera pas.
« Fuyons : l'amour, la nuit, ton malheur, ton
« innocence, tout nous favorise. Hâtons-nous,
« veuve infortunée, déjà ton bûcher se prépare,
« et ton époux mort t'y appelle. Pauvre liane ren« versée ! appuie-toi sur moi, je serai ton pal« mier. » Alors elle jeta, en gémissant, un regard
sur le tombeau de sa mère, puis vers le ciel, et,
laissant tomber une de ses mains dans la mienne,
de l'autre elle prit ma rose. Aussitôt je la saisis

par le bras, et nous nous mîmes en route. Je jetai son voile dans le Gange pour faire croire à ses parents qu'elle s'y était noyée. Nous marchâmes pendant plusieurs nuits le long du fleuve, nous cachant le jour dans des rizières. Enfin nous arrivâmes dans cette contrée que la guerre autrefois a dépeuplée d'habitants. Je pénétrai au fond de ce bois, où j'ai bâti cette cabane et planté un petit jardin. Nous y vivons très-heureux. Je révère ma femme comme le soleil, et je l'aime comme la lune. Dans cette solitude, nous nous tenons lieu de tout; nous étions méprisés du monde; comme nous nous estimons mutuellement, les louanges que je lui donne, ou celles que j'en reçois, nous paraissent plus douces que les applaudissements d'un peuple. » En disant ces mots, il regardait son enfant dans son berceau, et sa femme qui versait des larmes de joie.

Le docteur, en essuyant les siennes, dit à son hôte : « En vérité, ce qui est en honneur chez les hommes est souvent digne de leur mépris, et ce qui est méprisé d'eux mérite souvent d'en être honoré. Mais Dieu est juste ; vous êtes mille fois plus heureux dans votre obscurité que le chef des brames de Jagrenat dans toute sa gloire. Il est exposé, ainsi que sa caste, à toutes les révolutions de la fortune ; c'est sur les brames que tombent la plupart des fléaux des guerres civiles et étrangères qui désolent votre beau pays depuis tant de siècles ; c'est à eux qu'on s'adresse souvent pour avoir des contributions forcées, à cause de l'empire qu'ils exercent sur l'opinion des peuples. Mais, ce qu'il y a de plus cruel pour eux, ils sont les premières victimes de leur religion inhumaine. A force de prêcher l'erreur, ils s'en pénètrent eux-mêmes au point de perdre le sentiment de la vérité, de la justice, de l'humanité, de la piété : ils sont liés des chaînes de la superstition dont ils veulent captiver leurs compatriotes; ils sont forcés à chaque instant de se laver, de se purifier et de s'abstenir d'une multitude de jouissances innocentes ; enfin, ce qu'on ne peut pas dire sans horreur, par une suite de leurs dogmes barbares, ils voient brûler vives leurs parentes, leurs mères, leurs sœurs et leurs propres filles : ainsi les punit la nature, dont ils ont violé les lois. Pour vous, il vous est permis d'être sincère, bon, juste, hospitalier, pieux ; et vous échappez aux coups de la fortune et aux maux de l'opinion par votre humiliation même. »

Après cette conversation, le paria prit congé de son hôte pour le laisser reposer, et se retira, avec sa femme et le berceau de son enfant, dans une petite pièce voisine.

Le lendemain, au lever de l'aurore, le docteur fut réveillé par le chant des oiseaux nichés dans les branches du figuier d'Inde, et par les voix du paria et de sa femme, qui faisaient ensemble la prière du matin. Il se leva et fut bien fâché lorsque, le paria et sa femme ouvrant leur porte pour lui souhaiter le bonjour, il vit qu'il n'y avait d'autre lit dans la cabane que le lit conjugal, et qu'ils avaient veillé toute la nuit pour le lui céder. Après qu'ils lui eurent fait le salam, ils se hâtèrent de lui préparer à déjeuner. Pendant ce temps-là, il fut faire un tour dans le jardin : il le trouva, ainsi que la cabane, entouré des arcades du figuier d'Inde, si entrelacées, qu'elles formaient une haie impénétrable même à la vue. Il apercevait seulement au-dessus de leur feuillage les flancs rouges du rocher qui flanquaient le vallon tout autour de lui; il en sortait une petite source qui arrosait ce jardin planté sans ordre. On y voyait pêle-mêle des mangoustans, des orangers, des cocotiers, des litchis, des durions, des manguiers, des jacquiers, des bananiers, et d'autres végétaux tous chargés de fleurs ou de fruits. Leurs troncs mêmes en étaient couverts; le bétel serpentait autour du palmier arec, et le poivrier le long de la canne à sucre. L'air était embaumé de leurs parfums. Quoique la plupart des arbres fussent encore dans l'ombre, les premiers rayons de l'aurore éclairaient déjà leurs sommets ; on y voyait voltiger des colibris étincelants comme des rubis et des topazes, tandis que des bengalis et des sensa-soulé, ou cinq cents voix, cachés sous l'humide feuillée, faisaient entendre sur leurs nids leurs doux concerts. Le docteur se promenait sous ces charmants ombrages, loin des pensées savantes et ambitieuses, lorsque le paria vint l'inviter à déjeuner. « Votre jardin est délicieux, dit l'Anglais ; je ne lui trouve d'autre défaut que d'être trop petit ; à votre place j'y ajouterais un boulingrin et je l'étendrais dans la forêt. — Seigneur, lui répondit le paria, moins on tient de place, plus on est à couvert : une feuille suffit au nid de l'oiseau mouche. » En disant ces mots, ils entrèrent dans la cabane, où ils trouvèrent dans un coin la femme du paria qui allaitait son enfant : elle avait servi à déjeuner. Après un repas silencieux, le docteur se préparant à partir, l'Indien lui dit : « Mon hôte, les campagnes sont encore inondées des pluies de la nuit, les chemins sont impraticables ; passez ce jour avec nous. — Je ne peux, dit le docteur, j'ai trop de monde avec moi. — Je le vois, reprit le paria, vous avez hâte de quitter le pays des brames pour retourner dans celui des chrétiens, dont la religion fait vivre tous les hommes en frères. » Le docteur se leva en soupirant. Alors le paria fit un signe à sa femme, qui, les yeux baissés et sans parler, présenta au docteur une corbeille de fleurs et de fruits. Le paria, prenant la parole pour elle, dit à l'Anglais : « Seigneur, excusez notre pauvreté; nous n'avons, pour parfumer nos hôtes suivant l'usage de l'Inde, ni ambre gris ni bois d'aloès; nous n'avons que des fleurs et des fruits; mais j'espère que vous ne mépriserez pas cette petite corbeille remplie par les mains de ma femme; il n'y a ni pavots ni soucis, mais des jasmins, du mougris et des bergamotes, symbole, par la durée de leurs parfums, de notre affection, dont le souvenir nous restera, lors même que nous ne nous verrons plus. » Le docteur prit la corbeille, et dit au paria : « Je ne saurais trop reconnaître votre hospitalité et vous témoigner toute l'estime que je vous porte : acceptez cette montre d'or; elle est de Graham, le plus fameux horloger de Londres; on ne la remonte qu'une fois par an. » Le paria lui répondit : « Seigneur, nous n'avons pas besoin de montre; nous en avons une qui va toujours et qui ne se dérange jamais; c'est le soleil. — Ma montre sonne les heures, ajouta le docteur. — Nos oiseaux les chantent, repartit le paria. — Au moins, dit le docteur, recevez ces cordons de corail pour faire des colliers rouges à votre femme et à votre enfant. — Ma femme et mon enfant, répondit l'Indien, ne manqueront jamais de colliers rouges, tant que notre jardin produira des pois d'angole. — Acceptez donc, dit le docteur, ces pistolets pour vous défendre des voleurs dans votre solitude. — La pauvreté, dit le paria, est un rempart qui éloigne de nous les voleurs ; l'argent dont vos armes sont garnies suffirait pour les attirer. Au nom de Dieu qui nous protége, et de qui nous attendons notre récompense, ne nous enlevez pas le prix de notre hospitalité. — Cependant, reprit l'Anglais, je désirerais que vous conservassiez quelque chose de moi. — Eh bien, mon hôte, répondit le paria, puisque vous le voulez, j'oserai vous proposer un échange : donnez-moi votre pipe, et recevez la mienne : lorsque je fumerai dans la vôtre, je me rappellerai qu'un pandect européen n'a pas dédaigné d'accepter l'hospitalité chez un pauvre paria. » Aussitôt le docteur lui présenta sa pipe de cuir d'Angleterre, dont l'embouchure était d'ambre jaune, et reçut en retour celle du paria, dont le tuyau était de bambou, et le fourneau de terre cuite.

Ensuite il appela ses gens, qui étaient tous morfondus de leur mauvaise nuit passée; et, après avoir embrassé le paria, il monta dans son palanquin. La femme du paria, qui pleurait, resta sur la porte de la cabane, tenant son enfant dans ses bras; mais son mari accompagna le docteur jusqu'à la sortie du bois, en le comblant de bénédictions. « Que Dieu soit votre récompense, lui disait-il, pour votre bonté envers les malheureux! que je lui sois en sacrifice pour vous! qu'il vous ramène heureusement en Angleterre, ce pays de savants et d'amis, qui cherchent la vérité par tout le monde pour le bonheur des hommes! » Le docteur lui répondit : « J'ai parcouru la moitié du globe, et je n'ai vu partout que l'erreur et la discorde ; je n'ai trouvé la vérité et le bonheur que dans votre cabane. » En disant ces mots, ils se séparèrent l'un de l'autre en versant des larmes. Le docteur était déjà bien loin dans la campagne, qu'il voyait encore le bon paria au pied d'un arbre, qui lui faisait signe des mains pour lui dire adieu.

Le docteur, de retour à Calcutta, s'embarqua pour Chandernagor, d'où il fit voile pour l'Angleterre. Arrivé à Londres, il remit les quatre-vingt-dix ballots de ses manuscrits au président de la Société royale, qui les déposa au Muséum britannique, où les savants et les journalistes s'occupent encore aujourd'hui à en faire des traductions, des éloges, des diatribes, des critiques et des pamphlets. Quant au docteur, il garda pour lui les trois réponses du paria sur la vérité. Il fumait souvent dans sa pipe ; et quand on le questionnait sur ce qu'il avait appris de plus utile dans ses voyages, il répondait : « Il faut chercher la vérité avec un cœur simple ; on ne la trouve que dans la nature ; on ne doit la dire qu'aux gens de bien. » A quoi il ajoutait : « On n'est heureux qu'avec une bonne femme. »

★ **Garnier Frères, Libraires-Éditeurs** ★

6, Rue des Saints-Pères. — Paris.  N° 2

*Envoi franco contre mandat ou timbres-poste joints à la demande.*

## LE MÉMORIAL DE SAINTE-HÉLÈNE
### Par le Comte de LAS CASES

2 volumes grand in-8° d'environ 240 livraisons en couleurs par L. BOMBLED, suivi de la biographie des vingt-six maréchaux du premier Empire par Désiré LACROIX. Chaque volume se vend séparément :
Broché. . . . . **12 fr.** — Relié toile, plaque, tr. dorées **16 fr.**

## FRANÇAIS ET ALLEMANDS
### HISTOIRE ANECDOTIQUE DE LA GUERRE 1870-71
### Par DICK DE LONLAY

**4 volumes format grand in-8° jésus**. — Chaque volume contient de nombreux dessins, plans de batailles, et 120 grav. en couleurs, broché **12 fr.** — Relié, plaque spéciale, tranch. dor. **16 fr.**
Demi-chagrin, tranches dorées. . . . . . . . . . . . **18 fr.**

## LA GUERRE A MADAGASCAR
### Histoire anecdotique de l'Expédition
### Par H. GALLI

Deux volumes grand in-8°, contenant environ 240 gravures en couleurs, portraits, cartes et plans, par L. BOMBLED. Chaque volume se vend séparément :
Broché. . . **12 fr.** — Relié doré, plaque chromo, le vol. **16 fr.**

## L'ARMÉE de la LOIRE
### Relation anecdotique de la campagne de 1870-71
### Par GRENEST

1 volume illustré de 120 gravures en couleur par L. BOMBLED
Broché. . . . . . . . **12 fr.** — Relié avec plaque. . . . **16 fr.**

## L'ARMÉE de l'EST
### Relation anecdotique de la campagne 1870-71
### Par GRENEST

1 volume illustré de 120 gravures en couleurs par L. BOMBLED
Broché. . . . . . . . **12 fr.** — Relié avec plaque. . . **16 fr.**

*Voir pages 17 et 18, format in-8° carré.*

# NOUVEAU DICTIONNAIRE NATIONAL
## OU DICTIONNAIRE UNIVERSEL
## DE LA LANGUE FRANÇAISE

Répertoire encyclopédique des Lettres, de l'Histoire, de la Géographie, des Sciences, des Arts et de l'Industrie.

### PAR BESCHERELLE AÎNÉ

CONTENANT :

1° La NOMENCLATURE la plus riche et la plus étendue que l'on puisse trouver dans aucun dictionnaire.
2° L'ÉTYMOLOGIE de tous les mots de la langue, d'après les recherches les plus récentes ;
3° La PRONONCIATION de tous les mots qui offrent quelque difficulté ;
4° L'EXAMEN critique et raisonné des principaux dictionnaires ;
5° La SOLUTION de toutes les difficultés d'orthographe, de grammaire et de style ;
6° La BIOGRAPHIE des personnages les plus remarquables de tous les pays et de tous les temps ;
7° Les NOMS de tous les peuples anciens et modernes, de tous les souverains, des institutions, des sectes religieuses, politiques, philosophiques, les grands événements, sièges, batailles, etc.;
8° La GÉOGRAPHIE ancienne et moderne, physique et politique.

**Ancien Dictionnaire de BESCHERELLE entièrement refondu.**

Le *Nouveau Dictionnaire National de Bescherelle* se compose de 508 feuilles. Il forme quatre magnifiques volumes en caractères neufs et très lisibles, 4.064 pages ou 16.256 colonnes, matière de 400 volumes in-8, nombreuses vignettes, imprimé sur papier glacé et satiné. 100 fr. Relié 1/2 chagrin. 120 fr.

Souscription permanente, 184 livraisons à 50 cent. la livraison.

Paraît également en 18 fascicules, composés de 10 livraisons, à 5 fr.

## GRAMMAIRE NATIONALE

Ou grammaire de Voltaire, de Racine, de Bossuet, de Fénelon, de J.-J. Rousseau, de Bernardin de Saint-Pierre, de Chateaubriand, de tous les écrivains les plus distingués de la France; par MM. BESCHERELLE frères. 1 fort vol. in-8 jés. **10 fr.**

## DICTIONNAIRE CLASSIQUE DE LA LANGUE FRANÇAISE

Comprenant les mots du Dictionnaire de l'Académie, tous ceux autorisés par l'emploi qu'en ont fait les bons écrivains ; leurs acceptions propres et figurées et l'indication de leur emploi dans les différents genres de styles ; les termes usités dans les sciences, ou tirés des langues étrangères ; la prononciation de tous les mots qui présentent quelque difficulté, géographie, d'histoire et de biographie. Par M. BESCHERELLE aîné, *auteur du Dictionnaire National de la langue française*. 1 fort volume grand in-8 jésus illustré, 1.200 gravures dans le texte et 40 cartes et gravures d'ensemble.................. **18 fr.**

Souscription en environ 180 livraisons à 10 cent. (deux par semaine).

### BESCHERELLE Aîné
### NOUVEAU DICTIONNAIRE ENCYCLOPÉDIQUE ILLUSTRÉ

RÉDIGÉ D'APRÈS LE NOUVEAU DICTIONNAIRE DE BESCHERELLE ET CELUI DE L'ACADÉMIE

Langue française — Histoire — Biographie — Géographie — Sciences
Arts — Industrie

Par E. BERGEROL et F. TULOU

2.000 vignettes, dessins de CHAPUIS et de CATENACCI. 1 volume in-18, 1.026 pages cart. dos toile, 2 fr. 60. — Relié toile pleine, 3 fr.

## GRAMMAIRES EN DEUX LANGUES

**GRAMMAIRE DE LA LANGUE ANGLAISE.** 1° Traité de la prononciation avec un *syllabaire*, exemples de lectures; — 2° Cours de thèmes complet sur les règles, difficultés de la langue; — 3° Idiotismes; — 4° Dialogues familiers, par CLIFTON et MERVOYER. 1 vol. in-18... 2 fr.

**GRAMMAIRE PRATIQUE ET RAISONNÉE DE LA LANGUE ALLEMANDE**, par Er. GRÉGOIRE. 1 vol. grand in-18......... 8 fr.

**NEW ETYMOLOGICAL FRENCH GRAMMAR**, by A. CHASSANG. With introductory remarks for the use of English schools and colleges, by L. Paul BLOUNT. B. A. French Master. St-Paul's School, Examiner at Christ's Hospital. London. 1. vol. in-18. 5 fr.

**GRAMMAIRE ALLEMANDE** pratique et raisonnée, par H.-A. BIRMANN. 1 vol. in-18....... 1 fr. 50

**RECUEIL DE LECTURES ALLEMANDES** en prose et en vers, par H. BIRMANN et DREYFUS. 1 vol. in-18.................. 1 fr. 50

**GRAMMAIRE ESPAGNOLE-FRANÇAISE DE SOBRINO.** Très complète et très detaillée, contenant toutes les notions nécessaires pour apprendre à parler et à écrire correctement l'espagnol. Nouvelle édition, refondue par A. GALBAN. 1 vol. in-8, cartonné....... 4 fr.

**NOUVELLE GRAMMAIRE ESPAGNOLE-FRANÇAISE.** Avec des thèmes, grand nombre d'exemples dans chaque leçon, par A. GALBAN. 1 vol. in-18.................. 2 fr.

**LEÇONS D'ESPAGNOL** à l'usage des établissements d'instruction, par ALLAUX.
1re partie, in-18, cartonné.... 2 fr.
2e partie, in-18, cartonné.... 2 fr.

**NOUVELLE GRAMMAIRE RUSSE** à l'usage des Français, par N. SOKOLOFF. 1 vol. in-18. 3 fr. 50

**GRAMÁTICA DE LA LENGUA FRANCESA**, para los españoles, por CHANTREAU, corrigée avec le plus grand soin par A. GALBAN. 1 vol. in-8.................. 4 fr.

**GRAMMAIRE ITALIENNE** en 25 leçons, d'après VERGANI, corrigée et complétée par C. FERRARI. 1 vol. in-18.................. 2 fr.

**NUOVA GRAMMATICA FRANCESE-ITALIANA** di LUDOVICO GOUDAR. Nuova edizione, corretta e arricchita da CACCIA. 1 vol. in-18. 2 fr.

**GRAMMAIRE ALLEMANDE** à l'usage des Italiens, par ENENKEL. 1 vol. in-18.............. 2 fr.

**METODO TEORICO E PRATICO** por apprendere a leggere, scrivere e parlare la *Lingua tedesca*, da ARTURO ENENKEL. 1 vol. in-18, cartonné.............. 2 fr.

**GRAMMAIRE PORTUGAISE**, raisonnée et simplifiée, par M. Paulino DE SOUZA. 1 fort v. grand in-18. 6 fr.

**ABRÉGÉ DE LA GRAMMAIRE PORTUGAISE** de M. P. DE SOUZA, avec un cours gradué de thèmes, par L.-S. DE FONSECA. 1 v. in-18. 3 fr.

**GRAMMAIRE DE LA LANGUE D'OIL**, français des XII° et XIII° siècles, par A. BOURGUIGNON. 1 vol. in-18................. 3 fr.

## DICTIONNAIRE USUEL DE LA LANGUE FRANÇAISE

Comprenant : 1° Les mots admis par l'Académie, les mots nouveaux dont l'emploi est suffisamment autorisé, les archaïsmes utiles à connaitre pour l'intelligence des auteurs classiques, la prononciation dans les cas douteux, les étymologies, la solution des difficultés grammaticales et un grand nombre d'exemples; — 2° L'histoire, la mythologie et la géographie, par MM. BESCHERELLE ainé et A. BOURGUIGNON. 1 vol. grand in-18, 1271 pages. Relié toile. 6 fr.

## DICTIONNAIRE PORTATIF DES COMMUNES DE FRANCE

De l'Algérie, des colonies et des pays de protectorat, précédé de tableaux synoptiques, par GINDRE DE MANCY, nouvelle édition revue et mise à jour, par M. Désiré LACROIX. 1 fort vol. in-32, d'environ 200 pages............ 5 fr.

## DICTIONNAIRE USUEL DE TOUS LES VERBES FRANÇAIS

*Tant réguliers qu'irréguliers*, par MM. BESCHERELLE frères. 2 forts vol. in-8 à 3 col., 12 fr. Relié 16 fr.

**DICTIONNAIRE DES SYNONYMES DE LA LANGUE FRANÇAISE**, par A. BOURGUIGNON et H. BERGEROL. 1 v. in-32 relié. 5 fr.

**DICTIONNAIRE ÉTYMOLOGIQUE DE LA LANGUE FRANÇAISE**, par MM. BERGEROL et TULOU. 1 vol. in-32, format Casin relié. 5 fr.

**NOUVEAU DICTIONNAIRE DES RIMES.** Précédé d'un traité complet de la versification, par QUITARD. 1. vol. in-32 fr. 2 ; relié.. 2 fr. 50

**DICTIONNAIRE DES TERMES**

DE MARINE, par POUSSART, officier de marine, Grav., Cartes. 1 vol. in-32 relié ........ **3 fr. 50**
PETIT DICTIONNAIRE D'HISTOIRE, DE GÉOGRAPHIE ET DE MYTHOLOGIE, par QUITARD, faisant suite au *Petit Dictionnaire national* de M. BESCHERELLE. 1 vol. in-32 broché. **1 fr. 50**; relié **2 fr.**
NUOVO VOCABOLARIO UNIVERSALE della lingua italiana, storico, scientifico, etc., compilato da B. MELZI. 1 vol. in-18 jésus, relié ..... **6 fr.**
NUOVO VOCABULARIO UNIVERSAL DA LENGUA PORTUGUEZA, par LEVINDO CASTRO DE LA FAYETTE. Format Cazin, édition de luxe, 1 vol. grand in-32, petit caractère, 1.200 pages. **6 fr.**

PETIT DICTIONNAIRE NATIONAL. Nouvelle édition entièrement refondue, d'après le nouveau Dictionnaire National et la 7ᵉ édition du
Dictionnaire de l'Académie, par BESCHERELLE aîné. 1 vol. in-32 élégamment relié, toile souple. **2 fr.**

## DICTIONNAIRES EN DEUX LANGUES

Avec la prononciation figurée, très complets et exécutés avec le plus grand soin, contenant chacun la matière d'un fort vol. in-8, à l'usage des voyageurs, des lycées, des collèges, de la jeunesse des deux sexes, et de toutes les personnes qui étudient les langues étrangères.

Nouveau dictionnaire anglais-français et français-anglais, par CLIFTON. 1 volume relié, revu par M. FENARD............. **5 fr.**
Nouveau dictionnaire allemand-français et français-allemand, par K. ROTTECK, revu par M. KISTER. 1 vol. relié............. **5 fr.**
Nouveau dictionnaire italien-français et français-italien, par C. FERRARI. 1 vol. relié........ **5 fr.**
Nouveau dictionnaire français-espagnol et espagnol-français, par VICENTE SALVA. 1 vol. relié.. **6 fr.**
Nouveau dictionnaire portugais-français et français-portugais, par SOUZA PINTO. 1 fort vol. relié. **6 fr.**
Nouveau dictionnaire français-russe et russe-français, par SOKOLOFF. 2 vol. reliés......... **10 fr.**
Nouveau dictionnaire latin-français, par de SUCKAU. 1 vol. relié. **5 fr.**
Nouveau dictionnaire français-latin, par BENOIST. 1 vol. relié **5 fr.**
Nouveau dictionnaire grec-français, rédigé sur un plan nouveau, par A. CHASSANG. 1 vol. relié... **6 fr.**
Nouveau dictionnaire grec moderne-français et français-grec moderne, par Émile LEGRAND. 2 vol. reliés................. **12 fr.**
Diccionario español-inglés é inglés-español portatil, por D. F. COLONA BUSTAMANTE. 2 vol reliés.... **6 fr.**
Nouveau dictionnaire español-alemán y alemán-español, por ARTURO ENENKEL. 1 vol. relié........ **6 fr.**
Diccionario español-italiano é italiano-español, por D.-J. CACCIA. 1 vol. relié..................... **5 fr.**
New dictionary of the english and italian languages, by ALPP. DE BIRMINGHAM. 1 vol. rel...... **6 fr.**
Dictionnaire italien-allemand et allemand-italien, composé d'après un nouveau plan, par ARTURO ENENKEL. 1 vol. relié........... **6 fr.**
Dictionnaire anglais-portugais et portugais-anglais, par CASTRO DE LAFAYETTE. 1 volume...... **6 fr.**
Dictionnaire portugais-allemand et allemand-portugais, par ENENKEL. 1 vol. in-32 relié...... **8 fr.**

## GUIDES POLYGLOTTES

Manuels de la conversation et du style épistolaire, à l'usage des voyageurs et des écoles. Grand in-32, format dit Cazin, reliure élégante. . . . . . **2 fr.**

Français-anglais, par M. CLIFTON.
Français-italien, par M. VITALI.
Français-allemand, par M. EBELING.
Français-espagnol, par BUSTAMENTE.
Español-francés, par BUSTAMANTE.
English-french par CLIFTON.
Hollands-fransch, van A. DUFRICHES.
Español-inglés, por BUSTAMANTE y CLIFTON.
English-italian, par CLIFTON.
Español-aleman, por BUSTAMANTE y EBELING.
Deutsch-english, von EBELING.
Español-italiano, por BUSTAMANTE.
Italiano-tedesco, da GIOVANNI VITALI.
Portuguez-francez, por M. CAROLINO DUARTE.
English-portuguese, par CLIFTON et DUARTE.
Español-portugués, por BUSTAMANTE y DUARTE.

*Par exception. Relié souple, 3 fr.*

Français-roumain, par M. HAZAN.
Grec moderne-français, par M. B. LEGRAND.
Russe-français, par le comte DE MONTEVERDE.
Anglais-russe, par le même.
Russe-allemand, par le même.
Russe-italien, par le même.
Guides en six langues : français-anglais-allemand-italien-espagnol-portugais............ 5 fr.
Español-francés con la pronuaciacion ﬁ urada de todas las palabras francesas, par CORONA BUSTAMANTE 3 fr.
Français-espagnol, avec la *prononciation figurée des mots espa*gnols.................... 3 fr.
Français-anglais avec la *prononciation figurée des mots anglais*.
Français-italien avec la *prononciation figurée des mots italiens*.
Allemand-français, avec la prononciation figurée des mots français.
Polyglot guides manual of conversation. English and French with the figured pronunciation of the French, by M. CLIFTON.
Français-allemand, avec la prononciation figurée des mots allemands, par M. BIRMANN.
Guide en quatre langues français-anglais-allemand-italien.

## GRANDS DICTIONNAIRES EN DEUX LANGUES

NOUVEAU DICTIONNAIRE latin-français, par MM. H. GOELZER et BENOIST. 1 volume grand in-8° à 3 colonnes................ 10 fr.
DICTIONNAIRE anglais-français et français-anglais. Composé sur un nouveau plan d'après les ouvrages spéciaux les plus récents, par CLIFTON et ADRIEN GRIMAUX. 2 vol. in-8, 2,200 pages à 3 colonnes, 20 fr.
— Reliés, 2 volumes en un, 25 fr., en 2 volumes............. 28 fr.
GRAND DICTIONNAIRE français-allemand et allemand-français, par H. A. BIRMANN 2 forts vol. grand in-18, 25 fr. Reliés........ 33 fr.
GRAND DICTIONNAIRE espagnol-français et français-espagnol. Avec la prononciation dans les deux langues, rédigé par D. VINCENTE SALVA et d'après les meilleurs dictionnaires anciens et modernes, par MM. NORIEGA ET GOIM. 1 fort vol. gr. in-8, 1.600 pages à 3 colonnes. 18 fr.; relié..... 23 fr.
GRAND DICTIONNAIRE italien-français et français-italien. Rédigé d'après les ouvrages et les travaux les plus récents, avec la prononciation dans les deux langues, par MM. CACCIA et FERRARI. 2 forts vol. grand in-8 à 3 colonnes, réunis en 1 vol. 20 fr.; reliés.... 25 fr.
DICTIONARY spanish-english et inglès-espanol. Le plus complet de ceux publiés jusqu'à ce jour, rédigé d'après les meilleurs dictionnaires anglais et espagnols: *de l'Académie espagnole*, Salva, Seouse, Clifton, Woucesten, Webster, etc., par LOPEZ et BENSLEY. 1 vol. gr. in-8 rel. 20 fr.
NOUVEAU DICTIONNAIRE grec-français, par M. CHASSANG. 1 vol. gr. in-8 relié............. 20 fr.

## CODES ET LOIS USUELLES

Classés par ordre alphabétique, contenant la législation jusqu'à ce jour collationnée sur les textes officiels, présentant en notes sous chaque article des Codes, ses différentes modifications, la corrélation des articles entre eux, la concordance avec le droit romain, l'ancienne législation française et les lois nouvelles, précédée des *Lois Constitutionnelles* et accompagnée d'une table chronologique et d'une table des matières.

Par MM. AUGUSTIN ROGER et ALEXANDRE SOREL
*Président du Tribunal Civil de Compiègne, Chevalier de la Légion d'honneur*
25° édition imprimée en caractères neufs, entièrement refondue et considérablement augmentée.
1 vol. gr. in-8 d'environ 1,500 pages. — Broché, 20 fr. Relié demi-chagrin, 25 fr.
LE MÊME OUVRAGE édition portative, format grand in-32 jésus, en deux parties. — Cette édition, entièrement refondue, est imprimée en caractères neufs comme l'édition grand in-8°.
1re PARTIE. Les *Codes*, broché. 4 fr. | 2e PARTIE. Les *Lois usuelles*, b. 4 fr.
Relié, 1/2 chagrin........ 5 fr. 25 | Relié, 1/2 chagrin........ 5 fr. 25

### RÉPÉTITIONS ÉCRITES SUR LE CODE CIVIL

Contenant l'exposé des principes généraux, leurs motifs et la solution des questions théoriques, par Mourlon, docteur en droit, avocat à la cour d'appel.
7e Edition, revue et mise au courant, par CH. DEMANGEAT, conseiller à la cour de cassation, professeur honoraire à la faculté de droit de Paris. 3 vol. in-8. 37 fr. 50
Chaque examen, formant 1 vol., se vend séparément............... 12 fr. 50

# DICTIONNAIRE DE DROIT COMMERCIAL, INDUSTRIEL ET MARITIME

Par J. RUBEN DE COUDER, docteur en droit, président du tribunal civil de la Seine, 3ᵉ édition dans laquelle a été entièrement refondu et remis au courant l'ancien ouvrage de MM. GOUGET et MERGER. 6 forts vol. in-8, 60 fr. Bien reliés. **72 fr.**

**ŒUVRES COMPLÈTES DE BUFFON.** Avec la nomenclature Linéenne et la classification de Cuvier; édition nouvelle: annotée par M. FLOURENS, membre de l'Académie française, nouvelle édition. 12 volumes, grand in-8, illustré de 150 planches, 400 sujets coloriés, dessins originaux de MM. TRAVIÈS et GOBIN. **150 fr.**

**ŒUVRES DE CUVIER.** Suivies de celles du comte DE LACÉPÈDE, complément aux Œuvres complètes de Buffon, annotées par M. FLOURENS. 4 forts vol. gr. in-8, 150 sujets coloriés. **50 fr.**

## CHEFS-D'ŒUVRE DE LA LITTÉRATURE FRANÇAISE

Format in-8 cavalier, papier vélin satiné du Marais. Imprimés avec luxe, ornés de gravures sur acier; dessins par les meilleurs artistes. — 60 volumes sont en vente à 7 fr. 50. — On tire, de chaque volume de la collection, *150 exemplaires numérotés* sur papier de Hollande avec fig. sur Chine avant la lettre; le volume, **15 fr.**

**ŒUVRES COMPLÈTES DE MOLIÈRE**
2ᵉ édition, très soigneusement revue sur les textes originaux, avec un nouveau travail de critique et d'érudition, aperçus d'histoire littéraire, examen de chaque pièce, commentaires, vocabulaire par L. MOLAND. 12 vol.

**ŒUVRES COMPLÈTES DE J. RACINE**
Avec une Vie de l'auteur et un examen de chacun de ses ouvrages, par M. SAINT-MARC-GIRARDIN, de l'Académie française. 8 vol.

**ESSAIS DE MICHEL DE MONTAIGNE**
Nouvelle édition, avec les notes de tous les commentateurs, complétée par M. J.-V.-L. CLERC, étude sur Montaigne par PRÉVOST-PARADOL. 4 vol. avec portrait.

**ŒUVRES COMPLÈTES DE LA BRUYÈRE**
Publiées d'après les éditions données par l'auteur, notice sur La Bruyère, variantes, notes et un lexique, par A. CHASSANG, lauréat de l'Académie française, inspecteur général de l'instruction publique. 2 vol.

**ŒUVRES COMPLÈTES DE LA ROCHEFOUCAULD**
Nouvelle édition, avec des notices sur la vie de La Rochefoucauld et sur ses divers ouvrages, variantes, notes, table analytique, un lexique, par A. CHASSANG. 2 vol.

**ŒUVRES COMPLÈTES DE BOILEAU**
Avec des commentaires et un travail de M. GIDEL. Gravures de STAAL. 4 vol.

**ANDRÉ CHÉNIER**
Œuvres poétiques. Nouvelle édition, vignettes de STAAL. 3 vol.

**ŒUVRES COMPLÈTES DE MONTESQUIEU**
Textes revus, collationnés et annotés, par ÉDOUARD LABOULAYE, membre de l'Institut. 7 vol.

**ŒUVRES DE PASCAL**
LETTRES ÉCRITES A UN PROVINCIAL
Nouvelle édition, introduction, notice, variantes des éditions originales, commentaire, bibliographie, par L. DEROME. Portraits des personnages importants de Port-Royal, gravés sur acier. 2 vol.

**ŒUVRES CHOISIES DE PIERRE DE RONSARD**
Avec notice, notes et commentaires, par SAINTE-BEUVE; nouvelle édition, revue et augmentée, par MOLAND. 1 vol. avec portrait.

**ŒUVRES DE CLÉMENT MAROT**
Annotées, revues sur les éditions originales; Vie de Clément Marot, par CHARLES D'HÉRICAULT. 1 volume avec portrait.

**ŒUVRES DE JEAN-BAPTISTE ROUSSEAU**
Avec un nouveau travail de ANT. DE LATOUR, 1 vol. orné du portrait de l'auteur.

**CHEFS-D'ŒUVRE LITTÉRAIRES DE BUFFON**
Introduction par M. FLOURENS, de l'Académie française. 2 vol. avec portrait.

**L'IMITATION DE JÉSUS-CHRIST**
Traduction nouvelle avec des réflexions, par M. DE LAMENNAIS. 1 vol.

**ŒUVRES CHOISIES DE MASSILLON**
Accompagnées de notes, notice par M. GODEFROY. 2 vol. avec portrait.

# ŒUVRES COMPLÈTES DE VOLTAIRE

Nouvelle édition avec Notices, Préfaces, Variantes, Table analytique
**LES NOTES DE TOUS LES COMMENTATEURS ET DES NOTES NOUVELLES**
*Conforme pour le texte à l'édition de Beuchot*

Enrichie des découvertes les plus récentes et mise au courant des travaux qui ont paru jusqu'à nos jours.

Cette nouvelle édition des *Œuvres complètes de Voltaire*, publiée sous la direction de M. Louis Moland, a supplanté celle de Beuchot : c'est un travail remarquable et digne de l'érudition de notre temps. 52 vol. in-8, y compris 2 vol. de table, le vol.............. **7 fr.**

## SUITE DE 90 GRAVURES MODERNES
**Dessins de STAAL, PHILIPPOTEAUX, etc.**

Ces quatre-vingt-dix gravures modernes, qui viennent s'ajouter aux gravures de l'édition de Kehl, sont des œuvres excellentes pour lesquelles aucun soin n'a été épargné et qui représentent dignement l'art actuel à côté de l'art ancien............................... **30 fr.**

*Il a été tiré 150 épreuves sur papier de Chine, 60 fr.*

**Suite de 109 gravures d'après les dessins de MOREAU jeune.**
*Nouvelle édition tirée sur les planches originales.*

Les gravures exécutées d'après les dessins de MOREAU jeune, pour la célèbre édition des ŒUVRES DE VOLTAIRE imprimée à Kehl à la fin du siècle dernier, jouissent d'une réputation qui en faisait désirer vivement la réimpression par les amateurs. Tirée sur les planches originales. Le travail de cette édition a été confié à un de nos meilleurs imprimeurs en taille-douce............................... **30 fr.**

*Il a été tiré 150 épreuves sur papier de Chine et 150 sur papier Wathman.*............................... **60 fr.**

# ŒUVRES COMPLÈTES DE DENIS DIDEROT

**COMPRENANT :**

Tout ce qui a été publié à diverses époques et tous les manuscrits inédits conservés à la Bibliothèque de l'Ermitage. Revues avec soin sur les éditions originales. Notices, Notes, Table analytique.

**Par J. ASSÉZAT**

Cette édition, véritablement complète des Œuvres de Diderot, forme 20 volumes in-8 cavalier, imprimés par M. Claye sur beau papier du Marais, à **7 fr.** le volume.

## CORRESPONDANCE LITTÉRAIRE, PHILOSOPHIQUE ET CRITIQUE
**Par GRIMM, DIDEROT, RAYNAL & MEISTER**

Nouvelle édition collationnée sur les textes originaux, comprenant outre ce qui a été publié à diverses époques et les fragments supprimés en 1813 par la censure, les parties inédites conservées à la Bibliothèque ducale de Gotha et à l'Arsenal de Paris.

**Notice, Notes, Table générale, par Maurice TOURNEUX**

16 vol. in-8 cavalier; le caractère et le papier sont semblables à ceux des *Œuvres complètes* de Diderot, le volume............... **7 fr.**

*Il a été tiré 100 exemplaires numérotés sur papier de Hollande,*
Le volume............................... **15 fr.**

# ŒUVRES COMPLÈTES DE BÉRANGER

*8 vol. in-8, format caval., magnifiquement imprimés, papier vélin satiné, contenant :*

**Les Œuvres anciennes**, illustrées de 53 gravures sur acier, d'après CHARLET, JOHANNOT, RAFFET, etc.................................................. **28 fr.**

**Les Œuvres posthumes.** Dernières chansons (1834 à 1851), illustrées de 14 gravures sur acier, de A. de LEMUD. 1 vol........................... **12 fr.**

**Ma Biographie**, illustrée de 8 gravures. 1 vol................... **12 fr.**

**Musique des chansons**, airs notés anciens et modernes. Édition revue par F. BÉRAT, ill. de 80 gravures d'après GRANDVILLE et RAFFET. 1 vol... **10 fr.**

**Même ouvrage**, sans gravures........................................... **6 fr.**

**Correspondance de Béranger.** Un magnifique portrait gravé sur acier, 4 forts vol. 1.200 lettres et le catalogue analytique de 150 autres............. **24 fr.**

**CHANSONS DE BÉRANGER** anciennes et posthumes. Nouvelle édition populaire, illustrée de 161 dessins inédits de BAYARD, DARJOU, GODEFROY DURAND, PAUQUET, etc., gravés par les meilleurs artistes, vignettes par M. GIACOMELLI. 1 vol. gr. in-8. **10 fr.**

**COLLECTION DE GRAVURES, POUR LES ŒUVRES DE BÉRANGER.** Pour les anciennes chansons, 53 gravures.......... **18 fr.**
Pour les œuvres posthumes, 23 gravures................... **12 fr.**

**MUSIQUE DES CHANSONS DE BÉRANGER**, airs notés anciens et modernes. Nouvelle édition revue par FRÉDÉRIC BÉRAT, augmentée de la musique des chansons posthumes d'airs composés par BÉRANGER, HALÉVY, GOUNOD, LAURENT DE RILLÉ, 120 gravures d'après GRANDVILLE et RAFFET. 1 vol. gr. in-8...... **10 fr.**

**ALBUM BÉRANGER**, par GRANDVILLE. 80 dessins, 1 v. in-8 cav. **10 fr.**
Ces gravures ne font pas double emploi avec les aciers.

**CHANTS ET CHANSONS POPULAIRES DE LA FRANCE.** Nouvelle édition, *avec musique*, illustrée de 339 belles gravures sur acier, d'après DAUBIGNY, M. GIRAUD, MEISSONIER, STAAL, STEINHEIL, TRIMOLBET, gravés par les meilleurs artistes. Notice par A. DE LAMARTINE, 3 vol. gr. in-8................... **48 fr.**

**CHANTS ET CHANSONS POPULAIRES DES PROVINCES DE FRANCE.** Notice par CHAMPFLEURY. Accompagnement de piano par J.-B. WECKERLIN. Illustrés par BIDA, COURBET, JACQUE, etc. 1 vol. gr. in-8............. **12 fr.**

**CHANSONS NATIONALES ET POPULAIRES DE LA FRANCE**, Notes historiques et littéraires par DUMERSAN et NOEL SÉGUR, vignettes dans le texte, et gravures sur acier, 2 vol. gr. in-8................................. **20 fr.**

**L'ANCIENNE CHANSON POPULAIRE EN FRANCE** aux seizième et dix-septième siècles, par J.-B. WECKERLIN, bibliothécaire au Conservatoire de musique. 90 anciens airs notés, gravures en chromotypographie. 1 vol. in-18.... **5 fr.**
Il a été tiré 50 exemplaires numérotés sur papier de Hollande........ **10 fr.**

**LE BÉRANGER DES ÉCOLES**, accompagné d'une étude et de notes, par E. LEGOUVÉ, de l'Académie française, 1 vol. in-18..................... **1 fr. 50**

# BIBLIOTHÈQUE D'UN DÉSŒUVRÉ

*Série d'ouvrages in-32, format elzévirien.*

**ŒUVRES COMPLÈTES DE BÉRANGER**, avec les 10 chansons publiées en 1847. 1 vol...... **3.50**

**ŒUVRES POSTHUMES DE BÉRANGER.** Dernières chansons et Ma biographie, appendices, notes inédites de Béranger. 1 vol.. **3.50**

**PIERRE DUPONT.** Muse populaire, chants et poésies. 1 vol. **3 fr.**

Ouvrages grand in-8° jésus, magnifiquement illustrés

# GALERIES DE PORTRAITS
### GRAVURES SUR ACIER
**20 fr. le volume. — 1/2 reliure soignée, tranches dorées, 26 fr.**

### Galerie de Portraits historiques
Tirée des *Causeries du Lundi*, par Sainte-Beuve, de l'Académie française. Portraits gravés sur acier. 1 vol.

### Galerie des grands Écrivains français
Par le même, semblable au précédent pour l'exécution et les illustrations. 1 vol.

### Nouvelle Galerie des grands Écrivains français
Tirée des *Portraits littéraires* et des *Causeries du Lundi*, par le même. 1 vol.

### Galerie de Femmes célèbres
Tirée des *Causeries du Lundi*, des *Portraits littéraires*, des *Portraits de Femmes*, par le même. 1 vol.

### Nouvelle Galerie de Femmes célèbres
Par le même, semblable pour l'exécution à ceux ci-dessus. 1 vol.

Ces 5 volumes se complètent l'un par l'autre. Ils contiennent la fleur des *Causeries du Lundi*, des *Portraits littéraires* et des *Portraits de Femmes*.

### Poésies d'André Chénier
Avec notice et notes par M. L. Moland, grav. sur acier, dessins de Staal. 1 vol.

### Lettres choisies de Madame de Sévigné
Avec une magnifique galerie de portraits sur acier. 1 volume.

### Histoire de France
Depuis la fondation de la monarchie, par Menechet, ill. 20 grav. sur acier, gravées par F. Delannoy, Outhwaite, etc. 1 vol.

### La France guerrière
Récits historiques d'après les chroniques et les mémoires de chaque siècle, par Ch. d'Héricault et L. Moland, gravures sur acier. 1 vol.

### Dante Alighieri
*La Divine Comédie*, traduite en français par le chevalier Artaud de Montor, préface de M. Louis Moland. Illustrée, dessins de Yan'Dargent. 1 vol.

### Galerie illustrée d'histoire naturelle
Tirée de Buffon, édition annotée par Flourens, 33 gravures sur acier, coloriées, dessins nouveaux de En. Travies et H. Gobin. 1 vol.

### Nouvelle Galerie d'Histoire naturelle
Tirée des œuvres complètes de Buffon et de Lacépède, vie de Buffon par Flourens, illustrée dans le texte, coloriées et hors texte, 30 planches sur acier de MM. Travies et Henri Gobin, 1 fort volume.

### La Femme jugée par les grands Écrivains des deux sexes
La Femme devant *Dieu*, devant la *Nature*, devant la *Loi*, devant la *Société*. Riche et précieuse mosaïque de toutes les opinions émises sur la Femme depuis les siècles les plus reculés jusqu'à nos jours, par D.-J. Larchey, introduction de Bescherelle aîné, 20 superbes gravures sur acier, dessins de Staal. 1 volume.

### Les Femmes d'après les Auteurs français
Par E. Muller. Illustré des portraits des femmes les plus illustres, gravés au burin, dessins de Staal, 1 vol.

### Lettres choisies de Voltaire
Notice et notes explicatives par M. L. Moland, ornées de portraits historiques. Dessins de Philippoteau et Staal, gravés sur acier. 1 vol.

---

### Galeries historiques de Versailles
*(Edition unique)*

Ce grand et important ouvrage a été entrepris aux frais de la liste civile du roi Louis-Philippe, et rédigé d'après ses instructions. Il renferme la description de 1,200 tableaux; des notices historiques sur 676 écussons armoriés, 10 volumes in-8°, accompagnés d'un atlas de 100 gravures in-folio. . . . . . . . . . . 100 fr.
ALBUM (formant un tout complet) de 400 gr., avec notice. Relié, doré. 25

# CHEFS-D'ŒUVRE DU ROMAN FRANÇAIS

12 beaux vol. in-8 cavalier, illustr. de charmantes grav. sur acier, dessins de STALL.

*Chaque volume sans tomaison se vend séparément 7 fr. 50.*

| | | |
|---|---|---|
| Œuvres de M™° de La Fayette. 1 vol. | Œuvres de M™°° Elie de Beaumont, de M™° de Genlis, de Fiévée, de M™° Duras .. 1 vol. | |
| Œuvres de M™° de Fontaines et de Tencin ........ 1 vol. | | |
| La vie de Marianne, suivie du Paysan parvenu, par MARIVAUX. 2 vol. | Œuvres de M™° de Souza... 1 vol. | |
| Œuvres de M™° Riccoboni. 1 vol. | Corinne ou l'Italie, par M™° DE STAEL.................. 1 vol. | |

## ŒUVRES DE WALTER SCOTT

Traduction de M. DEFAUCONPRET, édition de luxe revue et corrigée avec le plus grand soin, illustrée de 59 magnifiques vignettes et portraits sur acier d'après RAFFET. 30 volumes in-8 cavalier, papier glacé et satiné............ **150 fr.**
Chaque volume.................................................... **5 fr.**

| TOMES. | TOMES. | TOMES. |
|---|---|---|
| 1. Waverley. | 10. L'abbé. | 21. Chronique de la Canongate. |
| 2. Guy Mannering. | 11. Kenilworth. | 22. La jolie fille de Perth. |
| 3. L'antiquaire. | 12. Le Pirate. | 23. Charles le Téméraire. |
| 4. Rob-Roy. | 13. Les aventures de Nigel. | 24. Robert de Paris. |
| 5. Le nain noir. | 14. Peveril du Pic. | 25. { Le Château périlleux / La Démonologie. |
| 6. { Les puritains d'Ecosse. / La prison d'Edimbourg. | 15. Quentin Durward. | 26. |
| 7. { La fiancée de Lamermoor. / L'officier de fortune. | 16. Eaux de St-Ronan. | 27. } Histoire d'Ecosse. |
| 8. Ivanhoë. | 17. Redgauntlet. | 28. |
| 9. Le Monastère. | 18. Connétable de Chester. | 29. } Romans poétiques. |
| | 19. Richard en Palestine. | 30. |
| | 20. Woodstock. | |

LE MÊME OUVRAGE. 30 volumes in-8 carré, avec gravures sur acier. Chaque volume contient au moins un roman complet...................... **3 fr. 50**

## ŒUVRES DE J. FENIMORE COOPER

Traduction de M. DEFAUCONPRET, avec 90 vignettes, d'après les dessins de MM. Alfred et Tony JOHANNOT. 30 volumes in-8................ **150 fr.**
On vend séparément chaque volume............................ **5 fr.**

| TOMES. | TOMES. | TOMES. |
|---|---|---|
| 1. Précaution. | 11. Le Bravo. | 21. Le Feu-Follet. |
| 2. L'Espion. | 12. L'Heidenmauer. | 22. A Bord et à Terre. |
| 3. Le Pilote. | 13. Le Bourreau de Berne. | 23. Lucie Hardinge. |
| 4. Lionel Lincoln. | 14. Les Monikins. | 24. Wyandotté. |
| 5. Les Mohicans. | 15. Le Paquebot. | 25. Satanstoë. |
| 6. Les Pionniers. | 16. Eve Effingham. | 26. Le Porte-Chaîne. |
| 7. La Prairie. | 17. Le lac Ontario. | 27. Ravensnest. |
| 8. Le Corsaire rouge. | 18. Mercédès de Castille. | 28. Les Lions de mer. |
| 9. Les Puritains. | 19. Le tueur de daims. | 29. Le Cratère. |
| 10. L'Ecumeur de mer. | 20. Les deux Amiraux. | 30. Les Mœurs du jour. |

LE MÊME OUVRAGE, 30 volumes in-8 carré avec gravures sur acier. Chaque volume contient au moins un roman complet...................... **3 fr. 50**

## HISTOIRE DES DEUX RESTAURATIONS

Jusqu'à l'avènement de Louis-Philippe (janvier 1813 à octobre 1830); par ACHILLE DE VAULABELLE. Nouvelle édition illustrée de vignettes et portraits sur acier, gravés par les premiers artistes, dessins de PHILIPPOTAUX. 10 vol. in-8. **60 fr.**

## ŒUVRES COMPLÈTES D'AUGUSTE THIERRY

*5 volumes in-8 cavalier, papier vélin glacé, le volume..... 6 fr.*

| | |
|---|---|
| Histoire de la Conquête de l'Angleterre............ 2 vol. | Récits des temps mérovingiens................ 1 vol. |
| Lettres sur l'Histoire de France.— Dix ans d'Etudes historiques. 1 v. | Essai sur l'Histoire du Tiers-Etat................. 1 vol. |

## GÉOGRAPHIE GÉNÉRALE, PHYSIQUE, POLITIQUE & ÉCONOMIQUE

Par Louis GRÉGOIRE, docteur ès lettres, professeur d'histoire et de géographie, avec 109 cartes, 500 gravures, 16 types de races avec costumes, en chromo, 20 gravures sur acier. 1 fort volume grand in-8 de 1,200 pages........ 30 fr.
Relié demi-chagrin, tranches dorées, 36 fr. — Avec plaques spéciales... 40 fr.

### DICTIONNAIRE ENCYCLOPÉDIQUE
## D'HISTOIRE, DE BIOGRAPHIE, DE MYTHOLOGIE & DE GÉOGRAPHIE

1° HISTOIRE : l'Histoire des peuples, la Chronologie des dynasties, l'Archéologie, l'Étude des institutions. — 2° BIOGRAPHIE : la Biographie des hommes célèbres, avec notices biographiques. — 3° MYTHOLOGIE : Biographie des dieux et des personnages fabuleux, fêtes et mystères. — 4° GÉOGRAPHIE : la Géographie physique, politique, industrielle et commerciale, la Géographie ancienne et moderne, comparée, par le MÊME.

Nouvelle édition mise au courant des modifications amenées par les événements politiques. 1 fort volume grand in-8 à 2 colonnes de 2,132 pages, la matière d'environ 60 vol. in-8. — Broché, 20 fr. — Relié............ 25 fr.

## DICTIONNAIRE ENCYCLOPÉDIQUE DES LETTRES ET DES ARTS
#### AVEC DES GRAVURES INTERCALÉES DANS LE TEXTE
### Par le Même

1 volume grand in-8 illustré, 15 fr. — Relié...................... 20 fr.

## DICTIONNAIRE ENCYCLOPÉDIQUE DES SCIENCES
#### AVEC DES GRAVURES INTERCALÉES DANS LE TEXTE
### Par M. Victor DESPLATS

Docteur en médecine, Professeur agrégé à la Faculté de médecine de Paris, Professeur des sciences physiques et naturelles au lycée Condorcet et au collège Chaptal.

1 volume grand in-8 illustré, 15 fr. — Relié...................... 20 fr.

**Nouveau DICTIONNAIRE de Géographie** ancienne et moderne, par le même. 1 vol. grand in-32, relié............... 5 fr.

**DICTIONNAIRE classique** d'Histoire, de Géographie, de Biographie et de Mythologie, rédigé d'après le *Dictionnaire encyclopédique d'Histoire et de Géographie*, par L. GRÉGOIRE. 1 fort volume de 1.260 pages, grand in-18, relié. 6 fr.

## ŒUVRES COMPLÈTES DE CHATEAUBRIAND

Nouvelle édition, précédée d'une Étude littéraire sur Chateaubriand, par SAINTE-BEUVE, de l'Académie française, 12 très forts volumes in-8, sur papier cavalier vélin, ornés d'un beau portrait de Chateaubriand et de 42 gravures par STAAL, le volume............................................................... 6 fr.
Les notes manuscrites de Chateaubriand, recueillies par SAINTE-BEUVE, sur les marges d'un exemplaire de la 1re édition de l'*Essai sur les Révolutions*, donnent à notre édition de cet ouvrage une valeur exceptionnelle.

## LES MÉMOIRES D'OUTRE-TOMBE

6 volumes in-8 cavalier, grav. sur acier, le volume 6 fr. — Relié........ 9 fr.

#### ON VEND SÉPARÉMENT AVEC TITRE SPÉCIAL

| | | | |
|---|---|---|---|
| Le Génie du Christianisme | 1 vol. | Voyage en Amérique, en Italie, en Suisse | 1 vol. |
| Les Martyrs | 1 vol. | Le Paradis perdu, littérature anglaise | 1 vol. |
| L'Itinéraire de Paris à Jérusalem | 1 vol. | Histoire de France | 1 vol. |
| Atala, René, Le dernier Abencerage, Les Natchez, Poésies | 1 vol. | Études historiques | 1 vol. |

Chaque vol. avec 3, 4 ou 5 grav. 6 fr. — Relié demi-chagrin, tranches dorées. 9 fr.

## ŒUVRES COMPLÈTES DE SHAKSPEARE

Traduction de M. GUIZOT, nouvelle édition complète, revue, avec une étude sur Shakspeare, des notices sur chaque pièce et des notes.
vol. in-8 cavalier, sans gravures, le vol. 5 fr. — Avec gravures le vol. 6 fr.

## COLLECTION DES COMPACTES
*Grand in-8 jésus à 2 colonnes*
**Gravures sur acier, à 12 fr. 50 le volume**
*Reliés demi-chagrin, tranches dorées 18 fr.*

**ŒUVRES COMPLÈTES DE MOLIÈRE.** Gravures sur acier, dessins de G. STAAL, notes philologiques et littéraires, par LEMAISTRE. 1 vol.

**ŒUVRES DE P. ET TH. CORNEILLE.** Vie de P. Corneille, par FONTENELLE. Grav. sur acier, 1 vol. 12 grav.

**ŒUVRES DE J. RACINE.** Avec Essai sur la vie et les ouvrages de J. Racine, par LOUIS RACINE; 13 vignettes d'après STAAL 1 vol

**ŒUVRES COMPLÈTES DE BOILEAU.** Notice par M. SAINTE-BEUVE. Notes de tous les commentateurs; grav. sur acier. 1 vol.

**ŒUVRES COMPLÈTES DE BEAUMARCHAIS.** Notice par M. LOUIS MOLAND, enrichie à l'aide des travaux les plus récents, gravures, dessins de STAAL. 1 vol.

**ŒUVRES COMPLÈTES DE CASIMIR DELAVIGNE.** — Théâtres.— Messéniennes.— Œuvres posthumes. Illustrées. 1 vol.

**MORALISTES FRANÇAIS.** —PASCAL, LAROCHEFOUCAULD, LA BRUYÈRE, VAUVENARGUES, avec portraits. 1 vol.

**PLUTARQUE. VIE DES HOMMES ILLUSTRES,** traduit par RICARD. 14 grav. 1 vol.

**ŒUVRES COMPLÈTES D'ALFRED DE MUSSET.** 28 gravures, dessins de M. BIDA, notice biographique par son frère. 10 vol. in-8 cavalier.................. 80 fr.
Édition en 1 vol. gr. in-8, ornée de 29 gravures............... 20 fr.

**LE PLUTARQUE FRANÇAIS.** Vie des hommes et des femmes illustres de la France. Édition revue sous la direction de M. T. HADOT. 180 biographies, autant de portraits sur acier, dessins de INGRES, MEISSONIER, etc. 8 vol. gr. in-8............ 96 fr.

**EUGÈNE SUE.** — Le Juif-Errant. Édition illustrée par GAVARNI, 4 vol. gr. in-8.................. 40 fr.

**ŒUVRES CHOISIES DE GAVARNI.** — La Vie de jeune homme. — Les débardeurs, notices par BALZAC, TH. GAUTHIER. 1 vol. gr. in-8, 80 grav........... 10 fr.

**TABLEAU DE PARIS,** par TEXIER. Illustré, 1500 grav., dessins de BLANCHARD, CHAM, GAVARNI, etc. 2 vol. in-folio............. 20 fr.
Relié en toile, tr. dor., fers spéciaux. 2 vol., 30 fr.; rel. en 1 vol. 25 fr.

## ŒUVRES DE GRANVILLE
9 vol. grand in-8 jés., brochés, 90 fr.— Reliure 1/2 chag. tranches dorées 6 fr. par vol.

**FABLES DE LA FONTAINE.** Illustrées de 240 gravures. Un sujet pour chaque fable. 1 vol. gr. in-8, 18 fr.

**LES FLEURS ANIMÉES.** Texte par Alphonse KARR, TAXILE DELORD et le comte FÆLIX. Planches très soigneusement retouchées pour la gravure et le coloris. 2 volumes gr. in-8, 50 gravures coloriées............. 25 fr.

**LES PETITES MISÈRES DE LA VIE HUMAINE.** Illustrées, texte par OLD-NICK, portrait de GRANDVILLE

1 fort vol. gr. in-8 jésus... 15 fr.

**LES MÉTAMORPHOSES DU JOUR.** 70 gravures coloriées. Texte par MM. ALBERIC SECOND, TAXILE DELORD, LOUIS HUART, MONSELET. Notice par Grandville, par Charles BLANC. 1 magnifique gr. in-8. 18 fr.

**CENT PROVERBES.** Illustrés, gravures coloriées, texte par TROIS TÊTES DANS UN BONNET. Edition, revue et augmentée pour le texte, par QUITARD. 1 volume grand in-8........ 15 fr.

**HISTOIRE DE FRANCE.** Depuis les temps les plus reculés jusqu'à la révolution de 1789, par ANQUETIL, suivie de l'*Histoire de la Révolution*, du *Directoire*, du *Consulat*, de l'*Empire* et de la *Restauration*, par GALLOIS, vignettes sur acier. 10 volumes in-8 cavalier à.................. 7 fr. 50

**HISTOIRE DE FRANCE (1830 à 1875). ÉPOQUE CONTEMPORAINE.** Par GRÉGOIRE, professeur d'histoire. 4 volumes in-8 cavalier, gravures sur acier, le vol. 7 fr. 50

**HISTOIRE DE LA GUERRE Franco-Allemande (1870-1871).** Par M. AMÉDÉE LE FAURE, illustrée, portraits hist., combats, batailles. Cartes avec les positions stratégiques, 2 magnifiques volumes gr. in-8 15 fr.

Relié, doré 2 volumes en un. 20 fr.

Atlas de la guerre (1870-1871). Cartes des batailles et sièges, par LE MÊME. 1 v. in-4°, 50 cart... 5 fr.

**HISTOIRE DE LA GUERRE D'O-
RIENT**, par M. A. Le Faure, cartes, plans, d'après l'état-major russe et autrichien, portraits grav., etc. 2 vol. in-8 colombier............ **15 fr.**
— Relié, doré, 2 vol. en un.. **20 fr.**

**LE VOYAGE EN TUNISIE**, de M. A. Le Faure, préface de Jézierski, carte. 1 vol. gr. in-8, 70 pages. **1 fr.**

**HISTOIRE DE LA RÉVOLUTION FRANÇAISE**, par Louis Blanc. 12 vol. in-8................ **60 fr.**

**ENCYCLOPÉDIE THÉORIQUE-PRATIQUE DES CONNAISSANCES UTILES**. Composée de traités sur les connaissances les plus indispensables avec 1,500 gravures dans le texte. 2 vol. gr. in-8. **25 fr.**

**UN MILLION DE FAITS**. Aide-mémoire universel des sciences, des arts et des lettres, par J. Aicard, L. Lalanne, Lud. Lalanne, etc. 1 fort vol. in-18 1,720 col., avec grav. **9 fr.**

**BIOGRAPHIE PORTATIVE UNIVERSELLE**. 29.000 noms, suivie d'une table chronologique et alphabétique, par Lalanne, A. Delloye, etc. 1 vol. de 2,000 col....... **8 fr.**

**MYTHOLOGIE DE LA GRÈCE ANTIQUE**. Par Paul Decharme professeur de littérature grecque à la Faculté des lettres de Nancy, ancien membre de l'École française d'Athènes, 180 gravures et 4 chromolithographies, d'après l'antique. 1 vol. grand in-8 raisin.......... **16 fr.**

**GÉOGRAPHIE UNIVERSELLE**. Par Malte-Brun, 6e édit. 6 vol. grand in-8, orné de grav. et cartes. **60 fr.**

**ATLAS DE LA GÉOGRAPHIE UNIVERSELLE**. Ou description de toutes les parties du monde sur un plan nouveau, par Malte-Brun. 1 vol. gr. in-folio, de 72 cartes, dont 14 doubles, coloriées. 1 vol. in-fol. **20 fr.**

**LORD MACAULAY**. Histoire d'Angleterre sous le règne de Jacques II. Traduit de l'anglais par le comte de Peyronnet, 3 volumes in-8....................... **15 fr.**
— Histoire du règne de Guillaume III. Pour faire suite à l'Histoire du règne de Jacques II, traduit par Pichot. 4 volumes in-8. **20 fr.**

**HISTOIRE DES GIRONDINS**, par A. de Lamartine. Illustrée, 300 gravures avec des portraits. 3 volumes grand in-8 jésus.......... **24 fr.**

## OUVRAGES RELIGIEUX

# ŒUVRES COMPLÈTES DE BOSSUET

Classées pour la première fois selon l'ordre logique et analogique, publiées par l'abbé Migne, éditeur de la *Bibliothèque du clergé*. 11 volumes grand in-8............. **60 fr.**

**Discours sur l'Histoire universelle**. Édition revue d'après les meilleurs textes, illustrée. Gravures en taille-douce. 1 vol. gr. in-8. . **18 fr.**

**Oraisons funèbres et panégyriques**. Édition illustrée 12 gravures sur acier, d'après Rembrandt, Mignard, Ribera, Poussin, Carrache, etc. 1 vol. grand in-8. . . **18 fr.**

**Méditations sur l'Évangile**. Revues sur les éditions les plus correctes. 12 gravures de Raphael, Rubens, Poussin, Rembrandt. 1 volume gr. in-8............. **18 fr.**

**Élévations à Dieu sur tous les mystères de la religion chrétienne**. 1 vol. grand in-8, 10 magnifiques gravures de Le Guide, Poussin, Vanderwerf, Maratth, etc. **18 fr.**

**Œuvres oratoires complètes**, oraisons funèbres, panégyriques, sermons. Édition suivant le texte de l'édition de Versailles, améliorée à l'aide des travaux les plus récents. 4 volumes in-8, 30 fr. — Bien relié. . **38 fr.**

**Les Vies des Saints**. Pour tous les jours de l'année, nouvellement écrites par une réunion d'ecclésiastiques et d'écrivains catholiques, classées pour chaque jour de l'année par ordre de dates, d'après les Martyrologes et Godescard; illustrées 1800 gravures. 4 beaux volumes grand in-8. **40 fr.**

Reliure chagrin, tranches dorées, 4 t. en 2 volumes. . . . . . . **52 fr.**

Les Vies des Saints ont obtenu l'approbation des archevêques et des évêques

**Les Saints Évangiles**. Traduction de Lemaistre de Sacy, selon saint Marc, saint Mathieu, saint Luc et saint Jean, encadrements en couleur, gravures sur acier, frontispice or. 1 volume grand in-8 . . . **20 fr.**

**Manuel ecclésiastique** Ou répertoire offrant alphabétiquement 640 p. blanches, autant de titres avec divisions et sous-divisions sur le dogme, etc. Ouvrage à l'aide duquel il est impossible de perdre une seule pensée, soit qu'elle survienne à l'église, etc. 1 volume in-4 relié . . . **6 fr**

L'Imitation de Jésus-Christ. Traduction, avec des Allocutions à la fin de chaque chapitre, par M. l'abbé F. DE LAMENNAIS. Nouv. édit., avec encadrements couleur, 10 gravures sur acier, avec frontispice or. 1 vol. grand in-8 jésus . . . . 20 fr.

L'Imitation de Jésus-Christ. Traduite par l'abbé DASSANCE, avec encadrements variés, frontispice or et couleur et 10 gravures sur acier. 1 volume grand in-8 . . . 20 fr.

Les Femmes de la Bible. Principaux fragments d'une histoire du peuple de Dieu, par M<sup>gr</sup> DARBOY, archevêque de Paris, avec une collection de portraits des Femmes célèbres de l'Ancien et du Nouveau Testament, dessin de G. STAAL. 2 vol. grand in-8. Chaque volume, formant un tout complet, se vend séparément . . . . 20 fr.

Les Saintes Femmes. Texte par le MÊME. Collection de portraits, gravés sur acier, des femmes remarquables de l'histoire de l'Eglise. 1 volume grand in-8 jésus . . . . 20 fr.

LA SAINTE BIBLE. Traduite en français, par LEMAISTRE DE SACY, accompagnée du texte latin de la Vulgate, 80 gravures sur acier de RAPHAEL, LE TITIEN, LE GUIDE, PAUL VÉRONÈSE, SALVATOR ROSA, POUSSIN, etc., 6 volumes grand in-8, carte de la Terre-Sainte et du plan de Jérusalem. . . . . . . . . . 100 fr.

La Sainte Bible. Traduite en français par LEMAISTRE DE SACY, avec magnifiques gravures d'après RAPHAEL, LE TITIEN, LE GUIDE, PAUL VÉRONÈSE, 1 fort volume, grand in-8, carte de la Terre Sainte et plan de Jérusalem. . . . . . . . 25 fr.
Relié, tranche dorée . . . 32 fr.

Biblia sacra. (Approuvée), *Vulgata editionis* SIXTI V, PONTIFICIS MAXIMI *jussu recognita et* CLEMENTIS VIII *auctoritate edita.* — 1 beau volume in-18, caractères très lisibles. 6 fr.

La Bible des enfants. Par l'abbé A. SACHET. — Ouvrage illustré de nombreuses gravures. 1 volume in-18 jésus. Cartonné . . . . . . 1 fr.
Relié toile . . . . . . . 1 fr. 50

Reliure, tranche dorée, 6 fr. par volume.

## NOUVEAU MANUEL DE DROIT ECCLÉSIASTIQUE
Par ÉMILE OLLIVIER. 1 volume in-18 de 700 pages, 7 fr. 50.

## COLLECTIONS D'OUVRAGES ILLUSTRÉS POUR LES ENFANTS
*36 jolis volumes grand in-18 à 2 fr. 50 ; reliés dorés, 3 fr. 50*

ANDERSEN. La Vierge des Glaciers, etc. 1 vol.
— Histoire de Valdemar Daae. — Petit-Poucet, etc. 4 vol.
— Le camarade de voyage. — Sous le saule, Aventures, etc. 1 vol.
— Le Coffre volant, les Galoches du bonheur, etc. 1 vol.
— L'Homme de neige, le Jardin du Paradis, les deux Coqs. 1 vol.

BAYARD (Histoire du bon chevalier sans peur et sans reproches, par LE LOYAL SERVITEUR, 2 vol.

BELLOC (Louise Sw.). 7 vol.
— La Tirelire aux histoires. 2 vol.
— Histoires et contes. 1 vol.
— Contes familiers. 1 vol.
— Grave et gai. Rose et Gris 1 v.
— Lectures enfantines. 1 vol.
— Contes pour le 1<sup>er</sup> âge. 1 vol.

BERNARDIN DE SAINT-PIERRE. Paul et Virginie. Chaumière indienne. 1 vol.

BERQUIN. Ami des enfants. 1 vol.
— Sandford et Merton. 1 vol.
— Le petit Grandisson. 1 vol.
— Théâtre choisi. 1 vol.

BOCHET. Le premier livre des enfants. Alphabet illustré. 1 vol.

BOISGONTIER. Choix de nouvelles, DE GENLIS, BERQUIN. 1 vol.

BOUILLY. Œuvres de J.-N. 7 v.
— Contes à ma fille. 1 vol.
— Conseils à ma fille. 1 vol.
— Les Encouragements de la jeunesse. 1 vol.
— Contes populaires. 1 vol.
— Contes aux enfants de France. 1 vol.
— Causeries et nouvelles causeries. 1 vol.
— Contes à mes petites amies. 1 v.

BUFFON (Le petit) illustré. Histoire et description des animaux. 1 fort v.

CAMPE. Histoire de la découverte de l'Amérique. 1 vol.

COZZENS S. W.) Voyage dans l'Arizona, traduction. 1 vol.
— Voyage au Nouveau Mexique. Traduction de W. BARTIER. 1 vol.

DEMESSE (Henri). Zizi, histoire d'un moineau de Paris. 1 vol.

DESBORDES-VALMORE. Contes et scènes, vie de famille. 2 vol.
— Les poésies de l'enfance. 1 vol.

DU GUESCLIN (La Vie de). D'après la chanson et la chronique. Texte rajeuni par MOLAND. 2 vol.
FÉNELON. Aventures de Télémaque. 1 vol.
FLORIAN. Fables. 1 vol.
— Don Quichotte de la jeunesse. 1 vol.
FOÉ (de). Aventures de Robinson Crusoé. 1 vol.
FOURNIER. Animaux historiques. 1 vol.
GENLIS. Veillées du Château. 2 v.
GRIMM. Contes. 1 vol. illustré.
HÉRICAULT et L. MOLAND. La France guerrière. 4 vol.
— Vercingétorix à Duguesclin. 1 vol.
— Jeanne d'Arc à Henri IV. 1 vol.
— Louis XIV à la République. 1 v.
— Rivoli à Solférino. 1 vol.
HÉRODOTE. Récits historiques, extraits par M. L. HUMBERT, 1 vol.
HERVEY. Petites histoires. 1 vol.
JACQUET (l'abbé). L'Année chrétienne, la vie d'un saint pour chaque jour, approuvée de NN. SS. les Archevêques et Evêques. 2 vol.
LA FONTAINE. Fables. 1 vol.
LAMBERT. Lectures de l'enfance. 1 vol.
LE PRINCE DE BEAUMONT. Le Magasin des enfants. 2 vol.
LOIZEAU DU BIZOT. Cent petits contes pour les enfants. 1 vol.

MAISTRE (de). Œuvres complètes Voyage autour de ma chambre. Cité d'Aoste, La Jeune Sibérienne, etc. 1 v.
MANZONI. Les Fiancés. Histoire milanaise. 2 vol.
MONTGOLFIER. Mélodies du Printemps. 1 vol.
MONTIGNY (Mlle de). Grand'Mère chérie. 1 vol.
— Mille et une Nuits des Familles (Les). 2 vol.
— Les Mille et une Nuits de la jeunesse. 1 vol.
NODIER. Neuvaine de la Chandeleur, génie Bonhomme. 1 vol.
PELLICO (Silvio). Mes prisons, suivi des Devoirs des hommes. 1 v.
PERRAULT, Mme D'AULNOY. Contes des fées. 1 vol.
PLUTARQUE. Vie des Grecs célèbres, par M. L. HUMBERT. 1 vol.
SACHOT. Inventeurs et Inventions. 1 vol.
SCHMID. Contes. 4 vol. se vendant séparément.
SÉVIGNÉ. Lettres choisies. 1 vol.
SWIFT. Voyages de Gulliver. 1 v.
THÉATRE DE L'ENFANCE ET DE LA JEUNESSE. 1 vol
CONTES ET HISTORIETTES. Par UN PAPA. 1 volume illustré, gros caractères.
VAULABELLE. Ligny, Waterloo. 1 vol.
WISEMAN. Fabiola. Trad. 1 vol.
WYSS. Robinson Suisse. 2 vol.

## COLLECTION DE
# 43 BEAUX VOLUMES ILLUSTRÉS
### GRAND IN-8 RAISIN, 7 FR. 50

Demi-reliure en maroquin, plats toile, doré sur tranche, le volume, 11 fr.
Toile dorée, fers spéciaux, 10 fr.

Cette charmante collection se distingue non seulement par l'excellent choix des auteurs et l'élégance du style, mais encore par un grand nombre de gravures dans le texte et hors texte, exécutées par les premiers artistes. Jamais livres édités a ce prix n'ont offert autant de belles illustrations.

ANDERSEN. Contes Danois. Traduit du danois par M. L. MOLAND et E. GRÉGOIRE. 1 vol.
— Nouveaux Contes Danois, traduits par les mêmes. 1 vol.
— Les Souliers rouges et autres contes, trad. par les mêmes. 1 vol.
BAYARD. La très joyeuse, plaisante et récréative histoire du Gentil seigneur de), composée par Le Loyal Serviteur. Introduct. par L. MOLAND. 1 vol.

BELLOC. Le fond du sac de la grand'mère, contes et histoires. 1 vol.
— La tirelire aux histoires. Lectures choisies. 1 vol.
J.-R. BELLOT. Journal d'un voyage aux mers polaires à la recherche de SIR JOHN FRANKLIN. 1 vol.
Bernardin DE SAINT PIERRE. Paul et Virginie suivi de la Chaumière indienne. 1 vol
BERQUIN. L'ami des enfants. 1 v.

BERQUIN. Sandford et Merton.— Le Petit Grandisson. — Le Retour de Croisière. — Les Sœurs de lait. — L'honnête Fermier. 1 v.
BERTHOUD Œuvres de S. Henry).
La Cassette des sept amis. 1 vol.
Les Hôtes du logis. 1 vol.
Soirées du docteur Sam. 1 vol.
Le Monde des Insectes. 1 vol.
L'homme depuis cinq mille ans. 1 vol.
Contes du docteur Sam. 1 vol.
BUFFON des familles. Histoire et description des animaux, extraite des Œuvres de Buffon et de Lacépède. 1 v.
CAMPE. Découverte de l'Amérique. 1 vol.
COZZENS (S.-W). La contrée merveilleuse, voyage dans l'Arizona et le Nouveau Mexique, trad. de W. BATTIER. 1 vol.
DESNOYERS. Aventures de Robert Robert et de son fidèle compagnon Toussaint Lavenette. 1 vol.
DU GUESCLIN (Histoire). Introduction par L. MOLAND. 1 vol.
FABRE. Histoire de la Bûche. Récits sur la vie des plantes. 1 vol.
FÉNELON. Aventures de Télémaque. 1 vol.
FLORIAN. Don Quichotte de la jeunesse. 1 vol.
— Fables. 1 vol.
FOE. Aventures de Robinson Crusoé. 1 vol.
GALLAND. Les Mille et une Nuits des familles. Contes arabes. 1 vol.

GENLIS. Les veillées du château. 1 vol.
JACQUET (l'abbé). Vie des Saints les plus populaires et les plus intéressants, avec l'approbation de plusieurs archevêques et évêques. 1 v.
LE PRINCE DE BEAUMONT. Le Magasin des enfants. 1 vol.
LEVAILLANT. Voyages dans l'intérieur de l'Afrique. 1 vol.
LONLAY (DICK DE). Au Tonkin, récits anecdotiques. 1 vol.
MAISTRE (DE). Œuvres complètes du comte Xavier. Voyage autour de ma chambre, le Lépreux de la cité d'Aoste, les Prisonniers du Caucase, la Jeune Sibérienne, préface par SAINTE-BEUVE. 1 vol.
NODIER. Le Génie Bonhomme. — Séraphine. — François-les-bas-bleus. — La Neuvaine de la Chandeleur. — Trilby. — Trésors des Fèves. 1 vol.
PELLICO. Mes prisons, suivi des Devoirs des hommes. 1 vol.
PERRAULT, D'AULNOY, LEPRINCE DE BEAUMONT et HAMILTON. Contes des fées. 1 v.
SCHMID. Contes. Traduction de l'abbé MACKER, la seule approuvée par l'auteur. 2 beaux vol. Chaque volume complet se vend séparément.
SWIFT. Voyages de Gulliver. 1 vol.
WISEMAN. Fabiola ou l'Eglise des Catacombes. 4 vol.
WYSS. Robinson suisse, avec la suite. Notice de NODIER. 1 vol.

## ALBUMS POUR LES ENFANTS

In-4°, impr. en *chromo*, cartonné, dos toile, couv. chromo .............. 6 fr.
Relié toile, tranche dorée, plaque spéciale........................ 8 fr.

JEANNE D'ARC, texte par M. MOLLAND, dessin chromo, de LIX.
JE SERAI SOLDAT, alphabet militaire. Nombreuses gravures en chromo, représentant tous les costumes de l'armée.
DON QUICHOTTE. Gravure chromo, vignettes 1 vol.
VOYAGES DE GULLIVER à Lilliput et à Brobdingnac. Ouvrage illustré de chromotypographie.
LES HÉROS DU SIÈCLE. — Récits militaires anecdotiques, par DICK DE LONLAY, dessins de BOMBLED. 1 vol.
NOUVEAU VOYAGE EN FRANCE par un PAPA, gravures couleurs. 1 vol.
JE SAURAI LIRE, illustré par LIX, grav. chromo. 1 vol.

JE SAIS LIRE. — Contes et historiettes, gravures chromo, par LIX. 1 v.
PETIT VOYAGE EN FRANCE. Gravures chromo. 1 volume.
CONTES DE MADAME D'AULNOY. Chromo. 1 vol.
CHOIX DE FABLES DE LA FONTAINE. — Illustrations, gravure chromo, par DAVID. 1 volume.
CONTES DE PERRAULT. — Gravures chromolithographie de LIX. Illustrations par STAAL. 1 volume.
ANIMAUX SAUVAGES ET DOMESTIQUES. — 1 volume.
ROBINSON CRUSOÉ. — Gravures chromolithographie. 1 volume.

## CHANSONS ET RONDES ENFANTINES

Album illustré, format in-8 colombier, notices et accompagnement de piano par J.-B. WECKERLIN. Chromotypographies, par Henri PILLE. Dessins de J. Blass, Trimole, gravés par Lefman, élégamment relié étoffe, tr. dorée...... 10 fr.

**CHANSONS ET RONDES ENFANTINES DES PROVINCES DE LA FRANCE**, par J.-B. WECKERLIN. Album illustré, format in-8° colombier, avec notices et accompagnement de piano. Chromotypographies par Lix, relié étoffe riche.. 10 fr.

**NOUVELLES CHANSONS ET RONDES ENFANTINES**, musique de WECKERLIN, dessins de SANDOZ, POIRSON, etc. Album in-8 colombier, illustrations. Elégamment relié étoffe, tr. dorées.... 10 fr.

**ŒUVRES DE TOPFER.** — Premiers voyages en zigzag, ou excursions d'un pensionnat en vacances dans les cantons suisses, etc. 35 grands dessins par CALAME. 1 vol. grand in-8. 12 fr. Relié. 18 fr.

— Nouveaux voyages en zigzag à la Grande Chartreuse, au Mont-Blanc, etc. 43 grav. tirées à part et 320 sujets dans le texte, par MM. CALAME, GIRARDET, DAUBIGNY. 1 vol. in-8, 12 fr. — Relié...... 18 fr.

— Les nouvelles genevoises. 40 gravures hors texte, gravées par BEST, LELOIR, HOTELIN. 1 vol. in-8. 10 fr. Relié...................... 16 fr.

— Albums Topfer, formant chacun un grand volume in 8 jésus oblong, à........................ 7 fr. 50 Relié toile, plaque spéciale, dorés sur tranche, le volume.. 10 fr. 50

| | |
|---|---|
| MONSIEUR JABOT...... 1 vol. | MONSIEUR PENCIL...... 1 vol. |
| MONSIEUR VIEUX-BOIS. 1 vol. | LE DOCTEUR FESTUS... 1 vol. |
| MONSIEUR CRÉPIN...... 1 vol. | ALBERT................ 1 vol. |

HISTOIRE DE M. CRYPTOGAME............ 1 vol.

### ALBUMS DES PETITS ENFANTS

Richement illustrés et imprimés en couleur. Grand in-8 cart. 3 fr.; relié doré, 5 fr.

**JEUX DE L'ENFANCE** par un PAPA, dessins de LE NATUR. 1 vol.
**ALPHABET DES ANIMAUX.** Dessins de TRAVIES et GOBIN. 1 vol.
**ALPHABET DES OISEAUX.** Dessins de TRAVIES et GOBIN. 1 vol.

**VOYAGE DU MANDARIN KA-LI-KO ET DE SON SECRÉTAIRE PA-TCHOU-LI** par Eugène LE MOUEL. 1 album in-4° oblong, 32 gravures chromo, relié plaque spéciale.

## COLLECTION ENFANTINE

Albums in-4° imprimés en plusieurs couleurs, chaque album............ 0.50

| | |
|---|---|
| 1er LIVRE DES PETITS ENFANTS. | LE CHAT DE LA GRAND'MÈRE. |
| 2e LIVRE DES PETITS ENFANTS. | JACQUES LE PETIT SAVOYARD. |
| 3e LIVRE DES PETITS ENFANTS. | LE CHAPEAU NOIR. |
| L'ANGE GARDIEN. | LE POLE NORD. |
| LE BON FRERE. | LES AVENTURES D'HILAIRE. |
| | MURILLO ET CERVANTÈS |
| | LE DERNIER CONTE DE PERRAULT. |

## BIBLIOTHÈQUE PATRIOTIQUE ET INSTRUCTIVE

27 volumes in-8 carré, broché, 3 fr. 50. — Relié toile, tranches dorées, 5 fr.

**FRANÇAIS ET ALLEMANDS.** — Histoire anecdotique de la guerre de 1870-71, par DICK DE LONLAY.

**1er volume.** — Niederbronn, Wissembourg, Frœschwiller, Châlons, Reims, Buzancy, Bazeilles, Sedan. 50 dessins de l'auteur. 1 volume.

**2e volume.** — Sarrebruck, Spickeren, La Retraite sur Metz, Pont-à-Mousson, Borny. Dessins de l'auteur, cartes et plans de batailles. 1 vol.

**3e volume.** — Gravelotte, Rezonville, Vionville, Mars-la-Tour, Saint-Marcel, Flavigny. Dessins de l'auteur, cartes et plans de batailles. 1 vol.

**4e volume.** — Les lignes d'Amanvillers, Saint-Privat, Sainte-Marie-aux-Chênes, les Fermes de Moscou et de Leipzick, Saint-Hubert, le Point-du-Jour. Dessins de l'auteur, cartes et plans de batailles. 1 volume.

**5e volume.** — L'investissement de Metz, la Journée des Dupes. Servigny, Noisseville, Flanville, Nouilly, Coincy. Dessins de l'auteur, cartes et plans de batailles. 1 volume.

**6e volume.** — Le blocus de Metz, Peltre, Mercy-le-Haut, Ladonchamps, la Capitulation. Dessins de l'auteur, cartes et plans de batailles. 1 vol.

**L'ARMÉE DE LA LOIRE**, récits anecdotiques de la guerre de 1870-71, par GRENET.
1<sup>er</sup> **volume**. — Toury, Orléans, Coulmiers, Beaune-la-Rolande, Villepion, Loigny. 1 vol.
2<sup>e</sup> **volume**. — Beaugency, Vendôme, Le Mans, Sillé-le-Guillaume, Alençon.

**L'ARMÉE DE L'EST**, récits anecdotiques de la guerre de 1870-71, par GRENET.
1<sup>er</sup> **volume**. — La Bourgonce, Dijon, Nuits.
2<sup>e</sup> **volume**. — Villersexel, Héricourt, la Cluze.

**PLUTARQUE**. — Les Romains illustres, par Louis HUMBERT, professeur au lycée Condorcet. 1 vol.

**JOURNAL D'UN AUMONIER MILITAIRE pendant la guerre franco-allemande** par M. l'abbé DE MR-SAS. 1 volume.

**L'ALLEMAGNE EN 1813** par GALLI, gravures d'après les dessins de DICK DE LONLAY. 1 volume.

**GALERIE DES ENFANTS CÉLÈBRES**, par Louis TULOU. — Du Guesclin, Jeanne d'Arc, Turenne, Duguay-Trouin, Watteau, Mozart, Béranger, Lamartine, etc., illustré de 16 dessins hors texte, par DAVID. 1 volume

**NOUVELLE GALERIE DES ENFANTS CÉLÈBRES**. — V. Hugo, Vaucanson, Michel-Ange, Bayard, Newton, M<sup>me</sup> Desbordes-Valmore, Rossini, etc. 1 volume in-8 carré, par F. TULOU illustré par Jules DAVID.

**LES GÉNÉRAUX DE VINGT ANS**, Hoche, Marceau, Joubert, Desaix, par François TULOU. 1 volume illustré de 20 gravures, dessins de DICK DE LONLAY

**LES MARINS FRANÇAIS** depuis les Gaulois jusqu'à nos jours, par DICK DE LONLAY. Combats, batailles. Biographie, souvenirs anecdotiques. 1 volume illustré, 110 dessins par l'auteur.

**ORIGINAUX ET BEAUX ESPRITS**, par SAINTE-BEUVE. — Aggrippa d'Aubigné, Voiture, Chapelle, Santeuil, de Chaulieu, Nodier. 1 volume.

**LETTRES DE MADAME DE SÉVIGNÉ**. — Notice par SAINTE-BEUVE, accompagnées de notes. Illustrées de vignettes et portraits. 1 vol.

**DERNIERS RÉCITS**, par M<sup>me</sup> BELLOC. — Mathurin, Une Nuit terrible, Orléans en 1829. Malemort, Le Père Kelern, la Grève, Rosette et Joson. 1 volume.

**BÊTES ET PLANTES**, par SANTINI, officier d'Académie. 1 volume.

**LA CASE DE L'ONCLE TOM**, par Mistress BERTHER STOVE, traduit par MICHIELS, illustré par DAVID. 1 vol.

**A TRAVERS LA BULGARIE**. — Souvenirs de guerre et de voyage, par DICK DE LONLAY. Illustré de 20 dessins par l'auteur. 1 volume.

**LES LEÇONS D'UNE JEUNE MÈRE**. — Contes et récits, par M<sup>me</sup> BELLOC. 1 volume.

**LA RUSSIE INCONNUE**. — Trois parties : 1<sup>re</sup>, En pleine forêt; 2<sup>e</sup> et 3<sup>e</sup>, La chasse et la pêche.

**L'ARMÉE RUSSE EN CAMPAGNE**. — Schipka, Lovtcha, Plevna, par DICK DE LONLAY. 1 vol. illustré de 28 dessins par l'auteur.

**LES FRANÇAIS DU XVIII<sup>e</sup> SIÈCLE**. par GIDEL. 1 volume illustré.

**LES FRANÇAIS EN ALLEMAGNE**. — Campagne de 1806, par GALLI, 1 vol. illustré de nombreux dessins par DICK DE LONLAY.

**EN ASIE CENTRALE A LA VAPEUR**. — De Paris à Samarkand en 43 jours. Impressions de voyage, par Napoléon NEY, préface par Pierre VÉRON, illustré de dessins de DICK DE LONLAY, 1 volume.

---

# BIBLIOTHÈQUE CHOISIE

*Collection des meilleurs auteurs français et étrangers, anciens et modernes grand in-18 (dit anglais). Cette collection est divisée par séries.*
*La première contient des volumes à 3 fr. 50. La deuxième à 3 fr. le volume.*

**PREMIÈRE SÉRIE, volumes grand in-18 jésus à 3 fr. 50**

**ABRANTÈS** (Mémoires de M<sup>me</sup> d'). Souvenirs historiques sur Napoléon, la Révolution, le Directoire, le Consulat, l'Empire et la Restauration. 10 vol. in-18.
Même ouvrage, 10 vol. in-8. Le volume.................. 6 fr.

— Histoire des Salons de Paris, tableaux et portraits du grand monde sous Louis XVI, le Directoire, le Consulat et l'Empire, la Restauration et le règne de Louis-Philippe, par le même. 4 volumes in-18.
Même ouvrage. 4 vol. in-8 cavalier. Le volume.................. 6 fr.

BELLOT. Voyage aux mers polaires, portrait et carte. 1 volume.
BÉRANGER (Œuvres complètes), avec gravures. 4 volumes.
— Chansons anciennes 2 volumes.
— Œuvres posthumes. Dernières chansons (1834 à 1851, 1 volume.
— Ma Biographie. Ouvrages posthumes de Béranger. 1 volume.
BOURGOIN. Les maîtres de la critique, 1 volume.
CHARPENTIER. La Littérature française au dix-neuvième siècle. 1 volume.
DARBOY (Mgr) Les Femmes de la Bible. 1 fort volume. Gravures.
DUFAUX. Ce que les maîtres et domestiques doivent savoir. 1 v.
DUPONT (Pierre). Chansons et Poésies. 4e édition. 1 volume.
ELGET. Guide pratique des ménages, 2.000 recettes. 1 volume.
FAVRE. Conférences littér. 1 vol.
FLOURENS (Œuvres de). 10 vol.
— De l'unité de composition du Débat entre Cuvier et Saint-Hilaire. 1 volume.
Examens du livre de M. Darwin sur l'origine des espèces. 1 vol.
Ontologie naturelle. 3e édition. 1 v.
Psychologie comparée. 1 volume.
De la Phrénologie. 1 volume.
De la longévité humaine. 1 volume.
De l'instinct des animaux. 1 volume.
Histoire des travaux et des idées de Buffon. 1 volume.
Des manuscrits de Buffon. 1 vol.
FRANÇOIS DE SALES (Saint) Nouveaux choix de Lettres. 1 v.
GERUZEZ. Essai de littérature française. 2 volumes.
JAMES. Toilette d'une Romaine. 1 volume.
JOUVENCEL. Les Déluges. 1 vol.
LAMARTINE Histoire de la Révolution de 1848. 4e édition. 2 vol.
LAMENNAIS L'Imitation de J.-C., gravures sur acier. 1 volume.
MAROT (Œuvres choisies de). Étude sur la vie de ce poète, notes, par VOIZARD, docteur ès lettres. 1 vol.
MARTIN. Education des mères de famille. Ouvrage couronné par l'Académie française. 1 volume.
Mémoires militaires du baron Serrurier, colonel d'artillerie légère. 1 vol. in-18.......... 3 50

Mémoires de Constant, premier valet de chambre de l'Empereur, sur la vie privée de Napoléon 1er, sa famille et sa cour. 4 volumes in-18. Le volume................... 3 50
Même ouvrage 4 volumes in-8 cavalier. Le volume.......... 6 fr.
MENNECHET (Œuvres). 8 volumes.
Matinées littéraires. Cours de littérature moderne. 4 volumes.
Nouveau Cours de littérature grecque, revu et complété par M. CHARPENTIER. 1 volume.
Nouveau Cours de littérature romaine, revu par le même.
Histoire de France depuis la fondation de la monarchie. 2 vol. Ouvrage couronné par l'Académie française.
NECKER DE SAUSSURE. Education progressive. 2 volumes.
OLLIVIER de l'Académie française.
Michel-Ange 1 volume...... 3 50
1789-1889. 1 volume....... 3 50
Lamartine. 1 volume........ 3 50
Principes et conduite. 1 volume grand in-18................ 3 50
L'Eglise et l'Etat au concile du Vatican. 2 volumes........ 8 fr.
PARDIEU (M.). Excursion en Orient, l'Egypte. 1 volume.
ROUSSEAU (J.-J.). Lettre à d'Alembert sur les spectacles, texte revu d'après les anciennes éditions, introduction, notes par M. FONTAINE, à la Faculté des Lettres. 1 volume.
SAINTE-BEUVE (Œuvres de) 20 v.
Causeries du lundi. 15 volumes.
Chaque volume se vend séparément.
Portraits littéraires et derniers portraits, suivis des Portraits de Femmes. Nouvelle édition. 4 volumes.
Table générale et analytique des Causeries du lundi, des Portraits littéraires et des Portraits de Femmes. 1 volume.
— Extrait des causeries du lundi, par ROBERT et PICHON. 1 volume.
Discours prononcé au Collège de France, cours de poésie latine. 1 volume................... 0 75
SAINTE BIBLE, traduite par LEMAISTRE DE SACY. 2 forts volumes.

DEUXIÈME SÉRIE, vol. in-18 à 3 fr. — Relié veau, genre antique. 5 fr.

ARIOSTE. Roland furieux. Trad. par HIPPEAU. 2 vol.
ARISTOTE. La politique. Traduc. de THUROT, revue par BASTIEN. 1 vol.
— Poétique et Rhétorique. Trad.

nouvelle, par Ch. RUELLE. 1 vol.
AURIAC. Théâtre de la foire. 1 vol.
BACHAUMONT Mémoires secrets revus, avec notes. 1 vol.
BARTHELEMY Némésis. 1 vol.

BEAUMARCHAIS. Mémoires. 1 v.
— Théâtre. 1 vol.
BEECHER-STOWE. La Case de l'oncle Tom. Trad. par MICHIELS. 1 v.
BÉRANGER des familles, vignettes sur acier. 1 vol.
BERNARDIN DE SAINT-PIERRE. Paul et Virginie; LA CHAUMIÈRE INDIENNE, vign. 1 vol.
BERTHOUD. Les petites Chroniques de la Science. 10 vol.
— Légendes et traditions surnaturelles des Flandres. 1 vol.
— Les femmes des Pays-Bas et des Flandres. 1 vol.
BOILEAU (Œuvres de), notice de SAINTE-BEUVE, notes de GIDEL. 1 vol.
BOSSUET (Œuvres de). 11 vol.
— Discours sur l'histoire universelle. 1 vol.
— Élévations à Dieu, sur les mystères de la Religion. 1 vol.
— Méditations sur l'Évangile. 1 v.
— Oraisons funèbres, panégyriques. 1 vol.
— Sermons (Édition complète). 4 vol.
— Sermons choisis. Nouv. édit. 1 vol.
— Traité de la connaissance de Dieu et de soi-même. 1 vol.
— Traité de la Concupiscence. Maximes et réflexions sur la comédie. La logique. Libre arbitre. 1 vol.
BOURDALOUE. Chefs-d'œuvre oratoires. 1 vol.
BRILLAT-SAVARIN. Physiologie du goût, Gastronomie par BERCHOUX. 1 vol.
BYRON (Œuvres complètes de lord). Trad. de AMÉDÉE PICHOT. 18ᵉ édition. 4 vol.
CAMOENS. Les Lusiades. Traduction nouvelle avec une étude sur la vie et les œuvres de Camoëns, par Éd. HIPPEAU. 1 vol.
CANTU. Abrégé de l'histoire universelle. Traduit par L. XAVIER DE RICARD, portrait de l'auteur. 2 vol.
CERVANTES. Don Quichotte. Trad. par DELAUNAY. 2 vol.
CHASLES (Philarète). 4 vol.
— Études sur l'Allemagne. 1 vol.
— Voyages, Philosophie, et Beaux-Arts. 1 vol.
— Portraits contemporains. 1 vol.
— Encore sur les contemporains. 1 vol.
CHATEAUBRIAND. (10 vol.)
— Génie du Christianisme, suivi de la Défense du Génie du Christianisme. Avec notes. 2 vol.
— Les Martyrs ou le Triomphe de la Religion chrétienne. 1 vol.
— Itinéraire de Paris à Jérusalem. 1 vol.
— Atala, — René. — Le dernier Abencerrage. — Natchez. 1 vol.
— Voyages en Amérique, en Italie et au Mont-Blanc. 1 vol.
— Paradis perdu. Littér. anglaise. 1 v.
— Études historiques. 1 vol.
— Histoire de France. — Les Quatre Stuarts. 1 vol.
— Mélanges historiques et politiques. Vie de Rancé. 1 vol.
CHÉNIER (ANDRÉ). Œuvres poétiques. Nouvelle édition. 2 vol.
— Œuvres en prose. 1 vol.
COLIN D'HARLEVILLE. Théâtre. Introduction par L. MOLAND. 1 vol.
CORNEILLE. Édition collationnée sur la dernière publiée du vivant de l'auteur, notes. 2 vol.
— Théâtre. 1 vol.
COURIER. Œuvres. Essai sur sa vie et ses écrits par ARMAND CARREL. 1 v.
COUSIN. Instruction publique en France. 2 vol.
— Enseignement de la médecine. 1 vol.
— Jacqueline Pascal. 1 vol.
CRÉQUY (La marquise de). Souvenirs (1718-1803) 5 vol., 10 portraits.
CYRANO DE BERGERAC. Histoire de la Lune et du Soleil. 1 vol.
DANTE. La divine Comédie. Trad. par ARTAUD DE MONTOR. 1 vol.
DASSOUCY. Aventures burlesques, avec préface et notes, 1 vol.
DELILLE (Œuvres), avec notes, 2 vol.
DEMOUSTIER Lettres à Émilie sur la mythologie, notice. 1 vol.
DÉSAUGIERS. (Théâtre choisi). Introduction par MOLAND. 1 vol.
DESCARTES. Œuvres choisies. Discours de la méthode. Méditations métaphysiques. 1 vol.
DESTOUCHES. Théâtre. Notes de MOLAND. 1 vol.
DIODORE DE SICILE. Traduction avec notes. 4 vol.
DONVILLE. Mille et un calembours et bons mots, Histoire du Calembour. 1 vol.
DUPONT. Muse Juvénile, vers et prose. 1 vol.
DU PUGET. Romans de famille, trad. du suédois, sur textes originaux.
— Les Voisins, par Mᵐᵉ BREMER. 4ᵉ édit. 1 vol.

— Le foyer domestique, par M⁽ˡˡᵉ⁾ Bremer, ou *Chagrins et joies de la famille*, 2ᶜ édit. 1 vol.

Les filles du Président, par M⁽ˡˡᵉ⁾ Bremer, 3ᵉ édit. 1 vol.

La Famille H., par Bremer. 1 vol.

— Un journal, par M⁽ˡˡᵉ⁾ Bremer. 1 v.

— Guerre et Paix. Le voyage de la Saint-Jean, par Bremer. 1 vol.

— Abrégé des voyages de Bremer dans l'ancien et le Nouveau-Monde. 1 vol.

— La vie de la famille dans le Nouveau-Monde. Lettres écrites pendant un séjour dans l'Amérique du Nord et à Cuba. 3 vol.

— Les Cousins, par Mᵐᵉ la baronne de Knorring, 2ᵉ édit. 1 vol.

— Une femme capricieuse, par Mᵐᵉ Carlen. 2 vol.

— L'Argent et le Travail, tableau de genre, par l'Oncle Adam. 1 vol.

— La Veuve et ses Enfants, par Mᵐᵉ Schwartz.

— Histoire de Gustave II Adolphe, par A. Fryxell. 1 vol.

— Fleurs scandinaves, poésies. 1 v.

— La Suède depuis son origine jusqu'à nos jours. 1 vol.

— Chroniques du temps d'Erick de Poméranie, par Bernhard. 1 v.

DUQUIS. Origines de tous les Cultes. 1 vol.

ESCHYLE. Théâtre. Trad. revue par Humbert. 1 vol.

FENELON. Œuvres choisies. — De l'existence de Dieu. — Lettres sur la religion, etc. 1 vol.

— Dialogue sur l'Éloquence. — De l'éducation des Filles. Fables. Dialogues des morts. 1 vol.

— Aventures de Télémaque, notes géographiques, littéraires. Grav. 1 v.

FLEURY. Discours sur l'histoire ecclésiastique. Mœurs des Israélites, etc. 2 vol.

FLORIAN. Fables, suivies de son Théâtre, notice par Sainte-Beuve. Illustrées par Grandville. 1 vol.

— Don Quichotte de la Jeunesse, vignettes, dessins de Staal. 1 vol.

FONTENELLE. Éloges, introduction et notes par P. Bouillier. 1 vol.

FURETIÈRE. Le Roman bourgeois. Ouvrage comique. Notice et notes, par F. Tulou. 1 vol.

GILBERT (Œuvres de). Notice historique, par Ch. Nodier. 1 vol.

GŒTHE. Faust et le second Faust, choix de poésies de Gœthe, Schiller, etc. trad. par Gerard de Nerval. 1 v.

— Werther suivi de Herman et Dorothée. 1 vol.

GOLDSMITH. Le Vicaire de Wakefield. Texte et traduction. 1 vol.

GRESSET. Œuvres choisies. 1 v

HAMILTON. Mémoires de Gramont. Préface par Sainte-Beuve. 1 v.

HÉRICAULT. Maximilien et le Mexique. L'empire Mexicain. 1 v

HÉRODOTE. Histoire. Trad. de Larcher, notes, commentaires, index par L. Humbert. 2 vol.

HOMÈRE. Iliade. Trad. Dacier. Nouvelle édition, revue. 1 vol.

— Odyssée. Trad. par le même, revue. petits poèmes attribués à Homère. 1 v

JACOB (P.-L.). Recueil de Farces, soties et moralités du xvᵉ siècle. Maître Pathelin. Moralité de l'Aveugle, etc. 1 volume.

LA BRUYERE. Les caractères de Théophraste. Notice de S.-Beuve. 1 volume.

LAFAYETTE. Romans, nouvelles. — Zaïde. — Princesse de Clèves. — Princesse de Montpensier. 1 vol.

LA FONTAINE. — Fables. 1 vol.

LAMENNAIS. 9 vol.

— Essai sur l'indifférence en matière de religion. 4 vol. le 1ᵉʳ vol. se vend séparément.

— Paroles d'un Croyant.— *Le Livre du peuple*. 1 vol.

— Affaires de Rome. 1 vol.

— Les Évangiles, trad., notes et réflexions. 1 vol.

— De l'Art et du Beau, tiré de l'*Esquisse d'une Philosophie*. 1 vol.

— De la Société première et de ses lois. 1 vol.

LA ROCHEFOUCAULD. Réflexions, sentences et maximes morales. *Œuvres choisies de Vauvenargues*, notes de Voltaire. 1 vol.

LAVATER et GALL. Physiognomonie et Phrénologie, par A. Ysabeau, 150 figures. 1 vol.

LONLAY (Dick de). En Bulgarie. Sistova, Tirnova, Souvenirs de guerre, 67 dessins. 1 vol. in-18.

MACHIAVEL. Le Prince. Traduction Guiraudet, maximes extraites des Œuvres de Machiavel. Notes. 1 vol.

MAHOMET. Le Koran. 1 vol.
MAISTRE (J. DE). Les Soirées de St-Pétersbourg. 2 vol.
MAISTRE (XAVIER DE). Œuvres complètes, nouv. édit. *Voyage autour de ma chambre. La jeune Sibérienne.* Préface par SAINTE-BEUVE. 1 vol. illustré.
MALEBRANCHE. De la recherche de la vérité, notes et études de François BOUILLIER. 2 vol.
MALHERBE. Œuvres poétiques, vie de MALHERBE, par RACAN. 1 vol.
MANZONI. Les Fiancés. Histoire milanaise. 2 vol. illustrés.
MARCELLUS. Souvenirs de l'Orient. 3e édit. 1 vol.
MARIVAUX. Théâtre choisi. Introduction par MOLAND. 1 vol.
MARMIER. Lettres sur la Russie. 2e édit. 1 vol.
— Les Voyageurs nouveaux. 3 vol.
— Lettres sur l'Adriatique, Monténégro. 2 vol.
MAROT. Œuvres complètes. 2 vol.
MARTEL. Recueil de proverbes français. 1 vol.
MARTIN. Le Langage des Fleurs, gravures coloriées. 1 vol.
MASSILLON. Petit Carême. Sermons divers. 1 vol.
MASSILLON, FLÉCHIER, MASCARON. Oraisons 1 vol.
MAURY. Essai sur l'éloquence de la Chaire. 1 vol.
MÉNIPPÉE (La Satire). Par PICHON RAPIN, PASSERAT, GILLOT, FLORENT, CHRÉTIEN. 1 vol.
MERLIN COCCAIE. Histoire macaronique, prototype de Rabelais, plus l'horrible bataille advenue entre les mouches et les fourmis. 1 vol.
MICHEL. Tunis. L'Orient Africain. Arabes, Maures, Intérieurs, Sérails, Harems. 1 vol.
MILLE ET UNE NUITS. Contes arabes. Trad. par GALLAND. 3 vol.
MILLE ET UN JOURS. Contes arabes. 1 vol.
MILLEVOYE. Œuvres. Notice par M. Sainte-Beuve. 1 vol.
MOLIÈRE. (Œuvres complètes), avec des remarques nouvelles, par LEMAISTRE; vie de Molière, par VOLTAIRE. 3 vol.
MONTAIGNE (Essais de), notes de tous les commentateurs. 2 vol.
MONTESQUIEU. L'esprit des lois, notes de Voltaire, de La Harpe. 1 vol.
— Lettres Persanes, suivies de ARSACE et ISMÉNIE et du *Temple de Gnide.* 1 vol.

— Considérations sur les causes de la grandeur des Romains et de leur décadence. 1 vol.
MOREAU. Œuvres, *le Myosotis*. 1 v.
PARNY. Œuvres, élégies et poésies. Préface de M. SAINTE-BEUVE. 1 vol.
PASCAL. Pensées sur la Religion. Edition conforme au véritable texte de l'auteur, additions de Port-Royal. 1 vol.
— Lettres écrites à un Provincial. Essai sur *les Provinciales*. 1 vol.
PELLICO. Mes Prisons, suivies des Devoirs des hommes, 6 grav. 1 vol.
PÉTRARQUE. Œuvres amoureuses. Sonnets, triomphes, traduits en français, texte en regard. 1 vol.
PICARD. Théâtre. Note, notices, par L. MOLAND. 2 vol.
PINDARE et les lyriques grecs, traduction par M. C. POYARD. 1 vol.
PLATON. L'Etat ou la République. Trad. de BASTIEN. 1 vol.
PLATON. Apologie de Socrate. — Criton-Phédon-Gorgias. 1 vol.
PLUTARQUE. Les vies des Hommes illustres. Traduites par RICARD. Vie de Plutarque, etc. 4 vol.
POÈTES moralistes de la Grèce, Hésiode, Théognis, etc. 1 vol.
RACINE. Théâtre complet, remarques littéraires, notes class. par LEMAISTRE. 1 vol.
REGNARD. Théâtre. Notes et notices. 1 vol.
REGNIER. Œuvres complètes. 1 v.
ROMANS GRECS. Les Pastorales de Longus. — Les Ethiopiennes d'Héliodore. Etude sur le roman grec, par A. CHASSANG. 1 vol.
RONSARD. Œuvres choisies. Notices, notes, par SAINTE-BEUVE. Edition revue par MOLAND. 1 vol.
RUNEBERG. Le roi Fialar. Le Porte-Enseigne Stole. — La Nuit de Noël. Traduit par VALMORE. 1 vol.
SAINT-ÉVREMONT. Œuvres choisies. Vie et ouvrages de l'auteur, par A.-CH. GIDEL. 1 vol.
SEDAINE. Théâtre, introduction par L. MOLAND. 1 vol.
SÉVIGNÉ. Lettres choisies. Notes explicatives sur les faits et personnages du temps et observations littéraires, par SAINTE-BEUVE. 1 vol.
SOPHOCLE. Tragédies. Traduction par L. HUMBERT. 1 vol.
SOREL. La vraie Histoire comique de Francion. 1 vol.

**STAEL.** Corinne ou l'Italie, observations par M<sup>me</sup> Necker de Saussure et Sainte-Beuve. 1 vol.
— De l'Allemagne. Edit. revue. 1 vol.
— Delphine. Nouv. Édit. revue 1 vol.

**STERNE.** Tristram Shandy. Voyage sentimental. 2 vol.

**TABARIN** (Œuvres de). *Aventures du Capitaine Rodomont*, la *Farce des Bossus*, pièces tabariniques. 1 vol.

**TASSE.** Jérusalem délivrée. Trad. de Le Prince Lebrun. 1 vol.

**THÉATRE DE LA RÉVOLUTION.**
— Charles IX. — Les victimes cloîtrées. — Madame Angot. — Madame Angot dans le sérail, introduction, notes par M. Moland. 1 vol.

**THIERRY** (Œuvres d'Augustin). Edit. définitive revue par l'auteur. 9 v.
— Histoire de la Conquête de l'Angleterre. 4 vol.
— Lettres sur l'Histoire de France. 1 vol.
— Dix ans d'études historiques. 1 v.
— Récits des temps mérovingiens. 2 vol.
— Essai sur l'Histoire du Tiers-État. 1 vol.

**THIERS.** Histoire de la Révolution de 1870. 1 vol.

**THUCYDIDE.** Histoire. Traduction Loiseau. 1 vol.

**VADÉ.** Œuvres. La Pipe cassée. — Chansons. — Bouquets poissards etc. Notice par J. Lemer. 1 v.

**VAUQUELIN DE LA FRESNAYE.** (Œuvres poétiques de. Texte conforme à l'édition de 1605. 1 vol.

**VILLENEUVE-BARGEMONT.** Le livre des affligés. 2 vol.

**VILLON.** Poésies complètes. Notes par L. Moland. 1 vol.

**VOISENON.** Contes et Poésies fugitives. Notice sur sa vie. 1 vol.

**VOLNEY.** Les Ruines. — La loi naturelle. — L'histoire de Samuel. Édition revue 1 vol.

**VOLTAIRE.** 11 vol.
— Le Siècle de Louis XIV. Édition revue. 1 vol.
— Siècle de Louis XV, histoire du Parlement. 1 vol.
— Histoire de Charles XII. Édition revue. 1 vol.
— Lettres choisies. Notice et notes sur les faits et sur les personnages du temps, par L. Moland. 2 vol.

**WARÉE.** Curiosités judiciaires, historiques, anecdotiques. 1 vol.

**YSABEAU** (Docteur). Le Médecin du Foyer. *Guide médical des Familles*. 1 vol.

---

NOUVELLE BIBLIOTHÈQUE LATINE-FRANÇAISE

# RÉIMPRESSION DES CLASSIQUES LATINS

*75 volumes, format grand in-18 à 3 fr.*

TRADUCTIONS REVUES ET REFONDUES AVEC LE PLUS GRAND SOIN

Le succès de cette collection est aujourd'hui avéré. Belle impression, joli papier, correction soignée, revision intelligente et sérieuse, rien n'a été négligé pour recommander ces éditions aux amis de la bonne littérature. La modicité du prix, jointe aux avantages d'une bonne exécution, fait rechercher nos *classiques* avec prédilection.

### 6 volumes à 4 fr. 50

**CLAUDIEN.** Œuvres complètes. traduites en français, par M. Héguin de Guerle. 1 vol.

**SAINT JÉROME.** Lettres choisies. texte latin revu. Trad. nouvelle et introduction par Charpentier. 1 vol.

**OVIDE.** Les Métamorphoses. Trad. française de Gros, refondue par M. Cabaret-Dupaty. Notice par M. Charpentier. Édition complète en 1 volume.

**TÉRENCE** (Comédies). Traduction nouvelle par Bertolaud, docteur ès lettres de Paris. 1 fort volume.

**72 volumes à 3 fr. — Chaque volume se vend séparément.**

AULU-GELLE (Œuvres complètes), édition revue par CHARPENTIER et BLANCHET. 2 vol

CATULLE, TIBULLE et PROPERCE. Œuvres traduites par HÉGUIN DE GUERLE, VALATOUR et GENOUILLE. 1 vol.

CÉSAR. Commentaires sur la Guerre des Gaules et sur la Guerre civile, trad. par M. ARTAUD. Édition revue par LEMAISTRE, notice par M. CHARPENTIER. 2 vol.

CICÉRON. (Œuvres complètes), avec la traduction française améliorée et refaite en grande partie par CHARPENTIER, LEMAISTRE, GÉRARD-DELCASSO, CABARET-DUPATY, etc. 20 vol.

TOME I. — Étude sur Cicéron : Vie de Cicéron par Plutarque; Tableau synchronomique de la vie et ouvrages de Cicéron.

II. — Traité sur l'art oratoire : Rhétorique ; l'Invention.

III. — L'Orateur.

IV. — Brutus ; l'Orateur ; des Orateurs parfaits ; les Topiques ; les Partitions oratoires.

V. — Discours ; Introduction aux Verrines ; Discours pour SEXTIUS ROSCIUS D'AMÉRIE ; Discours pour PUBLIUS QUINTUS ; discours pour Q. ROSCIUS, le Comédien ; Discours contre Q. CÉCILIUS ; Première action contre VERRÈS ; Seconde action contre VERRÈS, livre premier.

VI. — Seconde action contre VERRÈS, livre deuxième ; Seconde action contre VERRÈS, livre troisième ; Seconde action contre VERRÈS, livre quatrième.

VII. — Seconde action contre VERRÈS, livre cinquième ; Discours pour A. CÉCINA ; Discours pour M. FONTEIUS ; Discours en faveur de la loi MANILIA ; Discours pour A. CLUENTIUS AVITUS ; Premier discours sur la loi agraire ; Deuxième discours sur la loi agraire ; Troisième discours sur la loi agraire ; Discours pour C. RABIRIUS.

VIII. — 1er discours contre L. CATILINA ; 2e discours contre L. CATILINA ; 3e discours contre L. CATILINA ; 4e discours contre L. CATILINA ; Discours pour L. LICINIUS MURENA ; Discours pour P. SYLLA ; Discours pour le poète A. LICINIUS ARCHIAS ; Discours pour L. FLACCUS ; Discours de CICÉRON au Sénat, après son retour ; Discours de CICÉRON au peuple ;

IX. — Discours de CICÉRON pour sa maison ; Discours pour P. SEXTIUS ; Discours contre P. VATINIUS ; Discours sur la réponse des aruspices ;

Discours sur les provinces consulaires ; Discours pour L. CORNELIUS BALBUS ; Discours pour MARCUS CÆLIUS RUFUS.

X. — Discours contre L. CLAPURNIUS PISON ; Discours pour CN. PLANCIUS ; Discours pour C. RABIRIUS POSTHUMUS ; Discours pour T. A. MILON ; Discours pour MARCUS MARCELLUS ; Discours pour QINTUS LIGARIUS ; Discours pour le roi DEJOTATUS ; Première philippique de M. T. CICÉRON contre M. ANTOINE.

XI. — Deuxième, troisième à quatorzième philippique.

XII. — Lettres : Lettres I à CLXXXII An de Rome 685 à décembre 701.

XIII. — Lettres CLXXXIII à CCCLXXIII avril 702 à la fin d'avril 704.

XIV. — Lettres CCCLXXIV à DCLXVI, 2 mai 704 à 708.

XV. — Lettres DCLXVII à DCCCLII, 708 à 710 ; Dates incertaines des lettres DCCCLIII à DCCCLIX. Lettres à BRUTUS.

XVI. — Ouvrages philosophiques ; Académiques ; des vrais biens et des vrais maux ; Les Paradoxes.

XVII. — Tusculanes ; De l'amitié ; De la demande du consulat.

XVIII. — Des Devoirs ; Dialogue de la vieillesse ; De la nature des Dieux.

XIX. — De la Divination ; Du Destin ; De la République ; Des Lois.

XX. — Fragments ; Fragments des Discours de M. CICÉRON ; Fragments des Lettres ; Fragments du Timée, du Protagoras, de l'Économique ; Fragments des ouvrages philosophiques ; Fragments des poèmes. Ouvrages apocryphes : Discours sur l'amnistie ; Discours au peuple ; Invective de SALLUSTE contre CICÉRON ; Invective de CICÉRON contre SALLUSTE. Lettre à OCTAVE ; La Consolation.

CORNELIUS NEPOS Traduct. par M. AMÉDÉE POMMIER. EUTROPE. Abrégé de l'histoire romaine, traduit par DUBOIS 1 vol.

HORACE (Œuvres complètes). Traduction revue par LEMAISTRE. Étude sur Horace par RIGAULT. 1 vol.

JORNANDES. De la succession du royaume, origine et actes des Goths. Traduction de SAVAGNER. 1 vol.

JUSTIN (Œuvres complètes). Abrégé de l'Histoire universelle de Trogue Pompée. Trad. par PIERROT. Revue par PESSONNEAUX. 1 vol.

JUVENAL ET PERSE (Œuvres complètes), suivie des fragments de *Turnus* et de *Sulpicie*, traduction de DUSSAULX, LEMAISTRE. 1 vol.

LUCAIN. La Pharsale. Trad. de MARMONTEL, revue par DURAND. 1 v.

LUCRÈCE (Œuvres complètes), traduction de LAGRANGE, revue par BLANCHET. 1 vol.

MARTIAL (Œuvres complètes), traduction de MM. V. VERGER, DUBOIS et J. MANGEART. Précédée des *Mémoires de Martial*, par JULES JANIN. 2 vol.

PETITS POËTES. ARBORIUS, GALPURNIUS, EUCHARIA, GRATIUS, FALISCUS, LUPERCUS, SERVASTUS, NEMESIANUS, PENTADIUS, SABINUS, VALERIUS CATO, VESTRITIUS SPURINA et le *Pervigilium Veneris*, traduction de CABARET-DUPATY. 1 vol.

PHÈDRE (Fables) suivies des Œuvres d'Avianus, de Denis Caton, de Publius Syrus. Edition revue par M. E. PESSONNEAUX. 1 vol.

PLAUTE. Son théâtre. Traduction nouvelle de M. NAUDET, membre de l'Institut. 4 vol.

PLINE L'ANCIEN L'Histoire des animaux, traduct. de GUEROULT. 1 v.

PLINE LE JEUNE (Lettres). Trad. par M. CABARET-DUPATY. 1 vol.

PLINE LE NATURALISTE (Morceaux extraits). Traduction de GUEROULT. 1 vol.

QUINTE-CURCE (Œuvres complètes). Edition revue par M. B. PESSONNEAUX. 1 vol.

QUINTILIEN (Œuvres complètes). Traduction de OUISILLE. Revue par CHARPENTIER. 3 vol.

SALLUSTE (Œuvres complètes). Traduction DU ROZOIR. Revue par M. CHARPENTIER. 1 vol.

SÉNÈQUE LE PHILOSOPHE (Œuvres complètes), édition revue par CHARPENTIER et LEMAISTRE. 4 v.

— (Tragédies). Edition revue par CABARET-DUPATY. 1 vol.

SUETONE (Œuvres). Trad. refondue par CABARET-DUPATY. 1 vol.

TACITE (Œuvres complètes), traduction de DUREAU DE LA MALLE, revue par M. CHARPENTIER. 2 vol.

TITE-LIVE (Œuvres complètes), traduites. Edition revue par E. PESSONNEAUX et BLANCHET. Etude sur Tite-Live, par M. CHARPENTIER. 6 v.

VALÈRE MAXIME (Œuvres complètes), traduction de FREMION. Edition revue par M. CHARPENTIER. 2 v.

VELLEIUS PATERCULUS, traduction refondue avec le plus grand soin par M. GRÉARD. — FLORUS (Œuvres). Notice sur Florus, par M. VILLEMAIN. 1 vol.

VIRGILE. Œuvres complètes, traduites en français. Nouvelle édition, refondue par M. Félix LEMAISTRE, précédée d'une Etude sur Virgile par M. SAINTE-BEUVE. 2 vol.

---

**Nouveau Dictionnaire complet des COMMUNES DE LA FRANCE**

Algérie, Tunisie, Tonkin, et toutes les Colonies françaises

La nomenclature de toutes les communes, les châteaux, les bureaux de poste, les stations de chemins de fer, etc., par M. GINDRE DU MANCY. Nouvelle édition. 1 fort vol. gr. in-8 à 2 col., 15 fr.; relié 1/2 chagr. 18 fr. — Relié toile.... 17 fr.

---

# BIBLIOTHÈQUE D'UTILITÉ PRATIQUE

*Format in-18, avec planches, vignettes explicatives, gravures.*

NOUVEAU GUIDE d'AFFAIRES. Le droit usuel ou l'avocat de soi-même, par DURAND DE NANCY, 18e éd., augmentée, 1 fort vol. gr. in-18, 502 pages 4 fr 50. — Relié 5 fr.

TRAITÉ PRATIQUE D'ARPENTAGE. nivellement, levée de plans, par A. POUSSART, professeur de mathématiques, 1 vol. in-18 br., nombreuses figures. . . . . . . . 3 fr.

Guide pratique des Gardes champêtres et des Gardes particuliers, par M. MARCEL GRÉGOIRE, sous-préfet. 1 vol in-18............. 2 fr.

GUIDE DES PROPRIÉTAIRES, LOCATAIRES OU FERMIERS, comprenant : 1° La solution de toutes les difficultés pouvant surgir dans leurs rapports entre eux, avec les concierges ou administrations publiques (*Expropriation, Servitudes, Voirie, Contributions directes, Enregistrement des baux*); 2° Des modèles de tous les actes sous seing privé relatifs aux locations, par A. DEGLOS, docteur en droit. 1 vol. br. 4 fr. 50, relié.................... 5 fr.

**MANUEL PRATIQUE des JUGES DE PAIX.** Précis raisonné et complet de leurs attributions judiciaires, extra judiciaires, civiles, ouvrage entièrement neuf, par M. GEORGES MARTIN, juge de paix. 1 volume grand in-18............... 6 fr.

**LA TENUE DES LIVRES** apprise sans maître, en partie simple et en partie double, mise à la portée de toutes les intelligences, par LOUIS DEPLANQUE, expert, prof de comptabilité, 20° éd.. 1 fort vol. in-8. 7 f. 50

**LA TENUE DES LIVRES** rendue facile, ou méthode raisonnée pour l'enseignement de la comptabilité, par DEGRANGE. Edition revue par LEFEBVRE. 1 vol. in-8...... 5 fr.

**GUIDE POUR LE CHOIX D'UNE PROFESSION.** Contenant des renseignements précis sur les professions qui exigent des préparations spéciales et sur les institutions, facultés et écoles qui préparent aux différentes carrières, par F. DE DONVILLE. 1 vol. in-18...... 3 fr. 50

**LES PROFESSIONS FÉMININES,** par F. TULOU. 1 vol. in-18, 3 fr. 50

**TENUE DES LIVRES** rendue facile a l'usage des personnes destinées au commerce, par UN ANCIEN NÉGOCIANT. 1 vol................ 3 fr.

**NOUVEAU MANUEL ÉPISTOLAIRE,** en français et en anglais. Théorie, pratique, par J. MC LAUGHLIN, Officier d'académie, professeur au collège Sainte-Barbe. 1 fort volume in-18, contenant 558 pages, broché, 3 fr. 50. — Elégamment relié........................ 4 fr.

**NOUVEAU GUIDE de la CORRESPONDANCE COMMERCIALE,** contenant 515 lettres : circulaires, offres de service, remises, traites, lettres de change, avaries, etc., par HENRI PAGE. 1 volume in-8... 6 fr.

**NOUVEAU CORRES. ONDANT COMMERCIAL** en français et en anglais. Recueil complet de lettres sur toutes les affaires de commerce, par M. LAUGHLIN. 1 vol. br. 3 fr. Relié........................ 4 fr.

**LE SECRÉTAIRE COMMERCIAL** par HENRI PAGE. Extrait du précédent. 1 vol. in-18.......... 3 fr.

**NOUVEAU MANUEL ÉPISTOLAIRE,** en français et en anglais. Théorie, pratique. Modèle de lettres, etc. 1 fort volume de 556 pages, broché 3 fr. 50. Relié....... 4 fr.

**MANUEL DU CAPITALISTE** ou Comptes faits des intérêts à tous les taux, pour toutes sommes de un jusqu'à 366 jours, ouvrage utile aux négociants, banquiers, commerçants de tous les états, etc., par BONNET. Notice sur l'intérêt, l'escompte, etc., par M. JOSEPH GARNIER, revue pour les calculs, par M. X. RYMKIEWICZ, calculateur au Crédit foncier. 1 vol. in-8, 6 fr. Relié......... 7 fr. 50

**GUIDE DU CAPITALISTE** ou Comptes faits d'intérêts à tous les taux, pour toutes les sommes de un à 366 jours, par BONNET, 1 vol. in-18, 3 fr. Relié................. 4 fr.

**BARÊME UNIVERSEL.** Calculateur du négociant. Comptes faits des prix par pièces, mesures, nombres, kilogrammes, etc., par DONKER et HENRY, 1 vol. in-8................. 8 fr.

**LE LIVRE DE BARÊME** ou Comptes faits. Comptes faits depuis 0.02 jusqu'à 100 fr. Tableau des jours écoulés et à parcourir du 1er janv. au 31 déc. Mesures légales, etc. Revu par PONS. 1 vol. in-18, 3 fr. Relié toile, 4 fr.

**TOUS CYCLISTES !** Traité pratique et théorique de vélocipédie, par PH. DUBOIS et A. VARENNES, 1 volume in-18................ 2 fr. 25

**LE CHASSEUR AU CHIEN D'ARRÊT,** par ELZÉAR BLAZE, 1 v. in-18.................. 3 fr. 50

**LE CHASSEUR AU CHIEN COURANT,** formant avec le Chasseur au chien d'arrêt un cours complet de chasse à tir et à courre, par ELZÉAR BLAZE, 2 vol. in-18. Le volume........ 3 fr. 50

**LE CHASSEUR AUX FILETS** ou chasse des dames, par LE MÊME. 1 vol.................. 3 fr. 50

**LE CHASSEUR CONTEUR,** ou les Chroniques de la Chasse, par le MÊME, 1 vol............ 3 fr. 50

**GUIDE DU CHASSEUR AU CHIEN D'ARRÊT** sous ses rapports, théorique, pratique et juridique, par F. CASSASSOLES. 1 volume in-18 grav............. 3 fr. 50

**LE PÊCHEUR A LA MOUCHE ARTIFICIELLE ET LE PÊCHEUR A TOUTES LIGNES,** par MASSAS. Edition revue, étude sur le repeuplement des cours d'eau et la pisciculture, par LARBALÉTRIER. 80 vignettes. 1 vol........... 2 fr.

**CHASSES ET PÊCHES ANGLAISES.** Variétés de pêches et de chasses. 1 vol. in-18.... 0 fr.

**LA PÊCHE EN MER ET LA CULTURE DES PLAGES.** Pêches côtières à la ligne et aux filets.

Pêches à pied. Grandes pêches, par ALBERT LARBALÉTRIER. 1 vol. in-18, illustré, 140 gravures .... 3 fr. 50

**L'ART D'INSTRUIRE ET D'ÉLEVER LES OISEAUX.** Oiseaux chanteurs, oiseaux parleurs, oiseaux de volière, par L.-E. CHAMPAIME. 1 vol. Nombreuses gravures 3 fr. 50

**GUIDE PRATIQUE DES MAIRES, DES ADJOINTS, DES SECRÉTAIRES DE MAIRIE ET DES CONSEILLERS MUNICIPAUX:** Lois, décrets, arrêtés, par DURAND DE NANCY, édit. mise au courant, par RUBEN DE COUDER, conseiller à la Cour de cassation. 12e édition, 1 fort vol. in-18. 7 fr. 50
Relié.................. 8 fr. 50

**LOI MUNICIPALE** du 5 avril 1884 comprenant : La circulaire ministérielle, 1 v. in-18, 178 p. 1 fr. 25

— **CODE DES COMMUNES.** Recueil annoté des Lois et décrets sur l'administration municipale; par SOUVIRON, 1 fort vol. in-8... 5 fr.

**NOUVEAU TRAITÉ PRATIQUE DU JARDINAGE,** par A. YSABEAU. 1 vol. in-18.............. 2 fr.

**TRAITÉ PRATIQUE DE LA LAITERIE.** Lait, beurre, fromages, par Albert LARBALÉTRIER, professeur à l'école d'agriculture du Pas-de-Calais. Orné de 73 gravures. 1 vol. in-18.................. 2 fr.

**TRAITÉ DE CHAUFFAGE ET D'ÉCLAIRAGE DOMESTIQUES,** propreté et économie, par LARBALÉTRIER. 1 vol. in-18......... 2 fr.

**TRAITÉ PRATIQUE DES SAVONS ET DES PARFUMS,** manuel raisonné du cabinet de toilette, par LARBALÉTRIER, 1 volume in-18.................. 2 fr. 50

**CHEVAL DE CHASSE ET DE SERVICE.** par le baron de FLEURY, suivi de Maughty boy, dressage d'un cheval. 1 vol. in-18. 3 fr. 50

**MANUEL PRATIQUE DE L'ACHAT ET DE LA VENTE DU BÉTAIL.** Bœufs, veaux, moutons, porcs, par Henri VILLIERS, professeur vétérinaire, et Albert LARBALÉTRIER, professeur d'agriculture du Pas-de-Calais. Nombreuses gravures 1 vol. in-18............. 2 fr. 50

**LES VACHES LAITIÈRES.** Choix, races, entretien, etc. Par Albert LARBALÉTRIER, professeur à l'Ecole pratique d'agriculture du Pas-de-Calais. 36 figures, 1 v. in-18. 2 fr.

**LES ANIMAUX DE BASSE-COUR.** Elevage et entretien. Par LE MÊME 1 vol. in-18..... 3 fr. 50

**LE NOUVEAU JARDINIER FLEURISTE.** Avec les principaux arbres d'ornement, la nomenclature des fleurs de parterre, de bordure, de massif, etc., par HIPP. LANGLOIS. 258 fig. 1 fort vol. in-18. 3 fr. 50

**TARIF POUR CUBER LES BOIS EN GRUME ET ÉQUARRIS.** D'après les mesures anciennes, avec leur réduction en mesures métriques, tableau servant à déterminer les produits en nature, par PRUGNAUX, arpenteur forestier. Edition revue. 1 vol. in-18................. 2 fr.

**TARIF DE CUBAGE DES BOIS ÉQUARRIS ET RONDS.** Evalués en stères et fractions decimales du stère, par J.-A.-FRANÇON, cubeur juré de la ville de Lyon. 1 fort vol. in-18................. 2 fr. 50

**DICTIONNAIRE PORTATIF DES COMMUNES DE LA FRANCE ET DE L'ALGÉRIE et des autres colonies françaises,** par GINDRE DE NANCY. Edition entièrement refaite par M. LACROIX, chef de bureau au ministère de l'instruction publique. 1 v. de 800 p., relié. 5 fr.

**LE JARDINIER DE TOUT LE MONDE.** Traité complet de toutes les branches de l'horticulture, par A. YSABEAU. 1 fort volume in-18, illustré.............. 4 fr. 50

**COURS D'ARBORICULTURE.** 1re Partie. — Principes généraux d'arboriculture. Par DU BREUIL, 175 figures, carte en couleur. 7e édition. 1 vol. in-18,........ 3 fr. 50
Le même. 2e Partie. — Culture des arbres et arbrisseaux à fruits de table, 553 figures et 4 planches. 1 vol. in-18, 7e édition...... 8 fr.

**CULTURE DES ARBRES ET ARBRISSEAUX D'ORNEMENTS.** Plantations et lignes d'ornement. Parcs et jardins, par DU BREUIL. 1 vol. in-18, tableaux, plans, 90 figures, 7e édition........ 5 fr.

**INSTRUCTION ÉLÉMENTAIRE SUR LA CONDUITE DES ARBRES FRUITIERS,** par LE MÊME. — Ouvrage destiné aux jardiniers, aux élèves des fermes-écoles et des écoles normales primaires. 1 vol. in-18, illustré, 267 figures, 9e édition.................. 2 fr. 50

**TRAITÉ ÉLÉMENTAIRE D'AGRICULTURE,** par GIRARDIN, directeur et professeur de chimie agricole et industrielle de l'Ecole supérieur des sciences, etc., et A. DUBREUIL, professeur d'arboriculture et de viticulture. 4e édition, 995 gravures, 2 forts volumes, grand in-18.................. 18 fr.

**ÉLÉMENTS DE BOTANIQUE.** Première partie. ORGANOGRAPHIE, par

M. PAYER. de l'Institut, professeur de botanique. 1 volume in-18, 663 figures... **4 fr.**

**LES MACHINES DYNAMO-ÉLECTRIQUES**, par R. V. PICOU, ingénieur des Arts et Manufactures, 1 vol. in-18... **3 fr. 50**

**MANUEL DU POIDS DES MÉTAUX**, employés dans les constructions, à l'usage de toutes les personnes s'occupant de bâtiments, par ARNOULT, vice-président de la Chambre des entrepreneurs, 1 vol. relié toile... **2 fr. 50**

**GASTON BONNEFONT. La machine à coudre.** Ses principales applications, son rôle dans la famille et dans l'industrie. 1 vol. in-18, orné de nombreux dessins... **1 fr.**

**NOUVELLE FLORE FRANÇAISE.** Description des plantes qui croissent spontanément en France et de celles qu'on y cultive en grand, indication de leurs propriétés, etc., par M. GILLET, vétérinaire principal de l'armée, et par M. J.-H. MAGNE, professeur de botanique. 1 beau vol. in-18, 97 planches, plus de 1,200 figures. 6e édition... **3 fr.**

**LE PETIT CUISINIER MODERNE** ou les secrets de l'art culinaire, par GUSTAVE GARLIN (de Tonnerre), élève des premiers cuisiniers de Paris. 1 vol. in-8 illustré, 976 pages, relié... **8 fr.**

**LA CUISINE ANCIENNE**, par GARLIN (de Tonnerre). 1 vol. in-8 illustré... **8 fr.**

**TRAITÉ PRATIQUE DE L'ÉLEVAGE DU PORC ET DE CHARCUTERIE**, par AUG. VALESSERT, ancien charcutier, par ALB. LARBALÉTRIER, professeur d'agriculture. 1 beau volume in-18, orné de gravures... **3 fr. 50**

**CAUSERIES CHEVALINES**, par GAUME, propriétaire-éleveur. 1 vol. grand in-18... **3 fr. 50**

**LE CUISINIER EUROPÉEN.** Ouvrage contenant les meilleures recettes des cuisines françaises et étrangères, par JULES BRETEUIL, ancien chef de cuisine. 1 fort vol. grand in-18, illustré 300 gravures, 748 pages, relié... **5 fr.**

**LE CUISINIER DURAND.** Cuisine du nord et du midi, 9e édition, revue par C. DURAND, petit-fils de l'auteur. 1 vol. in-18 illustré, 160 figures. **6 fr.**

**TRAITÉ DE L'OFFICE**, par T. BERTHE, ex-officier de bouche. 1 vol. in-18... **3 fr. 50**

**TRAITÉ PRATIQUE DE LA PATISSERIE**, contenant un aperçu des glaces, sirops et confitures, par \ GUBERE. 16 planches hors texte, coloriées. 1 vol. in-8 broché. **6 fr** Relié... **7 fr.**

**L'ENFANT. — Hygiène et soins médicaux pour le premier âge.** A l'usage des jeunes mères et des nourrices, par ERMANCE DUFAUX DE LA JONCHÈRE. Précédé d'une introduction, par le docteur BLACHEZ. Nombreuses grav. 1 vol. in-18. **4 fr.**

**LE CONSERVATEUR OU LIVRE DE TOUS LES MÉNAGES**, d'après les travaux de Carême, Appert, etc., par LÉON KREBS. 150 gravures. 1 volume... **3 fr. 50**

**BOISSONS ÉCONOMIQUES ET LIQUEURS DE TABLE.** Traité pratique de la fabrication des vins, cidres, bières, liqueurs, etc., par KREBS, 1 vol. in-18... **3 fr. 50**

**GUIDE PRATIQUE DES MÉNAGES**, contenant plus de 2,000 recettes sur la préparation et la conservation des aliments, etc., par le docteur ELGET. 1 volume. **3 fr. 50**

**RACES CHEVALINES ET LEUR AMÉLIORATION.** Entretien, élevage du cheval, de l'âne et du mulet. 1 vol. in-18... **8 fr.**

**JEUX DE SOCIÉTÉ.** Jeux de salon. — Jeux d'enfants. — Jeux d'esprit et d'improvisation. — Patiences. — Jeux divers. — Rondes et danses de société, par L. de VALAINCOURT. 1 vol. illustré de nombreuses vignettes... **3 fr. 50**

**TRAITÉ DE WHIST** par M. DESCHAPELLES, 1 vol. in-18... **3 fr. 50**

**LE JEU DE TRICTRAC** rendu facile pour toute personne d'un esprit juste et pénétrant. 2 vol. in-8. **8 fr.**

**NOUVELLE ACADÉMIE DES JEUX.** Contenant un dictionnaire des jeux anciens, le nouveau jeu de croquet, le Besigue chinois et une étude sur les jeux et paris de courses, par JEAN QUINOLA. 1 fort vol. avec figures... **3 fr.**

**ANALYSE DU JEU DES ÉCHECS** par A.-D. PHILIDOR. Edition augmentée de 68 parties jouées par Philidor, du traité de Greco, des débuts de Stamme et de Ruy Lopez, par C. SENSON. 1 fort vol. in-18, plan. **5 fr.**

**ENCYCLOPEDIANA.** Recueil d'anecdotes anciennes, modernes et contemporaines, etc., édition illustrée de 128 vignettes. 1 vol. in-8 de 840 pages... **6 fr.**

**RACES BOVINES ET LEUR AMÉLIORATION.** Entretien, multiplication, élevage, engraissement du bœuf. 1 vol. in-18... **5 fr.**

**LE CHEVAL.** Traité complet d'hypologie, suivi d'un cours complet d'équitation pour un cavalier et sa dame, par SANTINI. 1 v. in-18. **3 fr. 50**

**DICTIONNAIRE DE JURISPRUDENCE HIPPIQUE**, traité des courses, par CHARTON DE MEUR, avocat. 1 vol. in-18 ..... **3 fr. 50**

**CHOIX ET NOURRITURE DU CHEVAL**, ou description de tous les caractères à l'aide desquels on peut reconnaître l'aptitude des chevaux. 1 volume in-18, avec vignettes. ................ **3 fr. 50**

**MÉDECINE VÉTÉRINAIRE RURALE**. Suivie d'un Formulaire pharmaceutique, par UN VÉTÉRINAIRE. 1 fort volume in-18 ...... **4 fr. 50**

**TRAITÉ PRATIQUE DE MÉDECINE VÉTÉRINAIRE**, art de prévenir et de guérir les maladies chez le cheval, l'âne, le mulet, le bœuf, le mouton, le porc et le chien, par H.-A. VILLIERS et LARBALÉTRIER. 1 volume avec figures.... **3 fr. 50**

**CH. LE BRUN-RENAUD**. Manuel pratique d'équitation, à l'usage des deux sexes. Ouvrage orné de 45 fig. 1 beau volume............... **2 fr.**

**TRAITÉ PRATIQUE DE LA FABRICATION DES EAUX-DE-VIE** par la distillation des vins, cidres, marcs, etc. Fabrication des eaux-de-vie communes avec le trois-six d'industrie, etc., par CH. STEINER, chimiste-distillateur. 50 figures dans le texte. 1 vol. grand in-18. **3 fr. 50**

**LES NOUVELLES MÉTHODES DE LA CULTURE DE LA VIGNE**, et de vinification, par A. BEDEL. 1 volume in-18, orné de nombreuses gravures................ **3 fr. 50**

**TRAITÉ PRATIQUE DES ENGRAIS**, origine, utilité, emploi, par A. BEDEL.

**NOBILIAIRE DE NORMANDIE**. Publié sous la direction de DE MAGNY. 2 vol. grand in-8 ........ **40 fr.**

**ABRÉGÉ MÉTHODIQUE DE LA SCIENCE DES ARMOIRIES**, etc., par M. MAIGNE. Édit. augmentée, ill. 1 vol. in-18... **10 fr.** Imprimé à 154 exemplaires numérotés sur papier de Hollande...... **20 fr.**

**MANUEL PRATIQUE DE L'AMATEUR DE CHIENS**. Chiens de chasse, chiens de garde, chiens de berger, chiens d'agrement. 1 volume in-18...................... **2 fr.**

**MEUNERIE ET BOULANGERIE**, par LÉON HENDOUX, nombreuses vignettes explicatives. 1 vol. in-18, 20 feuilles................ **5 fr.**

**TRAITÉ COMPLET DE MANIPULATION DES VINS**, par A. BEDEL, 2ᵉ édition. 1 beau vol in-18, avec gravures.. ........ **3 fr. 50**

**L'ART DE RECONNAITRE LES FRUITS DE PRESSOIR** (pommes et poires), par A. TRUELLE. 1 vol. in-18...................... **4 fr.**
Les fruits de pressoir et la fabrication du cidre et du poiré et de leurs dérivés, par TRITSCHLER. 1 vol. in-18 ............. **3 fr. 50**

**TRAITÉ THÉORIQUE ET PRATIQUE DE LA BRASSERIE**, analyse détaillée des méthodes les plus récentes appliquées à la fabrication de la bière, par A. BEDEL. 1 vol. in-18............. **3 fr. 50**

**ÉLÉMENTS GÉNÉRAUX DE LÉGISLATION FRANÇAISE**. — Par A. BOURGUIGNON. 1 fort volume in-18, 720 pages........... **6 fr.**

**TRAITÉ PRATIQUE D'AGRICULTURE**, par A. BOURGUIGNON, 1 vol. in-18 de 400 pages........... **3 fr.**

**GUIDE DU COMMERÇANT**, par A. ROGER, avocat à la Cour d'appel de Paris, 1 vol. in-18 de 450 pages. **3 fr.**

**L'INDUSTRIE**, par ARTHUR MANGIN. 60 gravures intercalées dans le texte. 1 volume in-18 de 460 pages. **3 fr.**

**LA NOUVELLE LOI MILITAIRE** promulguée le 16 juillet 1889, contenant les décrets, modèles de certificats à l'usage des jeunes gens soldats ou de leurs parents, annotée et commentée par M. E. SERGENT. 1 vol. in-32 d'environ 300 pages. **1 fr. 50**

**LOI SUR LE RECRUTEMENT DE L'ARMÉE**, votée par la Chambre des députés et par le Sénat, et promulguée le 16 juillet 1889, par le Président de la République. 1 vol. de 64 pages in-32....... **0 fr. 30**

**LEÇONS PRIMAIRES DE LAVIS DES PLANS**. Par M. GILLET-DAMITTE, professeur. In-12.. **75 cent.**

**TRAITÉ ÉLÉMENTAIRE DE TOPOGRAPHIE** et de lavis des plans, illustré, planches coloriées, notions de géométrie, avec gravures, par M. TRIPON, professeur de topographie. 1 vol. in-4ᵉ relié...... **10 fr.**

---

**TRAITÉ ÉLÉMENTAIRE PRATIQUE D'ARCHITECTURE**
Ou étude des cinq ordres d'après JACQUES BAROZZIO DE VIGNOLE. Ouvrage divisé en 72 planches, comprenant les cinq ordres, composé, dessiné et mis en ordre par J.-A. LEVEIL, architecte, gr. sur acier par HIBON............ **10 fr.**

---

## TRAITÉ THÉORIQUE ET DESCRIPTIF
### DES ORDRES D'ARCHITECTURE

Ouvrage servant d'introduction développée à l'*Architecture rurale*, avec 42 planches, par SAINT-FÉLIX. 1 volume in-4 cartonné.... **15 fr.** Net **10 fr.**

---

## LA SCIENCE DES ARMES
### L'ASSAUT ET LES ASSAUTS PUBLICS — LE DUEL ET LA LEÇON DE DUEL
### Par GEORGES ROBERT

PROFESSEUR D'ESCRIME AU LYCÉE HENRI IV ET AU COLLÈGE SAINTE-BARBE

Notice sur Robert ainé, par ERNEST LEGOUVÉ. Lettre de M. HÉBRARD DE VILLENEUVE, président de la Société d'Encouragement de l'escrime. 1 vol. grand in-8, 7 grands tableaux .................................................. **12 fr.**

---

**LE CUISINIER MODERNE**, ou les secrets de l'art culinaire. Suivi d'un index des termes techniques, par Gustave GARLIN (de Tonnerre.) Ouvrage complet illustré (60 planches, 330 dessins), comprenant 5,000 titres et 700 observations. 2 v. in-4. **36 fr.**

**LE PATISSIER MODERNE**, suivi d'un traité de confiserie d'office, par GUSTAVE GARLIN (de Tonnerre). Ouvrage illustré de 262 dessins gravés par M. BLITZ, 1 volume grand in-8, relié toile................... **20 fr.**

**PRINCIPES DE GÉOLOGIE**
Ou illustrations de cette science empruntés aux changements modernes que la Terre et ses habitants ont subis, par CHARLES LYELL, baronnet, traduit de l'anglais, sur la 10ᵉ édition par M. JULES GINESTOU, 2 volumes in-8 ...................... **25 fr.**

**ÉLÉMENTS DE GÉOLOGIE**
Ou changements anciens de la Terre et de ses habitants, tels qu'ils sont représentés par les monuments géologiques, par LE MÊME. Traduit de l'anglais par M. GINESTOU, 6ᵉ édition, augmentée, illustrée, 770 gravures. 2 beaux volumes in-8....... **20 fr.**

**ABRÉGÉ DES ÉLÉMENTS DE GÉOLOGIE**
Par LE MÊME. Traduit par M. JULES GINESTOU. Ouvrage illustré de 644 gravures. 1 fort volume grand in-18 jésus...................... **10 fr.**

**GUIDE DU SONDEUR**
Ou traité théorique et pratique des sondages, par MM. DEGOUSÉE et CH. LAURENT, ingénieurs civils, fabricants d'équipages de sonde, entrepreneurs de sondages. 2 forts vol. in-8. Gravures dans le texte et accompagné d'un atlas de 62 planches gravées sur acier.......... **30 fr.**

### COURS ÉLÉMENTAIRE D'HISTOIRE NATURELLE

A l'usage des lycées et des maisons d'éducation, rédigé conformément au programme de l'Université. 3 forts vol. in-12, 2.000 figures intercalées dans le texte. Le cours comprend :

Zoologie, par M. MILNE EDWARDS, membre de l'Institut, professeur au Jardin des Plantes. 1 vol..... **6 fr.**

Botanique, par M. A. DE JUSSIEU, de l'Institut, professeur au Jardin des Plantes. 1 vol.............. **6 fr.**

Minéralogie et Géologie, par M. F.-S. BEUDANT, de l'Institut, inspecteur gén. des études. 1 vol....... **6 fr.**

La géologie seule, 1 volume. **4 fr.**

### GÉOLOGIE

Par M. E.-B. DE CHANCOURTOIS. 1 volume.................... **1 fr. 25**

### COURS ÉLÉMENTAIRE DE CHIMIE

Par V. REGNAULT, de l'Institut, directeur de la manufacture nationale de Sèvres. 4 v. in-18, 700 fig., 5ᵉ éd. **20 fr.**

### COURS ÉLÉMENTAIRE DE Mécanique, Théorique et Appliquée

A l'usage des Facultés, des établissements d'enseignement secondaires, des écoles normales et des écoles industrielles, par LE MÊME. 1 vol. in-8, illustré, 551 figures, 9ᵉ édition. **8 fr.**

### COURS ÉLÉMENTAIRE D'ASTRONOMIE

Concordant avec les articles du programme officiel pour l'enseignement de la cosmographie dans les lycées, par LE MÊME. 1 vol. in-18, illustré de planches en taille-douce, vignettes, 5ᵉ édition................. **7 fr. 50**

### NOTIONS ÉLÉMENTAIRES DE MÉCANIQUE RATIONNELLE

A l'usage des candidats à l'Ecole forestière et à l'Ecole navale des aspirants au baccalauréat ès sciences et au certificat de capacité des sciences appliquées, par M. G. PINET, inspecteur des études à l'Ecole polytechnique, 1 vol. in-18...... **2 fr.**

**TRAITÉ D'ASTRONOMIE**
Appliquée à la géographie et à la navigation, par EMM. LIAIS, astronome, auteur de l'*Espace céleste*, 1 fort vol. grand in-8............... **10 fr.**

**DE L'EXPLOITATION DES CHEMINS DE FER**
Leçons faites à l'Ecole nationale des ponts et chaussées, par F. JACQMIN, directeur de la C¹ᵉ des chemins de fer de l'Est. 2 vol. in-8 caval. **16 fr.**

**LES MACHINES A VAPEUR**
Leçons faites à l'Ecole nationale des ponts et chaussées, par LE MÊME. 2 forts vol. gr. in-8 cavalier.. **16 fr.**

TRAITÉ ÉLÉMENTAIRE
**DES CHEMINS DE FER**
Par AUGUSTE PERDONNET. 3ᵉ édition, considérablement augmentée. 4 tres forts volumes in-8, avec 1.100 figures, tableaux, etc............... **70 fr.**

---

## LE SAVOIR-VIVRE
### Dans la vie ordinaire et dans les cérémonies civiles et religieuses
Par Ermance DUFAUX. 1 vol in-18. **3 fr.**
Cet ouvrage est un travail neuf pour la forme et par le fond, rempli d'appréciations personnelles, et décelant à chaque page un auteur appartenant à la bonne compagnie.

---

## DICTIONNAIRE GÉNÉRAL
## DES SCIENCES THEORIQUES ET APPLIQUÉES
Comprenant les mathématiques, la physique et la chimie, la mécanique et la technologie, l'histoire naturelle et la médecine, l'économie rurale et l'art vétérinaire, par MM. PRIVAT-DESCHANEL et AD. FOCILLON, professeur des sciences physiques et naturelles, 2ᵉ édition, 2 forts volumes grand in-8°, brochés, **32 fr.** Reliés **40 fr.**

---

# L'ESPACE CÉLESTE & LA NATURE TROPICALE
Description physique de l'univers, d'après des observations personnelles faites dans les deux hémisphères, par L. LIAIS, ancien astronome de l'Observatoire de Paris, avec une préface de BABINET, de l'Institut. Illustrée de dessins de YAN DARGENT. Un magnifique volume grand in-8° jésus............ **15 fr.**
Relié demi-doré, **21 fr.** — Toile, fers spéciaux.................. **20 fr.**

---

**CHIROMANCIE NOUVELLE EN HARMONIE AVEC LA PHRÉNOLOGIE ET LA PHYSIOGNOMONIE. LES MYSTÈRES DE LA MAIN**, art de connaître la destinée de chacun d'après la seule inspection de la main, par A. DESBAROLLES. 17ᵉ édition, figures. 1 vol. in-18.............. **5 fr.**

**GRAPHOLOGIE** *ou les mystères de l'Ecriture* par DESBAROLLES et JEAN HIPPOLYTE; autographies. 1 volume in-18............. **4 fr.**

**MANUEL DU DRAINAGE**, par le baron VAN DER BRAKELL. 1 volume in-18. 7 cart............ **3 fr. 50**

**MANUEL DES CHAUFFEURS ET DES CONSTRUCTEURS DE MACHINES A VAPEUR**, par TH. BUREAU, ingénieur des ponts et chaussées, 3ᵉ édit. 111 fig. et 5 pl. 1 volume in-18....... **5 fr.**

**LE BARREAU AU XIXᵉ SIÈCLE** par M. O. PINARD, avocat (ex-ministre de l'intérieur). 2 v. in-8. **6 fr.**

**SUPPLÉMENT AU DICTIONNAIRE DE LA CONVERSATION ET DE LA LECTURE**
16 volumes in-8 de 500 pages ou livraisons pareilles à celles des 52 volumes, publiés de 1833 à 1839. **80 fr.**

**DICTIONNAIRE DE LA CONVERSATION ET DE LA LECTURE**
J volumes grand in-8, de 500 pages, à 2 colonnes, **200 fr.** Net **120 fr.**

## 60.000 volumes complets de L'ILLUSTRATION

### DIVISÉS EN QUATRE CATÉGORIES DE PRIX

1° Volumes 27, 28, 29, 30, 31, 32, 33, 34, 35, 36, 37 à 47, 56 à 60. Le volume 18 fr. Net. . . . . . 6 fr.

2° Serie de 46 volumes, 27 à 70, 72 et 73 inclusivement, contenant les *guerres de Crimée, des Indes, de la Chine, d'Italie, du Mexique*, le vol. 18 fr. Net. . . . . . . . . . . . 12 fr.

3° Les collections complètes dont il ne nous reste plus qu'un petit nombre d'exemplaires restent fixées au même prix que précédemment. 2 volumes . . . . . . . . . 18 fr.

4° Volumes 55 à 70, 72 et 73. (Le tome 71 est épuisé) à. . . . . . 18 fr. Reliure et tranches dorées. Le v. 6 fr.

---

## Volumes grand in-18, couverture illustrée, à 2 fr.

**DELORD et HUART.** Les Cosaques. Relation charivarique, comique et véridique des hauts faits des Russes en Orient. 100 vignettes par CHAM. 1 vol.

**DUNOIS** (ARMAND). Le Secrétaire des Familles et des Pensions, 1 vol.
— Le Secrétaire des compliments, lettres de bonne année, lettres de fêtes, compliments. 1 vol.

**FRAISSINET** (ED.). Le Japon, Histoire et descriptions, mœurs, costumes et religion. Nouvelle édition avec une carte. 2 vol.

**LAMARTINE.** Raphaël. Pages de la vingtième année, 3° édition. 1 v.

**MÜLLER** (E.). La Politesse, manuel des bienséances et du savoir-vivre. 1 vol.

**PHILIPON DE LA MADELAINE.** Manuel épistolaire à l'usage de la jeunesse. 17° édition. 1 vol.

**REGNAULT.** Histoire de Napoléon I". 4 vol.

---

## Volumes in-32, dits Cazin, à 1 franc, net 75 cent.

**CHAUVERON et S. BERGER.** Du travail des enfants mineurs. 1 v.

**CONSTANT.** Adolphe. 1 vol.

**GODWIN.** Caleb Williams. 3 vol.

**EUGÈNE SUE.** Arthur. 4 vol.

**REVEL** (TH.). Manuel des Maris. 1 v.

**MAITRE PIERRE.** Vie de Napoléon, par MARCO DE SAINT-HILAIRE. 1v.

**SAINT-REAL.** Œuvres. 2 vol.

**DUCIS.** Œuvres. 7 vol.

**Jongleurs, Tours, etc....** 1 fr. 50

**DESTOUCHES.** Œuvres. 3 vol.

**Les Allopathes et les Homœopathes devant le Sénat**, par DUPIN et BONJEAN. 1 vol.

**Les Mois**, poème en douze chants, par ROUCHER. 2 vol.

**La Natation.** Art de nager appris seul, avec figures, par P. BRISSET. 1 vol.

**GIRARDIN.** Dossier de la guerre de 1870-1871. 1 vol.

**BONJEAN.** Conservation des oiseaux. 1 vol.

## Volumes grand in-18, couverture illustrée, à 1 fr. 50

BARÊME OU COMPTES FAITS en francs et centimes. 1 vol. in-32 cartonné.

BOCHET. Le Livre du jour de l'An. 1 vol.

DUNOIS. Le petit Secrétaire français. 1 vol.

— Le petit Secrétaire des compliments, lettres de bonne année; lettres de fêtes. 1 vol.

MARTIN (M*** Aimé). Le Langage des Fleurs. 1 vol.

MULLER. Petit traité de la Politesse française. Codes de bienséances et du savoir-vivre. 1 vol.

PÉRIGORD. Le Trésor de la Cuisinière et de la Maîtresse de maison. 7ᵉ édit., revue, corr 1 vol.

ROBERT (Gaston). Les Tours des Cartes. 1 vol. in-18, illustré de 50 grav.

— Les gais et curieux tours d'escamotage anciens et modernes. 1 vol. in-8, 74 figures explicatives.

— Tours de physique amusante anciens et modernes. 1 vol. in-18, 53 figures explicatives.

DICK DE LONLAY. Les Combats du général de Négrier au Tonkin. 30 gravures. 1 vol.

— Le Siège de Tuyen-Quan, 20 gravures, 1 vol.

— La Marine française en Chine, l'amiral Courbet et « le Bayard ». Souvenirs anecdotiques. — 40 gravures. 1 vol.

— La Cavalerie française à la bataille de Rezonville. 1 vol. in-18, dessins de l'auteur.

— La défense de Saint-Privat, dessins de l'auteur. 1 vol.

— Les Zouaves à l'armée du Rhin, dessins de l'auteur, 1 vol.

— Souvenirs de Frédéric III (examens critiques et commentaires), 1 v.

HUMBERT (L.). Le Fablier de la Jeunesse. Nombreuses vignettes. 1 v.

---

# OUVRAGES DE JOSEPH GARNIER

#### MEMBRE DE L'INSTITUT
PROFESSEUR D'ÉCONOMIE POLITIQUE A L'ÉCOLE NATIONALE DES PONTS ET CHAUSSÉES
SECRÉTAIRE PERPÉTUEL DE LA SOCIÉTÉ D'ÉCONOMIE POLITIQUE, ETC.

PREMIÈRES NOTIONS D'ÉCONOMIE POLITIQUE, SOCIALE OU INDUSTRIELLE. *La Science du bonhomme Richard*, par Franklin; *l'Économie politique en une leçon*, par Frédéric Bastiat; *Vocabulaire de la science économique*, 6ᵉ édit. 1 vol. in-18............ **2 fr. 50**

TRAITÉ D'ÉCONOMIE POLITIQUE, SOCIALE OU INDUSTRIELLE. Exposé didactique des principes et des applications de cette science, avec des développements sur le Crédit, les Banques, le Libre-Échange, la Production, l'Association, les Salaires. — 9ᵉ édition revue, fort volume gr. in-18.... **7 fr. 50**

TRAITÉ DE FINANCES. — L'impôt en général. — Les diverses espèces d'impôts. — Le Crédit public. — Emprunts. — Dépenses publiques. — Les Réformes financières. 4ᵉ édition. 1 vol. in-6............ **8 fr.**

NOTES ET PETITS TRAITÉS faisant suite au *Traité d'économie politique* et au *Traité de finances* — Éléments de statistique et Opuscules divers : Notice et questions sur l'économie politique; — La Monnaie, la Liberté du travail, du Commerce; les Traités de commerce, l'Accaparement, les Changes, l'Agiotage. 3ᵉ édition augmentée. 1 vol. in-18............ **4 fr. 50**

TRAITÉ COMPLET D'ARITHMÉTIQUE *théorique et appliquée au commerce, à la Banque, aux finances, à l'industrie*. Problèmes raisonnés, notes et notions. 3ᵉ édition. 1 vol. in-8............ **8 fr.**

TRAITÉ ÉLÉMENTAIRE DES OPÉRATIONS DE BOURSE. Par A. COURTOIS fils, membre de la Société d'économie politique de Paris. 10ᵉ édition remaniée et augmentée. 1 vol. gr. in-18............ 4 fr.

MANUEL DES FONDS PUBLICS ET DES SOCIÉTÉS PAR ACTIONS. Par LE MÊME. 8ᵉ édition complètement refondue et considérablement augmentée. 1 fort vol. in-8 raisin 1,300 pages...... 25 fr.

TABLEAU DES COURS DES PRINCIPALES VALEURS. Négociées et cotées aux bourses des effets publics de Paris, Lyon et Marseille, du 17 janvier 1797 (28 nivôse an V) à nos jours, par LE MÊME, 3ᵉ édition. 1 vol. gr. in-8 oblong, relié..................... 15 fr.

ÉTUDES SUR LA CIRCULATION ET LES BANQUES, par M. Alfred SUDRE. 1 vol. gr. in-18... 3 fr. 50

BANQUES POPULAIRES. Associations coopératives de crédit. Par Alph. COURTOIS. 1 volume in-18, portrait.................. 3 fr. 50

GUIDE COMPLET DE L'ÉTRANGER DANS PARIS. Nouvelle édition, illustrée, vignettes des monuments, plan de Paris. Description des 20 arrondissements avec un plan à chacun. 1 vol. relié...... 4 fr.

NOUVEAU GUIDE PRATIQUE DANS PARIS, à l'usage des étrangers. 1 vol. relié.......... 2 fr.

GUIDE UNIVERSEL DE L'ÉTRANGER A LYON, avec les renseignements nécessaires au voyageur. Illustré. PLAN DE LYON. 1 vol. in-32 toile....... 2 fr. 50

GUIDE GÉNÉRAL A MARSEILLE. Description de ses monuments, places. Dictionnaire des rues, illustré, vues, plan. 1 vol. in-32, relié.

NOUVEAU GUIDE GÉNÉRAL EN ITALIE. Sicile, Sardaigne et autres îles de la Péninsule. A l'usage des personnes qui font en ce pays un voyage d'affaires, d'agrément ou d'études. Plans et vues, carte générale des chemins de fer. 1 volume in-32, relié........ 6 fr.

# ATLAS UNIVERSEL DE GÉOGRAPHIE PHYSIQUE ET POLITIQUE
## Par M. L. GRÉGOIRE

Docteur ès lettres, Professeur d'Histoire et de Géographie, auteur du *Dictionnaire des Lettres et des Arts*, du *Dictionnaire d'Histoire et de Géographie*, de la *Géographie illustrée*, etc. 1 volume in-4ᵒ cartonné, contenant 110 cartes coloriées et environ 70 petites cartes ou plans en cartouches................ 12 fr. 50

# ŒUVRES DE P.-J. PROUDHON

De la Célébration du Dimanche. 1 volume.................. 75 c.
Résumé de la Question sociale. Banque d'échange. 1 vol. 1 fr. 25
Intérêt et principal, discussion entre *Proudhon* et *Bastiat*. 1 vol.. 1 fr. 50
Idée générale de la Révolution au XIXᵉ siècle. 1 volume..... 3 fr.

La Révolution sociale démontrée par le coup d'État. 1 vol. 2 fr. 50
Des Réformes à opérer dans l'exploitation des Chemins de fer et de leurs consequences. 1 volume................ 3 fr. 50
Proposition relative à l'impôt sur le revenu. 1 volume....... 75 c.

---

LAMENNAIS. Essai sur l'Indifférence en matière de religion. 4 vol. in-8................ 20 fr.

— Correspondance, notes et souvenirs de l'auteur, 1818 à 1840, 1859. 2 vol. in-8................. 10 fr.

ROBERTSON, œuvres complètes, notice, par BUCHON, 2 v. gr. in-8. 20 fr.

MACHIAVEL, œuvres complètes, notices, par BUCHON, 2 v. g. in-8. 20 fr.

L'ITALIE CONFÉDÉRÉE. Histoire de la campagne de 1859, par AMÉDÉE DE CÉSENA. 4 volumes grand in-8, illustrés................. 24 fr.

LAMARTINE. Histoire de la Révolution de 1848. 2 vol. in-8. 12 fr.

LAMARTINE. Raphaël, pages de la 20ᵉ année. 2ᵉ ed. 1 vol. in-8.. 5 fr.

— Histoire de la Russie, par LE MÊME. 2 vol. in-8........ 10 fr.

COUR MARTIALE DU SERASKERAT, procès de SULEIMAN-PACHA. portraits et cartes par A. LE FAURE. 1 vol. gr. in-8. 7 fr. 50

TRAITÉ ÉLÉMENTAIRE DE MI-
NÉRALOGIE, par Beudant. 2 vol.
in-8, 1,500 pages. — 24 planches. —
4,000 sujets.—Paris, Verdière, net. 6 f.
TABLEAU DE LA LITTÉRATURE
ESPAGNOLE depuis le XII<sup>e</sup> siècle
jusqu'à nos jours, par M.-F. Pifferrer. 4 vol. Net............ **3 fr.**
CASTERA. Histoire de Catherine II,
Impératrice de Russie. 4 vol. **10 fr.**

ÉTUDES SUR L'HISTOIRE DES
ARTS. Des progrès et de la décadence de la statuaire et de la peinture antiques, la Grèce et l'Italie, par
P.-T. Dechazelle. 2 vol. in-8. **6 fr.**
DE L'UNITÉ SPIRITUELLE ou
de la Société et de son but au delà du temps, par Blanc de Saint-Bonnet.
2<sup>e</sup> édit. 3 forts vol. in-8.... **24 fr.**
DANAÉ, par Granier de Cassagnac
1 vol. in-8............... **2 fr. 50**

HISTORIA DE GIL BLAS DE
SANTILLANA. Traducida por el
P. Isla. Bella edición con láminas
de acero. 1 tome in-8..... **7 fr. 50**
— Même ouvrage. 1 vol. in-18. **5 fr.**
EL INGENIOSO HIDALGO DON
QUIJOTE DE LA MANCHA.
Edición conforme á la última corregida por la Academia española. Un tomo
en 8. *Con retratos y láminas.* **10 fr.**
— Même ouvrage. 1 v. in 18... **5 fr.**
LE MIE PRIGIONI. Memorie di
Silvio Pellico da Salluzo, con ritratto ill. In-18............ **2 fr.**
— Même édition augm. du *Devoir des hommes*.. 1 vol in-18......... **3 fr.**

IL VERO SECRETARIO ITA-
LIANO, o guida a scrivere ogni sorte
di lettere, per cura di B. Melzi. 1 v.
grand in-18 jésus........... **2 fr.**
EL NUOVISSIMO SECRETARIO
ITALIANO, o guida a scrivere ogni
sorta di lettere, per cura di B. Melzi.
1 vol. grand in-18 jésus... **1 fr. 50**
NUOVISSIMA SCELTA DI PROSE
ITALIANE. Tratte da più celebri
autori antichi e moderni, con brevi
notizie sopra la vita e gli scritti di
ciascheduno, per uso dei dilettanti
della lingua italiana, da Tola. 1 gr.
in-18 ................... **1 fr. 50**

## COLLECTION DE NOUVELLES CARTES

Itinéraire *à l'usage des voyageurs
et des gens du monde*, chemins de
fer et routes, dressées, coloriées,
par Berthe, grand colombier, chacune.................... **1 fr.**
Europe. États de l'Europe.
France en 86 départements.
Espagne et Portugal.
Hollande et Belgique.
Italie et ses divers états, en une feuille.
Confédération Suisse, en 22 cantons.
Russie d'Europe.
Grèce actuelle et Morée.
Turquie d'Europe et d'Asie.
Angleterre, Ecosse et Irlande.
Empire d'Allemagne.
Mappemonde.
Suède et Norvège.
Amérique méridionale.
Amérique septentrionale.
Asie.
Afrique, plan de l'île Bourbon.
Océanie et Polynésie, Egypte et
Palestine.
Amérique méridionale et septentrionale
Carte de Tunisie. 1 feuille col. **2 fr.**
CARTES MURALES écrites, coloriées.
Carte de France en 89 départements.
1 feuille grand monde.... **4 fr. 50**
Carte d'Europe. 1 f. gr. monde. **4 fr. 50**
Les mêmes, collées sur toile, vernies et
montées sur gorges et rouleaux. **10 fr.**

Mappemonde en deux hémisphères.
Haut. 0<sup>m</sup>90, largeur 1<sup>m</sup>80. **6 fr. 50**
Collée sur toile, montée sur gorge et
rouleau................... **14 fr.**
Le Rhin et les pays voisins, de
Constance à Cologne. 1 f. jes. **2 fr.**
Carte des environs de Paris. Villes
communes et châteaux desservis par
les chemins de fer. 1 f. col... **2 fr.**
Carte du Tong-King, de l'Annam,
Cochinchine, Cambodge, plan
d'Hanoï, demi-colombier. **60 cent.**
Carte de l'Algérie et de la Tunisie,
colorié, 1 demi-colombier. **60 cent.**
Carte de la Belgique, demi-jes. **1 fr.**
Carte de la Hollande, demi-jés. **1 fr.**
Nouvelle carte de l'Italie..... **2 fr.**
Carte de l'Angleterre, de l'Irlande
et de l'Ecosse. 1 feuil. jés.. **2 fr.**
Nouvelle carte de l'Espagne et du
Portugal. 1 feuille jésus.... **2 fr.**
Nouvelle carte de la Suisse. **2 fr.**
Nouvelle carte de l'Allemagne.
1 feuille jesus.............. **2 fr.**
Carte physique et politique du
Portugal. 1 feuille demi-jes. **1 fr.**
Paris fortifié et ses environs. Les
nouveaux forts au $\frac{100}{100}$ 1 f. 1/2 jés. **1 fr.**
CARTE DES ENVIRONS DE
PARIS AVEC ROUTES VÉLO-
CIPÉDIQUES, 1 feuille grand colombier.................. **2 fr.**

**CARTE GÉNÉRALE DES CHEMINS DE FER FRANÇAIS**, par Charle, Col mbier.......... **2 fr.**

**NOUVELLE CARTE ITINÉRAIRE DES CHEMINS DE FER DE L'EUROPE CENTRALE**. Les communications entre les villes capitales, par A. Vuillemin. 1 f. **2 fr.**

**NOUVELLE CARTE ROUTIÈRE ET ADMINISTRATIVE DE LA FRANCE**, chemins de fer, stations, divisions civiles et militaires, navigation, d'après celle des Ponts et Chaussées, par Berthe 1 feuille colombier................. **3 fr.**

**NOUVELLE CARTE PHYSIQUE ET POLITIQUE DE L'EUROPE** routes et chemins de fer, dressée par Fremin. Feuille grand monde. **3 fr.**

**PLANISPHÈRE TERRESTRE**, nouvelles découvertes, les colonies européennes et les parcours maritimes par Vuillemin. 1 feuille grand monde, chromo............. **5 fr.**

**CARTE PHYSIQUE ET POLITIQUE DE L'ALGÉRIE**, divisions administratives et militaires, par M. A. Vuillemin. 1 f. col.. **2 fr.**

**NOUVEAU PLAN DE PARIS ET DES COMMUNES DE LA BANLIEUE**. 1 feuille grand monde, chromo................. **4 f. 50**

**PARIS ET SES NOUVELLES DIVISIONS MUNICIPALES**. Plan-Guide à l'usage de l'étranger, par A. Vuillemin. 1 f. gr. aigle. **1 fr. 60**

**PLAN DE PARIS** illustré, itinéraire des rues, demi-colombier.... **1 f.**

**NOUVEAU PARIS MONUMENTAL**. Itinéraire pratique des étrangers dans Paris. feuille chromo. **1 fr.**

**ITINÉRAIRE DES OMNIBUS ET TRAMWAYS DANS PARIS**. Feuille, coloriée, pliée...... **1 fr. 20**

**PLAN GÉNÉRAL DE MARSEILLE**, travaux en voie d'exécution, par Pépin Malherbe. Une feuille................... **1 fr.**

**NOUVEAU PLAN ILLUSTRÉ DE LYON** et de ses faubourgs. 1 feuille grand colombier, indication des tramways................ **2 fr.**
Le même sur colombier, en f°lle. **1 fr.**

**PLAN MONUMENTAL DE LYON**. 1 feuille jésus, imprimé en chromolitho................ **1 fr.**

---

**LA CAVALERIE FRANÇAISE.** (Ouvrage couronné par l'Académie Française), par le capitaine Henri Choppin. 1 volume grand in-8°, illustré de nombreux dessins dans le texte et de 16 aquarelles. Broché, **12 fr.** — Relié toile, plaque spéciale, tranches dorées........... **16 fr.**

**AVENTURES DE SIX FRANÇAIS AUX COLONIES**, par Gaston Bonnefont. 1 fort vol. in-8°, jésus de 850 pages, orné de 200 dessins. — Broché, **12 fr.** Relié toile, plaque spéciale, **16 fr.** Demi-chagrin. **18 fr.**

**NOTRE ARMÉE.** Histoire populaire et anecdotique de l'infanterie française, depuis Philippe-Auguste jusqu'à nos jours, par Dick de Lonlay. Illustrée, dessins en couleurs dans le texte, par l'auteur, augmentée de 16 gravures chromotypographiques hors texte, représentant les scènes des principales batailles, depuis les Gaulois jusqu'à nos jours. 1 vol. grand in-8° jésus............... **12 fr.**

Relié..................... **16 fr.**

Demi-chag. tranches dorées. **18 fr.**

---

## LES
# ARMÉES DU NORD
### ET DE NORMANDIE
RÉCIT ANECDOTIQUE DE LA
## CAMPAGNE DE 1870-71
### Par GRENEST
1 vol., in 8° carré, illustré par L. Bombled................... **3 fr. 50**
Relié, doré, plaque chromo.. **6 fr.**

## LES ANNIVERSAIRES
DE
# 1870
D'après Français et Allemands
**AVEC PRÉFACE, NOTES ET DOCUMENTS**
### Par H. GALLI
1 vol. in-8° carré illustré. **3 fr. 50**

---

PARIS. — IMP. P. MOUILLOT. — 13, QUAI VOLTAIRE.